X U A N Z H I Z H I M E I

宣纸之美
赵 焰 ◎著

时代出版传媒股份有限公司
安徽文艺出版社

宣纸之美

XUANZHI ZHI MEI

赵 焰 ◎著

时代出版传媒股份有限公司
安徽文艺出版社

图书在版编目（CIP）数据

宣纸之美/赵焰著.—合肥：安徽文艺出版社，2021.12
（2024.11重印）
ISBN 978-7-5396-7186-4

Ⅰ．①宣… Ⅱ．①赵… Ⅲ．①散文集－中国－当代 Ⅳ．①I267

中国版本图书馆CIP数据核字(2021)第063461号

出 版 人：姚 巍
策 　 划：朱寒冬　　　责任编辑：姚　巍　张妍妍
责任校对：段　婧　　　装帧设计：张诚鑫

出版发行：安徽文艺出版社　　www.awpub.com
地　　址：合肥市翡翠路1118号　邮政编码：230071
营 销 部：(0551)63533889
印　　制：安徽新华印刷股份有限公司　(0551)65859551

开本：700×1000　1/16　印张：17.75　字数：220千字
版次：2021年12月第1版
印次：2024年11月第3次印刷
定价：118.00元(精装)

（如发现印装质量问题，影响阅读，请与出版社联系调换）

版权所有，侵权必究

目　录

楔子　江南,江南　　　　　　　　　　　　　　001

第一章　　　　　1. 植物纸才是真的纸　　　017
　　　　　　　　2. 纸的历程　　　　　　　023
那个叫蔡伦的纸神　3. 那些曾经的"古宣纸"　039
　　　　　　　　4. "澄心堂纸"之谜　　　　045

第二章　　　　　5. 纸上的书法　　　　　　057
　　　　　　　　6. 从《平复帖》到《兰亭集序》　065
书法绘画入纸来　　7. 那些空蒙的绘画　　　　077

第三章　　　　　8. 李白来了　　　　　　　089
　　　　　　　　9. 从《五牛图》到《五马图》　103
从李白到李煜　　　10. 李煜和赵佶　　　　　　117

第四章

宣纸，宣纸

11. 天造地设	133
12. 一路走来	139
13. 宣纸的种类和特色	149
14. 在皖南，在泾县	156

第五章

宣纸的哲学精神

15. "天人合一"	165
16. 温润与洁净	171
17. 玄妙与空灵	177
18. 清简与静谧	186
19. 笔墨砚的相伴	196

第六章

宣纸上的文化气象

20. 宣纸上的元朝	205
21. 宣纸上的明朝	220
22. 宣纸上的清朝	232
23. 宣纸上的晚清民国	250

尾声　永远的宣纸　　　　　　　　　263

后记　宣纸是一片云　　　　　　　272

参考书目　　　　　　　　　　　　278

宣纸之美

楔子　江南，江南

元·黄公望 富春山居图(局部)

江南就是一卷黄公望的《富春山居图》。

每忆江南之美,最形象的句子,就是南朝文学家丘迟脍炙人口的十六个字:"暮春三月,江南草长,杂花生树,群莺乱飞。"顾恺之有一次从会稽(今浙江绍兴)回来,人们问他那里的山川景色,得到的回答是:"千岩竞秀,万壑争流,草木蒙笼其上,若云兴霞蔚。"如果觉得还不够的话,同时代另一个文学家陶弘景的《答谢中书书》可以作为补充:"山川之美,古来共谈。高峰入云,清流见底。两岸石壁,五色交辉。青林翠竹,四时俱备。晓雾将歇,猿鸟乱鸣;夕日欲颓,沉鳞竞跃。实是欲界之仙都。"丘迟、顾恺之和陶弘景,以优美的景语共同营造了一幅江南山水画。

江南,最初是地理概念。汉之前,江南以战国之前的楚地和吴地为背景,指的是长江中下游一带的南方地区。唐之时,设立了江南道,这是地方监察区域概念,不是行政区域概念,设置的目的,是对大片江南地区进行巡察和监督。宋朝改为江南路,分江南东路、江南西路两部分。明朝起,将其中一部分地区改为行政区域的南直隶省,清初又将之改为江南省。虽然存在着某种争议,可是江南大致的范围包括现在属于江苏的南京、苏州、无锡、常州、镇江,上海的全部,属于浙江的杭州、湖州、嘉

元·黄公望 富春山居图(局部)

兴、绍兴,属于安徽的芜湖、马鞍山、黄山、宣城、池州、铜陵,也包括福建、江西,以及湖南、湖北的江南地区,还有四川东南部、贵州东北部一些地区。

江南,有"枯藤,老树,昏鸦",更有"小桥,流水,人家"。江南,是优美的,是富庶的,是雅致的,是婉约的,是隐逸的,是才华横溢的,是匠心独具的,是文化浓郁的,是情趣盎然的。江南,是鱼米之乡,是吴侬软语,是"梅子黄时雨",是舢板和乌篷船,是河畔的村落,是巨伞般古银杏上的白鹭翩跹,是皱、漏、瘦、透的奇石,是青莲藕与糯米圆子,是栀子花、茉莉花、白玉兰,是刀鱼、鲥鱼、河豚"长江三鲜",是绿茶、红茶、白茶、

是翠竹、芦苇、垂柳、月亭、石桥、水口、园林、湖泊、绍兴酒、龙井茶、蓑笠翁、油纸伞、霉干菜、咸鸭蛋、黄泥螺、淮扬菜……

江南,是一种景象、一种印象、一种风格,也是一种质地。不仅仅是物质的丰富,更多的,是一种格调和气质。江南,是轻灵、温婉、细腻、隐逸、柔顺、闲适、散漫、古典、开放、流动、从容、坚韧,是细、小、清、静、雅、精,是殷实、丰饶、安恬、妩媚,也是灵秀、文雅、无争、随和。

江南,是才子佳人。无论是女子还是男子,都有一种干净聪明的气息。男子儒雅倜傥、平和智慧、通达开明;女子则骨相周正、温婉灵秀、娴雅坚韧。

江南还是一种生活和文化方式。是青衫长袍、杨柳细腰、烟花柳巷、扬州瘦马，是书院、诗词、昆曲、评弹、园林、龙泉剑、目连戏、文人画、藏书楼……

江南，还是一种内在精神。有更多深入骨髓的气质、举手投足的精神和风度、回眸一笑的妩媚和风致。在很多时候，感觉因岁月的不同，人似乎是一次一次地来到世上，长了学问，学了本领，锻了性情。相关的身世已不重要，一些认知藏在骨子里，成为潜在的独特记忆，属于难解之谜。江南，也藏有一些记忆，也藏有一些难解之谜。记忆多了，谜团多了，美好的东西积累得多了，心性就自然改变了，气质也就深化了。

江南，还是中国文化至柔至刚的表现。它可以说是中国文化所蕴藉的智慧、理性、先进性、想象力、创造力、文化力，以及实事求是的精神中，最重要的那一部分。江南，不仅是表面的柔弱和华美，还有着坚韧不拔的品质，常常给人出乎意料的感觉——不可一世的蒙古帝国，花了将近五十年才征服了南宋。江南并不是文雅孱弱，几乎每一次来自北方的入侵，都会在这里遭遇最惨烈的抵抗。

江南文化，一直是天边的冷月，没有成为灿烂的云霞，这么多年来，一直难据主流，也很难占中心地位，更难形成领导力量。这当中有地理上的倚重，有权力的倾斜，有传统的惯性，也有文化上的偏见——北方文化中正保守、无欲则刚，有以不变应万变的包容力，也有一份霸道和蛮横；江南文化灵动智慧、婉约柔美、清简刚正，可是在很大程度上显得小气和柔弱，没有力量去制衡冷兵器时代的粗暴和霸蛮。还有，相对于中原儒家文化的建设性和结构性，南方偏重于道家，强调自由和遁世。江南，包括江南文化，最终难登庙堂，旁逸斜出，锦衣夜行，成为中国文化的一帘幽梦,就不足为怪了。

江南之深处,在皖南一带。这里有"天下第一奇山"黄山,云蒸霞蔚,如梦如幻,有神秘灵秀、博大安详的九华山,还有奇谲秀丽、层峦叠嶂的齐云山。山脉连绵之中,间或有丘陵,也有平原。群山相拱之中,新安江东流,青弋江北向,阊江西出。山水环峙之间,流水潺潺,蜿蜒静谧,轻帆斜影。青弋江也好,新安江也好,都有"月亮河"的意义,不仅打开了山的屏障,让山内与山外联系起来,还润泽了两岸土地,带来了灵动和创造。河流就像大地的精魂,悄无声息地游走其中,近山更翠,远山更黛,斯人更美。

江南之最,当属皖南的黄山。黄山像一根伞骨,撑起了皖南;皖南像一块龟背,拱起了江南。黄山绵延几十公里,称七十二峰。奇松、怪石、云海、温泉并称"黄山四绝"。唐朝诗人李白在游览这片壮丽山川之后,写下了"黄山四千仞,三十二莲峰。丹崖夹石柱,菡萏金芙蓉"的诗章,把黄山比喻为天宇中金色的莲花。明代地理学家徐霞客在游览了黄山之后,深深地感叹道:"薄海内外无如徽之黄山,登黄山,天下无山,观止矣!"曾有人这样说黄山:很多山都是在山外看起来美,进山之后发现不过如此;可是黄山不是这样,黄山是在山外看着美,进山之后,峰峦叠翠,一层比一层美。初春,云里花开,香漫幽谷;盛夏,层林叠翠,飞瀑鸣泉;金秋,枫叶似火,层林尽染;严冬,银装素裹,玉砌冰雕。黄山的美,春夏秋冬景不同,寒来暑往景不同,风雨雷电景不同,白天夜里景不同,乃至瞬息之间都不同。

皖南,天寥地阔,山高水远。它的景,是连绵的、铺陈的,是大片大片的、随处随地的。它的山水,既是独立的,也是可以连在一起,互为背景、互相倚重、互为映衬的。一般来说，没有山的水，没有起伏，相对平庸；没有水的山，只是突兀，没有灵性；没有山水的景，也缺少灵性和活力。可是皖南的山不一样，皖南的水也不一样。皖南的山，是天下之一绝，既高耸崎岖，又仙气十足，轻灵、俊秀、挺拔、超脱、朦胧，不同寻常，不同凡响。山除黄山、九华山、齐云山之外，还有敬亭山、仙寓山、牯牛降、清凉峰……这些山，若是单个地亮相，足以让东南平原倾倒，更何况如此齐整地集中于一个地方。至于水，还有什么地方的水会如此清澈、灵动、轻妙、诱人？皖南的溪流，向四周漫延，流进了长江，流进了钱塘江，也湿润了江南。

皖南的村落和建筑，也是别致而美丽的，它让人感觉明快、淡雅、幽静，简洁不失雕琢，沉稳不失别致，刻意又不失大气。皖南民居，是法天象地，最尊重自然，最具有敬畏心的。从建筑理念上说，天、地、水是最为神圣的，天是一个巨大、无边的屋顶，笼罩于山峦之上，地与水是自然空间，必须予以尊重。世俗空间即人的世界，应充分尊重地与水，臣服于天地山川。也因此，皖南建筑的基本要求，是房屋的高度不能超过附近的古树，不能对"天"形成挑战，不能随便改变地势，也不能随便改变河流的走向。在此理念下，皖南村落往往会充分利用地理和河流的因素，建筑外观呈朴素淡雅的本色。皖南建筑有着自己匠心独运的创造：别具一格的山墙造型，紧凑通融的天井庭院，奇巧多变的梁架结构，古朴雅致的室内陈设，还有着粉墙黛瓦。高低错落的五叠墙或马头墙，若《高山流水》之类的旋律，抑扬顿挫、宁静祥和，远远望去，如桃花源里。东晋诗人陶渊明在40岁那年，曾经到彭泽县担任县令，彭泽离现在的皖南不远。处理政务之余，生性恬淡的陶渊明喜欢寄情山水，到处走动。也因此,他笔下的桃花源,极可能是以看到的皖南山水作为背景,并据此产生联想。桃花源里,一切浑然天成:"土地平旷,屋舍俨然,有良田、美池、桑竹之属。阡陌交通,鸡犬相闻",恍然让人"不知有汉,无论魏晋"……桃花源到底在哪,一直是一个谜。陶渊明是一个诗人,《桃花源记》是一篇文学作品,桃花源不应是一个真实的地方,而是想象出来的,是一个乌托邦,代表着人们对于农耕时代的生存的理想。在皖南,每一个依山傍水、淳朴和睦的村落,都可以说是诗意盎然的桃花源。

皖南不仅如诗如画,还有着生动的味道:山峦的味道、土地的味道、河流的味道、松林的味道、毛竹的味道、青草的味道、稻谷的味道、雾霭的味道、炊烟的味道……味道让人感到恍惚,也让人感到踏实。味道还有唤醒的功能,能将风景唤醒,将土地唤醒,将村庄唤醒,将时光唤醒。人经常会因为味道,想起承载着味道的某一段时光,那是味道唤醒了记忆。有人说,你要真正了解一个地方,了解一个地方人们的性格,了解那个地方人们的喜怒哀乐,最好去那个地方走一走,看一看那里的山水,嗅一嗅那里的味道,这样,必对那个地方有所体悟,当地山水的灵性才会渗透进你的骨血之中。味道就是这样神秘,当它渗入人的身体之时,记忆随之渗入,也难怪这个地方会产生那么多一流的人物。山水的味道如此纯澈,也如此丰富,生活在这里的人,灵魂之中必然有着山川之灵气、山川之心胸。

皖南,着实是上天的宠儿、美的宠儿,不仅有美丽的风景,还体现了美的内在精神。如果世间着实存在黑格尔所说的"理念"的话,那么,皖南的山水一定体现了对"理念"的"模仿",呈现出绝对之美。这里的很多东西都有着光阴与岁月的痕迹,体现着宋明遗风:山是宋明的山,水是宋明的水，风景是宋明的风景，人也是宋明的样子，清癯儒雅，说一口难懂的方言。你伫立在河水之上的石拱桥上看风景，一下子变成了宋明；别人倚着雕花的护栏看你，也不知不觉成了宋明；流水泛着时光的涟漪，恍惚中，也是宋明。在皖南，日子在和风细雨中缓慢而悠然地荡开来，山岚氤氲，一派古旧的恍惚。这里既是"白云深处仙境"，也是"桃花源里人家"，怡然自得的当地人，日出而作，日落而息。"行到水穷处，坐看云起时。"

从地理和文化来说，现在的皖南，即宣州、徽州以及池州的一些地方，其实是一个整体，它集中体现了中国文化的诸多特质，堪称儒、释、道、俗"四位一体"：黄山、齐云山，是道家的，体现的是道家的雄奇和逍遥；九华山，是佛家的，体现的是佛家的包容和智慧；至于山下的徽州、宣州、池州，有儒家的进取，也有着世俗的温暖。在农耕时代，这一块地方崇文重教亦重商，文化和财富相对丰沛，各方面发展有标杆和典范作用。值得一提的是，南宋之后，皖南人勇敢地走出大山，去了东南发达地区的商海。在拥有大笔财富之后，远行的游子衣锦还乡，携着沉甸甸的银子，也带着外地优秀的设计师和工匠，溯长江、新安江、青弋江、水阳江、秋浦河而上。到了家乡之后，他们选址、买地，建村落、建民居、建祠堂、建书院、建桥梁、建凉亭，精心打造自己的"桃花源"。

一座座优美的村落，就是这样依靠宣徽商人的财力，星罗棋布于皖南的山水之中。初进皖南的外地人往往会大吃一惊——那么多富庶大宅，竟藏在这偏僻的青山绿水中。单就那一个个村落的规模，注重风水的设计，那种浑然天成的整体布局，就不是一般的财力所能达到的。在皖南，超过千人的村落比比皆是，大宅鳞次栉比，祠堂雄伟壮观，牌坊高矗入云。几乎家家户户都有饰有精美"三雕"的家具、陈设、书画,还有很多价值连城的宝物。繁华、精致、品位的背后,是雄厚的实力,以及对美好生活的向往。可以说,没有徽州府商人、宁国府商人、池州府商人,就没有皖南漂亮的村落,也就没有皖南人富庶、安定、雅致的生活。

富庶之地,必有文化;文化之地,必蕴含着内在精神,也必定有相应的符号。也难怪中国文化标志性的工具"文房四宝"产于江南,更集中在皖南。关于"文房四宝",通常的说法是宣纸、徽墨、端砚、湖笔。除了端砚产于广东,其他的几项都产于江南。如果考虑到宣笔悠久的历史,以及歙砚出类拔萃的品质,完全可以说,皖南就是"文房四宝"之乡。为什么皖南会拥有如此有灵性的"文房四宝"?归于物华天宝、人杰地灵,是妥帖的,此外,就是无数机缘的凝聚,可以视为冥冥之中的天意:风雨雷电、山河草木、鸟兽虫豸,都可以视为白云苍狗般的天意……有这么多神秘的力量潜伏其间,还显得不够吗?只要你来过这个地方,你就会发现,最好的"文房四宝"集中产生于皖南,是最自然不过的事情。灵秀之地,必有灵秀之理由;文昌之地,必有文昌之繁荣——山川之美,需要笔墨纸砚来摹写;世道人心,需要笔墨纸砚来摹写;锦绣文章,同样需要笔墨纸砚来摹写。

江南的灵,就这样在青山绿水的地表运行,掠过山川,掠过风物,掠过村庄,掠过城市,轻盈而无形地渗透于万物之中。这样的方式,如此神奇,也颇具宿命——包括笔墨纸砚"文房四宝"的诞生,包括文人画的兴起,包括工笔向水墨的转变,包括宣纸的"一统天下",都可以视为这样的恩赐。它们是机缘的混合,转而化为美,化为使命,化为艺术,化为无形。我有时想,那一定是上天格外垂青于这个地方,于是让此地诞生

"文房四宝",以笔引领着墨,在砚的助缘下,将世间的美和神奇固化在宣纸之上。

　　一切都是潜移默化,一切都是命中注定,一切都是相映成趣。江南,是经过艺术化的山水,是经过观照,经过情感浸淫,经过审美洗滤的山水,是被人类无数次赋予文化意义和人文思想的山水。这样的山水跟人类已经共情,彼此的精与神已水乳交融地凝为一体了。也难怪这个地方会产生与中国文化精神相匹配的艺术,以及相关的表现形式,还有渗透着理念的工具;也难怪这个地方一直闪烁着人文和艺术的光晕,让后人从浩如烟海的艺术中,管窥到那个地方高悬的一弯新月。在月光中,有宇宙的真理,有星空的秩序。如果闭上眼睛感知,你会觉得宣纸的特性暗合月光的特性,也暗合江南的特性——它是轻盈的、深情的、飞翔的,也是艺术的、灵动的、有着形而上精神的。江南之灵,唯有宣纸可以表现:可以显现深浅不一的墨色,显现参差交错的线条,表达氤氲之气,彰显朦胧之景,传递高远之意。如此景画相宜,实在是浑然天成,是冥冥之中的恩典。

　　这不由得让人想起英国诗人华兹华斯的诗:

> 来自落日的余晖,
>
> 来自大洋和清新的空气,
>
> 来自蓝天和人的心灵,
>
> 一种动力,一种精神,
>
> 推动一切有思想的东西,一切思想的对象,
>
> 穿过一切东西而运行。

宣纸诞生于皖南,是上天的恩典,是现实、历史、未来的默契。宣纸就是记忆,是人类和日月星辰、山川河流、树木花草共同的记忆。它像是白色的鹭鸟,飞翔于皖南的乡野之中,飞翔于时空之上,或者腾空为天上的白云。在这样的飞翔中,记忆留存,或者隐逸于时光之中,或者换一种方式不由自主地打开。山河大地,逶逶迤迤;人时无尽,世界旷远。宣纸的使命,就是以一种空灵静远的方式,给人世以美好的慰藉。

宣纸,不仅是青檀,也不仅是沙田稻草,它还是蓝天白云、清风明月,是氤氲的山岚,是袅娜的炊烟,是一叶扁舟,是清澈的溪流,是白鹭的翅膀,是玉兰的花瓣……它是一种感觉、一种灵性、一种连接、一种到达、一种幻变、一种恩赐、一种释放。它就像一朵开在时空之上的莲花,昭示着云端之美、自然之美、时空之美,以及天地之间的秩序和韵律之美。

第一章 那个叫蔡伦的纸神

植物纸才是真的纸

纸的历程

那些曾经的「古宣纸」

「澄心堂纸」之谜

1. 植物纸才是真的纸

中国四大发明之一造纸术产生于汉朝,似乎是冥冥之中的必然。汉朝的由来,一方面是刘邦之前曾被封为汉中王;另一方面,"汉"的字义是水势浩大。上古之时,"汉"既指汉江,也指天上的银河,以为汉江汗漫,可以直接与天相连。将朝代命名为"汉",意味着天下一统,壮阔浩大,广袤苍劲,有"大风起兮云飞扬"的广大气象。汉朝的确是一个开疆拓土、奠定基础的时代,不仅让中国的版图大大拓展,还创建了中国社会的一系列政治、伦理、风俗体系,确定了相对固定的世界观、人生观和价值观。"中国"的概念,从外在到内在都得到了巩固,"汉民族"的概念得到了弘扬。在这个伟大的时代产生文字的载体植物纸,实在是再自然不过的事。

以四大发明的准确定义,中国是发明了造纸术,并不是发明了纸。"发明造纸术"的概念,与"发明纸"的概念,是不一样的——五千年前,古埃及就有莎草纸,它被称为世界上最早的纸。它并不是被制造出来的,而是被利用起来作为纸的——纸莎草郁郁葱葱地生长在尼罗河两岸,剥起来像洋葱,将绿色的表层剥去后,里面是一层层薄片,用重物按压或捶打一番后,就可以在上面写字。古埃及人最早的象形文字,就写于其上。

在造纸术发明之前,欧洲和中东的人们曾经将羊皮削得很薄,在上面写字,是谓羊皮纸。只是与植物纸相比,羊皮纸成本高昂,也不如植物纸便利。纸莎草和羊皮作为书写材料，为古埃及、欧洲和中东人所用，具有纸的功能，但本身不是纸。就像某些树叶，虽具有纸的功能，但也不能称为纸。早期，各地都有人试图在树叶上写字，或者画一些符号。宽大的树叶具有传递信息的功能，相比石头、木板和竹简，便携性也要强很多。可是在树叶上写字，无论是在呈现上，还是在留存上，都有致命的弱点。

相对于人们对书写物件的利用，中国的造纸术可以说是一种伟大的发明。这种方式带有明显的工业特点，可以成规模地生产出便捷而有质量的书写材料，给人类文明的留存、传承和交流以极大方便。文明，只有当进入叠加和传承时，才能真正具有积极的推进作用，更有效地影响社会的进程。从这个角度说，造纸术是人类伟大的发明，它对社会的促进作用，远远超过其他任何产品。

在蔡伦改良植物纸之前，社会上也有类似纸的薄片用来写字，有点像后来的纸，不过主要成分是蚕丝。目前所见我国最早的纸，是1986年在甘肃省天水市放马滩汉墓出土的西汉地图，绘于西汉的文帝或景帝时期。经检测，绘图所用的材料是最早的麻纸，即用麻类植物纤维制成的纸。"放马滩纸"表面较完整密实，上面用墨线绘有山、川、崖、路等，用笔既婉转又方硬，线条在纸上没有出现洇墨现象，说明当时的纸张制造已有了挤压技术。《说文解字》诠释"纸"为："絮一苫也。从糸，氏声。"由此可以看出，"纸"从糸，糸为"细丝"，像束丝之形，凡糸之属皆从糸。这一个"纸"，本义是缫丝后不能抽丝的下脚料，连同溶入水中的蚕胶，抄起后烤干而形成的薄片。东汉的服虔在《通俗文》中说"方絮曰纸"，指的就是这种"纸"。 1957年，在西安灞桥一个西汉墓中挖掘出一个陶罐，罐中有一面铜镜，铜镜下面垫有一团废麻丝，被命名为"灞桥纸",经化验,其成分也是麻类植物。这些出土纸张证明,中国早在西汉之时就已生产出了植物纸。西汉之时应是麻纸的萌芽阶段,纸产量不大,产地不广,质量欠佳,不足以代替简和帛。

东汉时期,由于朝廷重视,纸张制造业发展很快。光武帝刘秀开国后,在朝中设尚书台右丞、守宫令,掌管印章及宫中库藏,同时负责御用纸、笔、墨的制造。东汉应劭《风俗通义》载:"光武车驾徙都洛阳,载素、简、纸经凡二千辆。"素、简、纸经,应为朝廷重要文件典籍。此句话意味着东汉初年纸已成为重要书写材料。这时候的纸,成分应是丝绸的下脚料和麻的混合物。东汉和帝之时,皇后邓绥不好珠宝,唯爱纸墨。蔡伦改进造纸术,就是在邓太后临朝的背景下发生的。

《后汉书》为我们勾勒了一个粗略的蔡伦形象:这个人祖籍桂阳郡(今湖南耒阳),公元75年进宫成为宦官,公元89年升迁为中常侍。其职责是在宫中负责相关后勤物资供应,重点是相关工具、武器和服装的保障。因此,年轻的蔡伦必须积极从事相关制造实践。至于他更多的生平事迹,史书并未交代。很多时候,一个人跟历史的关联,只是身形一晃,出现在某个重要事件中和节点上,至于他的全部身影,仍消失于时间的光影中。从史料来看,蔡伦与纸的关联,更像是职务行为——他是生产好纸的行政负责人,不是具体工艺的操作者,也不是相关技术的发明者。

成功是慢慢积淀而成的。蔡伦改进造纸术,并非灵机一动的行为,更像是有意识的探索,是前人大量实践的延续,是理性的、科学的、有意识的提炼和总结。造纸术的路径,相对于绢帛的产生,目标更为明确,路径更为踏实,更为"水到渠成"——秦国大将蒙恬发明毛笔之后,人们一直在寻找可以替代竹简、木牍和绢帛的,更适合毛笔书写的载体。蔡伦造纸,就是弘扬文化愿景,追随着毛笔思维,参照绢帛的特性,借鉴历史的经验,坚定不移地用各种各样的树皮来尝试,最终在麻类植物和楮皮上获得了成功。这实现了以木本韧皮纤维造纸的技术突破,扩充了原料来源,对造纸术的理念和成果有实质性拓展。从这一点来说,中国人将蔡伦称为"纸神",是极其恰当的。从严格意义上来说,蔡伦不是纸的发明者,他只是造纸术的改良者,是纸张发展历史中一个关键性的人物——在蔡伦以植物入纸之后,纸发生了质的变化,造纸术的框架得到了初步定型。

蔡伦造纸,目标和路径一直很坚定和明晰,就是牢牢地锁定以树皮为原料,坚持将植物原料充分稀释变薄,用合适的筛网模具过滤,形成均匀的纤维层。随后,经过反复的尝试,有关植物纸的制作方式终于在元兴元年,也就是公元105年获得了成功,并固定下来。

纸用植物纤维来制作,是一大突破,体现了那个时代"万物有灵"的哲学思想,以及相应的朴素的逻辑思维——既然木片和竹片可以用来书写,那么,用树木和竹子就一定能生产出新的承载材料。这一切看起来如此神奇,因为当时人们并不知道纤维是植物的基本成分,也没有相关的化学知识。人们将粗陋、简单的树皮、麻头、渔网等投入水中,让其腐烂,分解为细胞膜质纤维,然后把液体舀起,用筛网过滤,直至多余的水流尽,仅留下一层薄薄的杂乱交织摊开的纤维——将它烤干之后,这种具有一定强度的片状纤维制品,就算是真正的"纸"了。

蔡伦时代的纸究竟是什么样子的? 兰州伏龙坪曾出土三张东汉墨迹纸,这三张纸原置于铜镜之中,呈圆形,据推测为家书的残片。这三张纸以麻类为原料,有施胶和砑光等加工技术,厚薄均匀,较西汉时期的纸张更适合书写。砑光技术，是用光滑的砑石、螺壳、牛角、碗口等碾磨纸面，将凹凸不平处磨平，使之光滑润泽。至于施胶，早期主要是将淀粉和入纸浆，或涂于纸张表面，有利于增强纸张的熟度和韧性。

蔡伦造纸的方法和材料，《后汉书》中没有明确记载。这很正常，在当时，诸如此类的配方和步骤，一定属于"国家机密"，严格控制知晓范围。不过在其后的一些典籍中却有涉及：《晋书》载，曹魏张揖《古今字诂》中提到"蔡伦以故布捣剉作纸"，西晋张华《博物志》也提到"蔡伦煮树皮以造纸"。前者说的"故布"，指的是旧麻布（当时还没有棉布）；后者说的"树皮"，应指楮树之类的外皮。晋人庾仲雍《湘州记》记载："耒阳县北有汉黄门蔡伦宅，宅西有一石臼，云是伦舂纸臼也。"

蔡伦造纸的"革命性"方式，主要体现了两点：一是对造纸的原料进行了拓展。之前造纸，多用麻类植物，蔡伦将树皮引入，开辟了广阔的原料来源，为纸张的大量生产提供了可能。二是蔡伦对抄纸工具进行了改造，以竹帘代替麻织帘，使之更为好用，用其抄出来的纸，相对平整光滑、厚薄均匀。

当蔡伦造出的纸，薄如绢布，闪烁着泛黄的白光，展现在人们眼前时，可以想象的是，人们在绽放笑容的同时，也怀有庄重的敬畏。人们会淡忘并忽略纸复杂的身世，把它的到来视为天意，视为大自然的恩赐，就如同冬日天空中飘来的雪花一样。

纸就这样制造成功了。这项具有历史意义的文化发明，与其说遵循了阴阳五行运转的理论，不如说是"脑洞大开"的想象，以及经验积累的结果。纸的横空出世，意义如同仓颉造字。仓颉是传说中的人物，据说有四只眼睛，可以仰观天象。他看见了地上的兽蹄、鸟爪留下的痕迹，灵感顿起,便造起文字来。其时,"天雨粟,鬼夜哭",文字一出,天翻地覆,人类完成了一次巨大的飞跃,如同第二次直立行走。相比较而言,造纸术的发明要平静得多,史书上没有记载纸出现之后相应的"惊天地、泣鬼神"现象,不过一定让人惊叹——上苍赐人类以衣,故派蚕神下凡到人间;上苍赐人类以纸,用来安放文字的灵魂。

纸的出现,还让文字得到松绑,变得健步如飞。一直以来,人们希望能制作一种东西,跟绢帛一样轻便,价格又很低廉。毕竟,简牍太重、太不方便了,绢帛又太昂贵了。在很长时间里,只有有关历史、宗教、地图、王训等的重要文献,才能记载在昂贵的绢帛上,只有王公贵族才能任性地用昂贵的绢帛写字。即使是有权有势的人,在纸发明之前,出于成本的考虑,也会先在木片或者竹片上打好草稿,要等定稿后,才转到绢帛上书写。蔡伦的发明,使得人类可以娴熟地生产纸,大大降低了纸的成本,也大大提高了纸的产量。在之后的时间里,人们不断尝试新的材料,去制造不同的纸。纸开始大面积、大规模地用于社会生活中,因其方便、廉价、好看,在与简帛的竞争中节节胜利,至公元4世纪时,植物纸已成为主要的书写材料,不仅促进了文教、科技和宗教的发展,也让人与人之间的交流便利很多。

纸的出现,还让毛笔得以欣喜,让汉字的书写变得奔放、便捷,体现个性,速度也更快。在纸上,笔墨线条更加自由灵活、秀美圆润,突破了绢帛和简牍"纵有行,横无格"的版面布局,让书写者有了更大的自由发挥空间。纸让书写跳出了工具和权力的束缚,与思绪相对应,更有效地展示了人的生命气息,有了精神性,为书法艺术打下了基础。与之前的青铜、石碑、简牍和绢帛相比,纸是那样轻盈,像时光一样轻盈,也如同时光般不可捉摸。有了它,文字可以轻盈地从一张纸飞到另外一张纸上,传播如此便捷、快速,有了稻粟般强大的"繁殖"能力。用毛笔在纸上写字,方块字不再带有刀凿斧刻的硬度,而是与水相结合,具有了无限伸展的柔韧性,成了"活物"。它们放开了手脚,行走,奔跑,滑翔,舞蹈,生儿育女,扶老携幼,欢天喜地地一路走来。

纸的出现,还是对毛笔的最好呼应,让毛笔不再孤单。从蒙恬发明毛笔到蔡伦改进造纸术,跨度为三百多年,上天终于给毛笔以完美的馈赠,让它找到了最好的伴侣。笔与纸,水乳交融,如胶似漆。在以后的岁月里,它们相拥相抱,给这个世界带来无限惊喜。

2. 纸的历程

在探究宣纸的奥秘和沿脉的过程中,诸多历史的空白让人常常叹喟:自古以来文人墨客总是习惯于将视线对外,喜欢对世事人生摹写咏叹,对于手中的书写工具与载体却懒得理会,以致纸笔本身的沿脉一片空蒙。这实在是辜负了纸张自身的价值,辜负了过去的时光,也辜负了诗意的起源。

中国文字,一开始的书写载体,是具有神灵意味的牛胛骨,以及具有神灵意味的龟甲。在早期的中国人看来,只有这样的东西才有资格安放文字。因为,文字是神圣的,也是有灵魂的。随后,文字依托雄伟典雅的青铜器,依托纪念碑似的建筑,既镌刻在各种礼器之上,也镌刻在瓦当、玺印、石鼓、石碑,以及山水之间的悬崖峭壁上。甲骨文也好,铭文、崖刻也好，都是字字千钧。即使是竹简和木简，在世人看来，也有着不可随便修改的性质。文字落于其上，便有斧劈刀砍的坚硬。中国自商朝完备的史官制度，就如实记录天子的言行，"左史记言，右史记事"，臣子奏事，国君回复，每一句话都必须记录在简牍上。这其实是以文字的不朽来约束权力。史官的记录，帝王是不能御览的，更不能随便改动。史官很有骨气，不畏死，也不屈服。春秋时期，齐国大夫崔杼杀了齐庄公，齐国太史如实记载了这件事，崔杼大怒，杀了太史。太史的两个弟弟仲和叔继续如实记载，也被崔杼杀了。崔杼告诉太史的第三个弟弟季说："你的三个哥哥都死了啊，你难道不怕死吗？你还是按我的要求，把齐庄公之死写成暴病而死吧！"季正色回答："据事直书，是史官的职责，失职求生，不如去死。你做的这件事迟早会被大家知道的，我即使不写，也掩盖不了你的罪责，反而成为千古笑柄。"崔杼无话可说，只得将他释放。季走出来，正遇到史官南史氏执简而来。南史氏以为季会被杀，也准备慷慨赴死。中国古代知识人如此壮怀激烈地对待史乘，这是对文字的尊重，更是对神灵的敬畏。

　　纸的出现改变了这一切，它使得文字摆脱了沉重，摆脱了权力的控制，变得实用、随意，不再带有斧劈刀砍的坚硬。与龟甲、青铜和竹简相比，纸轻盈而柔软，易腐又易燃，很难引起人们的重视，似乎神灵盘桓的成分也要少很多。不过由于传统和习惯，人们依旧对纸上的文字怀有某种敬畏。在纸发明后的很长一段时间里，人们不敢用带字的纸做不敬的事，更不敢用其如厕。凡废弃的带字的纸，也要求放于火炉中烧毁。不过从整体上看，人对于纸，不再像面对甲骨那样谦卑，也不再像面对简牍那样敬畏，相互之间的关系趋于平和、平等而松弛。这种状况更具现代意义,可以视为一种觉醒,也可视为一种进步。在纸上,汉字不再带有斧凿刀刻的沉重和笨拙,而是与水融合,与墨融合,与人的性与命融合。

纸张就这样慢慢地融入了人们的生活。在这个过程中,提高工艺水平,让纸更平整、更润滑、更柔顺、更轻薄、更细腻,一直是造纸工匠们努力追求的目标。在长期的实践中,造纸的技艺和手段,从总体上来说,慢慢固定为几个不可或缺的步骤:一、锉,把造纸的原料切短碾碎;二、煮,把锉过的原料蒸煮,分解纤维间的粘结物质;三、捣,把原料放入石臼中舂捣,使纤维帚化;四、搅,将捣碎的原料放入水池,加入水及悬浮剂后不断搅动;五、抄,用苫,即现在的帘,将水中的纸浆抄起。这个过程,也可以归纳为浸湿—切碎—洗涤—舂捣—打浆—抄纸—晒纸—揭纸。这当中,工艺最复杂,也最难掌握的,是抄的技术。在实践过程中,人们发明了一种相对快捷的新模具——帘,即捞纸浆的竹筛,要求在舀起时前后摇晃过滤。纸浆均匀覆盖模具后,将之沥水后倾覆——一张薄薄的纸就产生了。后来,人们又尝试着在纸上涂上一层蜡,降低纸的吸水性,使之更适合书写。

造纸术发明之后,造纸业进步飞速,各地的纸层出不穷,一场漫长的角逐随即开始。一段时间里,简牍、绢帛与麻纸三分天下,都可以作为文字的载体。纸张很快呈现出优势,其中的原因,除了轻盈、便捷、快速之外,还有纸张对书写状况的改变——毛笔在纸上书写的愉悦感,使得书写由一场艰辛的劳作,变成了相对愉快的创造。随着工艺的不断进步、原料的不断开发,纸张很快占据半壁江山,又很快遥遥领先。

晋之时,书写材料发生很大变化,由于生产的纸张越来越好用,人们慢慢抛弃和远离昂贵的绢帛、笨重的简牍,选择在纸上写字。可是那时候的纸与绢帛相比仍有致命的弱点,最主要的是易潮和虫蛀。易潮的问题还好解决,只要远离潮湿之地,保持干燥,避免让水侵蚀即可。虫蛀这件事就比较棘手——一般只要放一段时间,纸张就容易从内部生长虫豸,这一问题严重阻碍纸张的发展。人们一直尝试采取各种办法,比如在纸浆中掺入能够杀死虫豸,或者让虫豸讨厌的植物。从总体上说,在纸发明后的很长一段时间里,绢帛的地位要高于纸,因为绢帛防水也防虫,更有利于贮存。

魏晋时出现了染纸术,纸有了不同的颜色。道家葛洪曾用黄檗染色,发明了最早的染色加工纸——黄麻纸。葛洪如此做,其实是阴差阳错,本意是想利用黄檗的杀虫性能,制造一种能防虫的纸,没有想到的是,黄檗汁的加入使纸变得漂亮光滑。相比于麻纸,这种加入黄檗汁的黄麻纸更受书写者欢迎。随后,染纸技术逐渐成熟,或先潢后写,或先写后潢。王羲之、王献之都爱用黄纸写字,他们的很多书法作品,都是用黄纸写就的。像王羲之的《姨母帖》就是写在硬黄纸上的。

魏晋南北朝时,各地纸坊层出不穷,有官办的,有民办的。官办纸坊由朝廷和官府纳入建制,生产纸张。民办纸坊往往跟官府合作,民间生产,官府收购。各地依据自然植被特点,就地取材造纸。北方以长安(今陕西西安)、洛阳及山西、山东、河北为中心,主要生产麻纸、楮皮纸、桑皮纸。东晋南渡后,会稽、安徽南部、建业(今江苏南京)、扬州、广州等地,依靠各地的材料,陆续成为造纸中心。东南的一些地方开始生产竹纸。葛洪《抱朴子》云:"逍遥竹素,寄情玄毫。"这"竹素"就是竹纸。用竹造纸,让南方大片竹林有了用武之地。以竹子为原料生产出的纸,优点是既轻又薄,光滑洁白;缺点是纸张太脆,容易破损。就这样,各地纸张的产量、质量或加工都有很大提升，原料不断扩大，工艺不断进步，生产的纸越来越平整、洁白、光滑、方正、细腻。南北朝人萧察《咏纸诗》云："皎白犹霜雪,方正若布棋。宣情且记事,宁同鱼网时。"由此可见一斑。

那时候南方各地的纸张加工还出现了施胶技术。早期施胶剂是植物淀粉,或刷在纸面上,或掺入纸浆中。如此处理,可以改善纸浆的悬浮性,降低纸的透水性。西凉建初十二年(416)写本《律藏初分》所用的纸,就用了施胶技术处理。砑光技术也随之出现,就是用胶黏剂将白色矿物细粉均匀涂刷在纸面上,再用卵形、元宝形或弧形的石块碾压或摩擦,这样可以增加纸表的洁白度和平滑度,减少透光度,使纸表紧密,吸墨性好。前凉建兴三十六年(348)文书纸及东晋写本《三国志·孙权传》所用的纸,都用了这项技术,比欧洲早一千四百多年。

东晋末年,权臣桓玄废晋安帝,自立为帝,下令曰："古无纸,故用简,非主于敬也。今诸用简者,皆以黄纸代之。"诏书虽寥寥二十几个字,却有石破天惊的历史意义,意味着持续数百年之久的简牍、绢帛和纸并存的局面不再,在三者的拉锯战中,相对年轻的纸大获全胜,纸的时代正式到来。

隋唐时期是中国纸张发展史上很重要的一个阶段,纸质材料和用品开始在日常生活中普及。在佛教传播过程中,大规模抄经和佛传绘画活动对纸的需求量很大,促进了南北各地造纸业的发展。各地官办和民办的造纸作坊,在纸浆性能、造纸设备等方面不断取得进步,纸的尺幅越来越大,纸面也越来越平整。从总体上来说,麻纸仍是当时的主流,官府的诏令、表等,皆用白麻纸;民间抄写,也用白麻纸;至于寺庙写经,则喜用黄麻纸。甘肃敦煌莫高窟藏经洞里保存的大量纸本经卷和画作，大部分是用麻纸抄写的。现藏故宫博物院的唐代虞世南摹王羲之《兰亭集序》天历本，以及杜牧大和三年（829）的书法作品《张好好诗》，使用的都是麻纸。

纸张质量提高明显，防虫技术却一直裹足不前。唐朝时，朝廷下令造纸商在制作政务文件所用纸张时，要加入从喜林芋花蕊中提取的毒素，以防止纸张被虫鼠咬食。唐代一些名贵纸张，比如黄蜡笺，也就是硬黄纸，就是加入了天然黄檗汁防虫蛀，又均匀涂蜡，经过砑光形成的熟纸，人们经常用这种纸写经和摹写古帖。因为虫蛀的问题一直没有彻底解决，凡是贵重的书画、典册，都尽量避免使用纸，虽然绢帛的价格更高。

中唐之后，由于纸张的需求量越来越大，麻类植物经常不能保证需求，以树皮为主要原料的皮纸大量出现。最为普遍的，是用楮皮、桑皮造

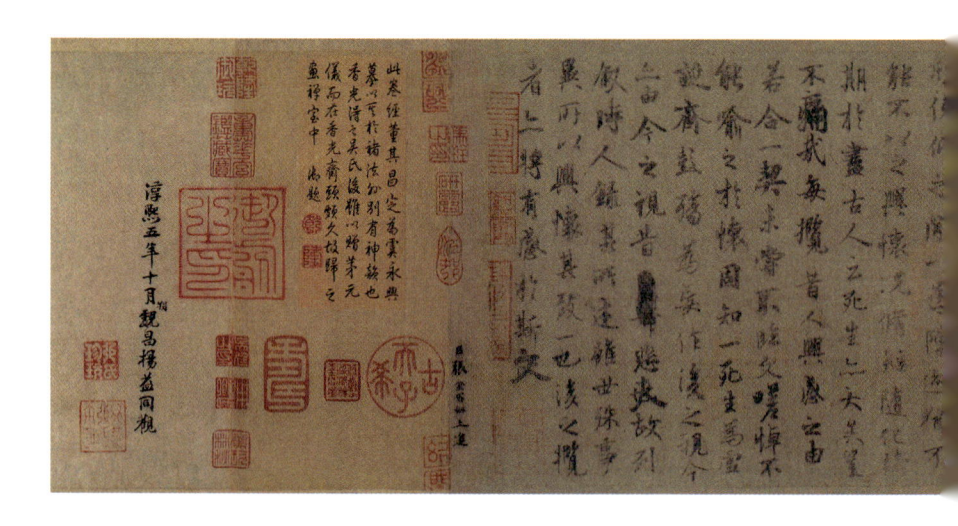

纸。以楮皮为主要原料生产的皮纸，不仅产量大，且相对于麻纸，更细腻坚韧，适合书写，慢慢成为主流。

那个时候，各地都有意识地探索造纸原料，有一些地方利用瑞香皮、木芙蓉皮、竹子造纸，也有一些地方，比如浙江嵊州，利用当地特产藤皮造纸。藤皮产于剡溪沿岸，用其造纸，更白净、轻薄、柔韧、细腻、润滑，不滞笔，为当时的书画者所喜欢。可是藤纸的产量较小，原料有限，很难大批量生产。唐人舒元舆《悲剡溪古藤文》一文，描述了由于藤皮需求量过大，古藤被不分季节地砍伐，"绝尽生意"的现象。公元6世纪，官方的诏书一般用藤纸，书画家更喜欢用桑皮纸或者竹纸，因为其吸墨性更强，有柔边和模糊效果，能够凸显中国山水画的朦胧美。

有观点以为，舒元舆《悲剡溪古藤文》写到的藤条造纸，其实就是青檀，只是冠以藤的名称而已。如果这个推论正确的话，那么，宣纸的历史

唐·虞世南　摹《兰亭集序》卷

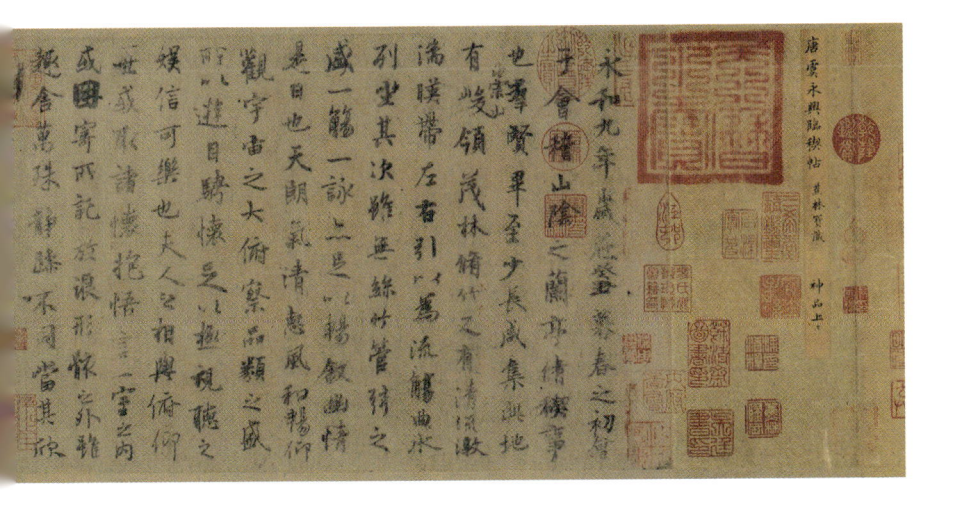

又有了新的佐证。消失的古藤条纸，也可以从宣纸中找到一丝安慰。

纸的天空也好，宣纸的天空也好，就这样飘逸着不确定的云彩，它们像一个个无法追究的梦，也如星星点点的历史碎片。中唐之后，熟纸制作蔚然成风。所谓熟纸，其实是生纸的再加工。生纸是直接从纸槽抄出，经烘干而成的未加工处理过的原纸；熟纸则通过砑光、拖浆、填粉、加蜡、施胶等，让纸张变得平滑和精致，更易于书写，更适合绘画。唐代绘画讲究布局，重视细致的笔法，具有工笔写实的特点，在熟纸上呈现效果更好。中唐之后，社会普遍崇尚个性化的纸张，从朝廷到个人，都喜欢尝试以各种方法加工生纸，也探索了一些新办法，比如相对成熟的施蜡法和施胶法：用淀粉剂、动物明胶以及植物胶，也就是松香胶等做施胶剂，加入明矾作为沉淀剂，涂于纸上，阻塞纸面纤维间的毛细孔，以保证在创作白描、工笔设色花鸟以及人物时，不至于走墨而晕染，颜料也不会扩散和渗透。

唐末之时，具有个性的高级信笺很受欢迎。当时稍有名气的文人都愿意定制个性化的信笺，甚至有人自己动手，生产加工有特色的信笺，成就了一段段诗情画意的佳话。唐元和四年（809），隐居在成都郊外百花潭的女诗人薛涛，见到了慕名来访的年轻才子、来蜀公干的监察御史元稹，两人一见钟情。时人王建有诗云："万里桥边女校书，枇杷花里闭门居。扫眉才子知多少，管领春风总不如。"薛涛是年41岁，美人迟暮，风韵犹存；元稹是名扬天下的才子，如日中天，倜傥风流。薛涛爱慕元稹的年轻与才华，元稹则喜欢对方空谷幽兰般的清丽与体贴，两个人整日流连于锦江畔，相伴于蜀山麓，度过了最美好的三月时光。薛涛满怀深情地写下了《池上双鸟》等诗，"双栖绿池上，朝暮共飞还"，诗句柔情似水,人物风情万种。之后,元稹调离川地,任职洛阳。朝朝暮暮的日子,一下子变成劳燕分飞。为了飞雁传书的浓情,薛涛取宅旁浣花溪水,以芙蓉、鸡冠花等为原料,对书信所用纸张进行了再加工:摘下各种鲜花的花瓣,淘洗晾干,将花瓣捣成泥,加上清水和胶质,涂抹在纸上,再用手绘和洒金,成功地制作成芳香美丽的深红小笺,称为"浣花笺",也称为"薛涛笺"。纸笺上的每一个字,都如一瓣落英,携有暗香,泛着温情,像春天的纸鸢般飞过去。这种美好的感觉,颇似日本女作家清少纳言《枕草子》一书中一次又一次地描述的与写信有关的情愫,以纸为寄,以纸为媒,以纸为信。可一切还是无可奈何花落去,薛涛的朝思暮想、幽怨渴盼戛然而止,成为流传千古的名诗《春望词》:

花开不同赏,花落不同悲。
欲问相思处,花开花落时。

揽草结同心,将以遗知音。
春愁正断绝,春鸟复哀吟。

风花日将老,佳期犹渺渺。
不结同心人,空结同心草。

那堪花满枝,翻作两相思。
玉箸垂朝镜,春风知不知。

五代之后，以楮皮为主要原料的皮纸渐渐显出优势，麻纸全面衰落，只有北方和西南的一些地方仍在生产。楮皮纸之所以崛起，是因为楮树面积广，生长快，在楮皮产量上有保证。以楮皮制造的纸张，质地平滑坚韧、洁净柔软，既用来书写绘画，也以之实用。纸张的制作工艺仍在改进，人们多在纸浆中加入明矾等沉淀剂，使纸张质地更加饱满和明亮，且不洇墨。随着熟皮纸质量的提高，纸张渐渐应用到绘画上，取代绢帛，成为绘画的主要材料。

宋朝是纸本绘画较为兴盛的时期，有大量绘画开始在纸上呈现。李公麟的《维摩演教图》、赵昌的《写生蛱蝶图》、毛益的《牧牛图》、法常的《水墨写生图》均为楮皮纸本，其中《维摩演教图》纸质匀细平滑，为当时上乘楮皮纸。至于苏轼的《三马图赞》，用的是上等桑皮纸。北宋的很多法帖，诸如米芾的《苕溪诗帖》《韩马帖》、苏轼的《人来得书帖》，还有李建中的《贵宅帖》、赵佶的《夏日诗帖》等，也是用的楮皮纸。这些皮纸洁白干净，表面光滑受墨，纤维交织均匀，少有束结，细帘条纹异常清晰。

宋朝造纸工艺进步，还体现为纸张尺幅增大，可以造出巨幅的匹纸。匹纸长三丈有余，中无接缝，为当时书画师创作巨幅绘画提供了理想材料。宋徽宗赵佶，就曾在长1172厘米、宽31.5厘米的巨幅描金云龙笺上，用狂草写就《千字文》，一气呵成，奔放流畅，颇为壮观。

在宋时的南方，皮纸和麻纸是主流，有作坊继续尝试用竹子和稻麦秸秆造纸。宋时的竹纸，产地主要是东南的浙江、福建和广东，工艺相比东晋隋唐时的竹纸有了很大进步，含纤维较多，经过砑光加工，表面平滑，颜色淡黄，看起来很精致。有人开始尝试用质地不错的竹纸写字画画。有记载,王安石喜欢将竹纸制成小幅,用以写诗和写信。宋苏易简《文房四谱·纸谱》记载:"今江浙间有以嫩竹为纸,如作密书,无人敢拆发之,盖随手便裂,不复粘也。"从记载中可以看出,竹纸易破损的问题仍没有得到解决。米芾晚年曾在竹纸上创作了一幅著名的《珊瑚帖》,从北宋至今仍保存完好,时间跨度九百多年,由此可以看出竹纸的质量。米芾在《评纸帖》里认为,越州竹纸的质量,超过了著名的杭州由拳纸(剡藤纸)。南宋之时,竹纸质量更好,越来越多的书画家开始在竹纸上写字画画。南宋人陈槱在《负暄野录》卷下提到竹纸的特性:"筋骨莹澈,是谓春膏,其色如蜡。若以佳墨作字,其光可鉴。"宋之时,还有人用竹纸临摹了王羲之的《雨后帖》以及王献之的《中秋帖》。

竹纸的大量生产,对于造纸术来说是一次飞跃。之前造纸,原料大多为枝梢的韧皮。竹纸制作,原料不仅仅是竹子的枝梢,茎秆也被一并拉入,这就扩大了纸张的产量,降低了纸张的成本。之后以稻麦秸秆为原料,应是受到竹纸的启发。稻麦秸秆的加入,为明清以青檀皮加稻草为原料的宣纸的诞生,创造了条件,也打下了基础。

每一个写在纸上的字,都可以被视为以萤火虫般的光亮,照亮黑漆漆的道路。纸,就这样载着星光,一路走来,走得辛苦,走得艰难,走得缓慢。在白天和夜晚,每时每刻都有无数蘸着墨汁的笔尖在纸上疾走,它们叠加记忆,释放情怀,也放飞梦想。纸,是布满星辰日月的天空,是和煦温润的春风,更是孕育生机的大地。纸,像源源不断的河流,奔腾而下,孕育和催生无限生机。在河流两岸,有陶渊明的"桃花源",有谢灵运的山水诗,有李白的"千里江陵一日还",有王维的"大漠孤烟直,长河落日圆",有李清照的梧桐雨,有辛弃疾的"灯火阑珊处",更有绵延

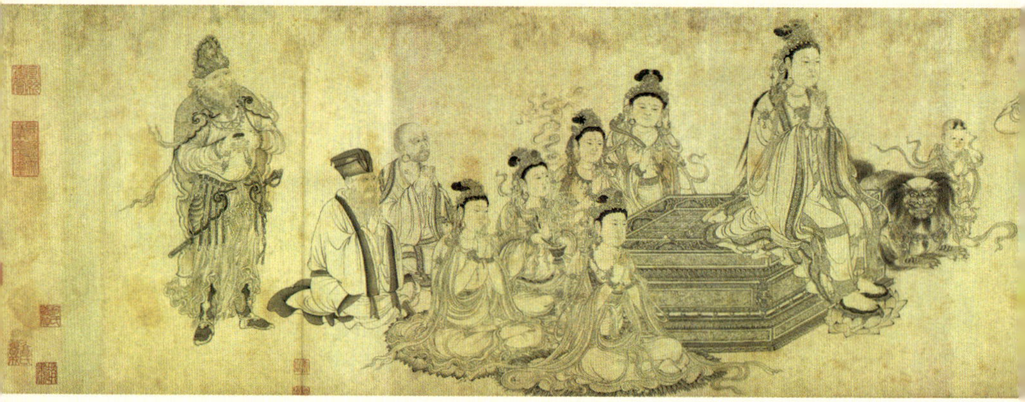

北宋·李公麟　维摩演教图

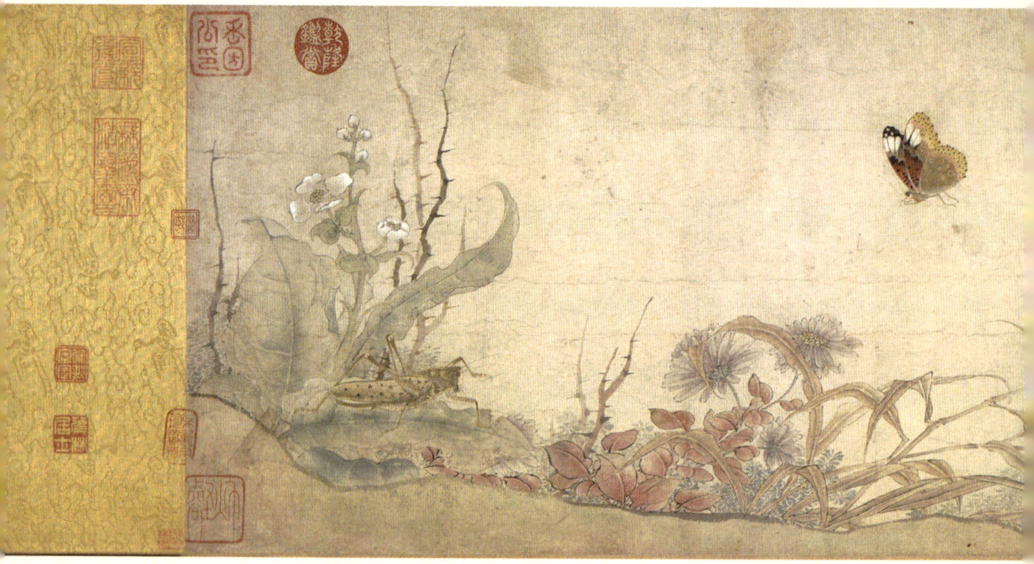

北宋·赵昌 写生蛱蝶图(局部)

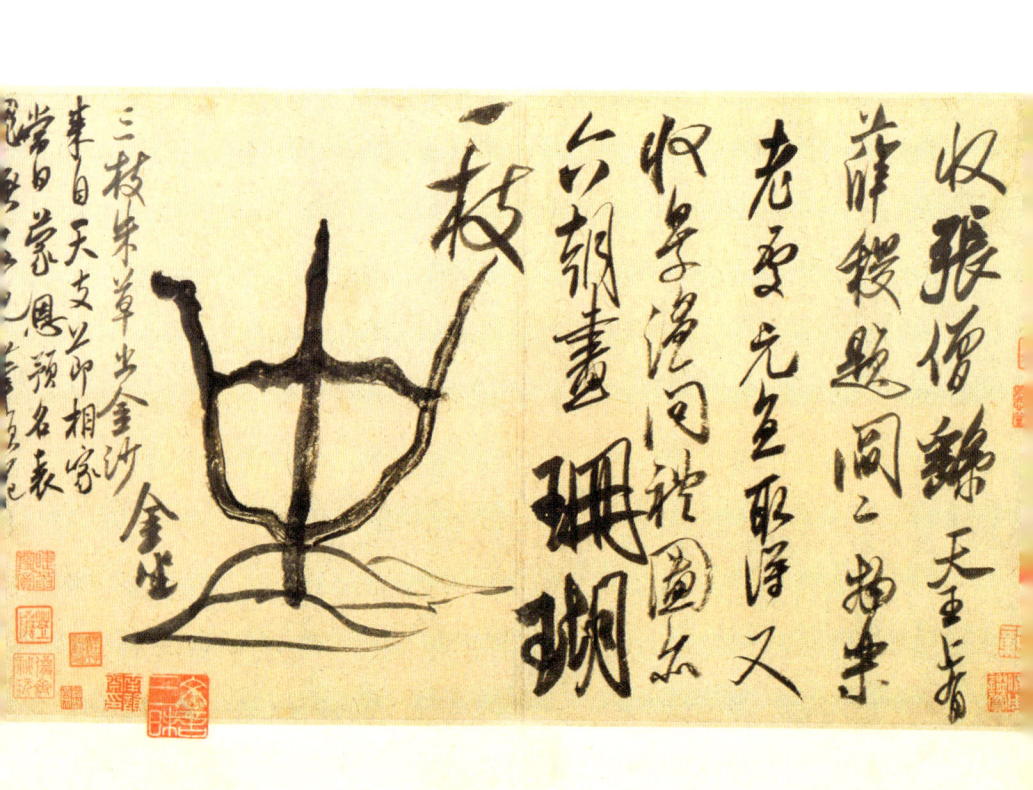

北宋·米芾　珊瑚帖

万里的长卷《富春山居图》……打个比方,纸就像《一千零一夜》中的飞毯一样,载着中国文化飞行;也像道路,让世界文明开启了漫漫征程。历史和文化的浩瀚记忆,就这样纷然落下,如飞流的瀑布,如浩渺的云雾,如呼啸而去的舟船。很难想象的是,如果没有纸,文化的记忆何在?个体的心灵历程如何触摸和觉察?

3. 那些曾经的"古宣纸"

炎黄之时,以黄河流域为核心,诞生了华夏文明。之后,华夏文明在中原地区积蓄、发展、壮大,形成了以中原为核心的中华文化。中华文化茁壮成长,继续向四周扩散,主体轨迹是自北而南,并不断向东向西向北辐射。晋朝"永嘉之乱"后,大批北方士族"衣冠南渡",中华文化的中心迁徙到以金陵为中心的东南部。北方造纸技术也随之南传,江南丰富多样的造纸原料给纸张生产带来了更大的空间。纸业的兴盛,让文化传播变得更容易,在饱读诗书的士族精英的影响下,江南文化之风已明显盛过北方。

据史料所载,魏晋时代的皖南已可以生产纸张了。东晋时,徽州地区出现了洁白如玉的"凝霜纸",宋时苏易简在《文房四谱》中曾写道:"黟歙间多良纸,有凝霜、澄心之号。"另据记载,魏晋时代的皖南曾生产过一种银光纸,特别洁白细腻,很适合写字。这种银光纸是不是"凝霜",已不得而知。魏晋时代,尚没有"宣纸"的提法,那时候宣城生产的纸张,应跟江南各地的相同,属于以麻类植物为主要原料的麻纸,其中有没有楮皮或青檀皮成分,跟后来的澄心堂纸有没有关联,跟现代的宣纸是不是有相同特质,一切都不可考。

从魏晋到隋唐,造纸技术不断提高,纸品不断丰富,造纸区域不断扩大,几乎遍及全国各个地区,形成了长江中下游和关中、中原、山东、四川等中心。其中当然包括位于江南的宣州、徽州和池州。从唐朝起,造纸的重心开始向南方迁徙。各地在造纸术上精进,生产出了很多优质的纸张,随即向朝廷进贡。常州、杭州、越州、婺州、衢州、宣州、歙州、池州、江州、信州、衡州等,都经常向朝廷进献漂亮、优质的纸张。据记载,当时出名的原生纸种,有益州的黄白麻纸,杭州、婺州、衢州、越州的藤纸,均州的大模纸,蒲州的薄白纸,宣州的宣纸,韶州的竹笺,临州的滑薄纸等。这时候的宣纸,只是众多著名的原生纸品种之一。江南之地频出好纸,是因为植物茂盛,各地都有适合造纸的树木。可以想象的是,那时候的江南各地,纸坊林立,遍地开花。当然,与民间相比,官方的造纸机构要大得多,所造纸张质量也要好很多。

"宣纸"作为专有名词出现,见于唐代张彦远的《历代名画记》,该书卷二记载说:"江东地润无尘,人多精艺……好事家宜置宣纸百幅,用法蜡之,以备摹写。古时好拓画,十得七八,不失神采笔踪。亦有御府拓本,谓之官拓。国朝内库、翰林、集贤、秘阁拓写不辍。"张彦远这段话有两层意思:一是说江东,也就是江南一带,是产好纸的地方;又进一步指出,宣纸是纸业中最为突出的。

在张彦远《历代名画记》中,"宣纸"作为专有名词第一次出现,可见宣纸在当时的名气和质量。将上下文连起来看,这段话是讲述宣纸的拓画功能。范文澜《中国通史简编》写道:"摹拓术晋代已有,原为拓碑所用。顾恺之有摹拓妙法，用好纸依法上蜡，拓名画不失神采笔意，这比拓碑术精致得多。"拓画所用的纸，必须是薄而透明、质地紧密的好纸，若纸质松脆，拓画必定破损。宣纸正是因为质量好，才被广泛用于拓画。"依法上蜡"是拓画的需要，其方法是经过砑光、加矾、施胶、涂蜡等工序，使生宣变为熟宣，使纸张更加密而润。

张彦远出身于唐代官宦之家，其高祖张嘉贞、曾祖张延赏、祖父张弘靖、父亲张文规等，都曾是朝廷的高官。自小的耳濡目染，使得张彦远见多识广，他对各种书画的鉴赏和认知，对各种书画材料的熟稔，非一般人可比。《历代名画记》充分体现了这位世家子弟的高妙见解。

"宣纸"作为专有名词出现的另一个版本，是明朝胡侍在《真珠船》中所记："永徽中，宣州僧欲写《华严经》，先以沉香种楮树，取以造纸，当是制造宣纸之始。"这段话说的是唐朝年间的事，因时间已久远，事件不可考，以沉香种楮树，更具有传奇意味。

唐朝中期以后，宣城造纸在全国已有相当大的名气。《旧唐书》曾记载，陕郡太守、水陆转运使韦坚，引灞水、浐河至望春楼下，汇成广运潭。玄宗登楼看新潭，韦坚聚江淮漕船数百艘，各船皆标郡名，依次前进，满载本郡特产。如广陵郡船载锦、镜、铜器、海味，豫章郡船载名瓷、酒器、茶具……其中宣城郡船载空青石、纸、笔、黄连等物。数百艘漕船中，仅宣城郡一地献奉纸与笔，足以说明当时宣城纸笔享誉天下。

唐朝时，书写法度严谨，生宣沁水性强，发墨过快，影响清晰度；绘画以工笔写实为主，讲究点与线的结合，笔笔到位，生宣同样难以体现。其时绘画材料主要是绢帛类织品，只有少部分是画在纸上的。原因是纸的特性不太稳定，也相对粗糙，相比绢帛，笔墨更易洇化。相比之下，绢帛更为细腻，对水墨不易渗化，不仅有利于体现细致明快的线条，还容易上色，宜于工笔线描或双勾填色，使色彩效果逼真自然。唐时多用熟纸，朝廷、官府还专门设了加工熟纸的作坊并配有专人。据《唐六典》和《新唐书》记载，朝廷门下省配置熟纸匠8人，中书省配置6人，秘书省配置10人，其职责就是将生宣加工成熟宣。

唐之后，一般图书、史籍、信札、经文，几乎已全部使用纸了。随着纸张质量越来越好，书法取得了突飞猛进的进步。在颜真卿、柳公权、怀素等一大批书画名家把书法艺术推向新高峰的过程中，宣纸起到了积极的作用。这些书画家的部分作品，应跟宣纸有紧密关联。

宋之后，纸张逐步取代绢帛——当纸张质量变得越来越好的时候，绢帛的缺陷就显示出来了，它不仅价格高，绘画成本高，还比较烦琐，需经绷绢等工序。相比之下，用纸太方便了，可以随时铺开书写。宣纸成为书画材料的主流，是再正常不过的事了。

宋朝宣州造纸的名气更大，工艺和质量处于全国一流水准。北宋诗人王令曾作《再寄满子权二首》，其二曰："有钱莫买金，多买江东纸。江东纸白如春云，独君诗华宜相亲。"南宋诗人李焘《续资治通鉴长编》记载：神宗熙宁七年（1074）六月，"诏降：宣纸式下杭州，岁造五万番，自今公移常用纸，长短广狭毋得与宣纸相乱"。这句话意为，在宣纸供不应求的情况下，朝廷下旨，为解决宣纸供需矛盾，移宣纸工艺于外地，借以提高产量。可是宣纸生产需要特定的原料和水质，外地仿制的宣纸，质量终难达到原产地的水平。

现在宣纸的概念，在原材料上，应固定以青檀皮为主，加以一定比例的沙田稻草。其诞生时间，有人以为是元明之时，有人以为是南宋，还有人以为是北宋甚至唐朝。此中说法，各有道理。从最新研究成果来看，宣纸可以追溯到唐朝。王菊华等人所著的《中国古代造纸工程技术史》写道，1985年，轻工业部造纸工业科学研究所受故宫博物院委托，对隋代展子虔《游春图》和唐代韩滉《五牛图》所用纸进行分析鉴定：《游春图》托纸原料为檀皮，可能是中唐时期的物品。《五牛图》的命纸原料为100%檀皮，当为中唐时期的用纸；背纸为20%的檀皮、80%的稻草；新托纸为50%的檀皮、50%的稻草。新托纸的质量和制造工艺与背纸相似，可能是唐朝纸，也可能是唐朝之后的纸。

从文献记载来看，元明之前，对宣纸之原料，未提及青檀皮，只说楮皮。宋代陈槱《负暄野录》称："今中国惟有桑皮纸、蜀中藤纸、越中竹纸、江南楮皮纸，南唐以徽纸作澄心堂纸得名。"宋代苏易简《文房四谱》云："黟歙间多良纸，有凝霜、澄心之号，复有长者，可五十尺为一幅，盖歙民数日理其楮，然后于长船中以浸之，数十夫举抄以抄之……"以上资料在讲到江南诸地造纸时，都以为是楮皮，没有人提及青檀皮。

唐宋时的宣纸究竟用的什么材料，宣纸界的看法一直不同。有人以为，唐宋时的宣纸，一开始用的就是青檀皮，因为楮树和青檀二者长得很像，古人一直不加区分，将二者视为同种，选择造纸树木时，以为青檀就是能造纸的楮树，没想到"歪打正着"，造出来的纸反而更好。此种说法有一定道理。也有人认为，元朝之前，宣州造纸一直是楮皮、桑皮、青檀皮混用，只是到了明朝之后才开始专用青檀皮。明之前，传统植物学的确是楮檀不分，一直到明朝徐光启时，才将这两种很相似的植物进行鉴别，对青檀重新定义。徐光启在《农政全书·卷五十六》中写道："青檀树生中牟南沙岗间，其树枝条纹细薄，叶形类枣微尖艄，背白而涩，又似白辛树,叶微小,开白花,结青子,如梧桐子大。叶味酸涩,实味甘酸。"

　　古代造纸,各地作坊对于所用材料讳莫如深,极其保密。诸多史书中很难找到记载的资料,实属正常。只可惜的是,古宣纸现在几乎无留存,已无法通过科学实验的方式来判断了。

　　纸张取代绢帛,也有绘画风格改变的原因——南宋之后,文人画崛起,笔墨以写意为主,不注重工笔,宣纸易渗化且有水晕墨章,可随意挥洒,与写意画一拍即合,派上了大用场。宣纸与书画,更像是"金风玉露一相逢,便胜却人间无数"。宣纸成就了文人画,文人画也成就了宣纸。双方黏合在一起,一切天造地设,从此开启一段恩爱而完美的姻缘。宋元之后,文人画蔚然成风,助推了宣纸的生产和工艺的改良。

　　宣纸的历史,就这样空蒙而旷远。它就像一朵缥缈的云,或者悬浮于天宇上的海市蜃楼。一直到元朝之时,方有史志确认宣纸的成分是青檀皮,从而确立了宣纸的正宗地位。不管怎么说,宣纸的诞生,建立在古往今来各种纸张制造的基础上,如果没有历史上的白麻纸、黄麻纸、白绵纸、黄绵纸、狼毒纸、磁青纸、花草纸、竹纸、太史连纸、蚕茧纸、麻沙纸、罗纹纸、黄蜡笺纸、开化纸、棉连纸、毛边纸、毛太纸等等,就不可能有现代意义上的宣纸。宣纸的身体里,流动着各种古纸的血液,也游走着各地域纸张的灵魂。正是古往今来的无数机缘,以及对纸张意义的坚守,才成就了现代意义上的宣纸。

　　明朝之后,宣纸的意象变得越来越明确。尤其是清朝乾隆之后,现代意义上的宣纸定型。其纸张的质量越来越高,尺幅越来越大,帘纹越来越细,已遥遥领先于其他各地生产的书画纸,宣纸"一统江山"的局面已基本形成。

从宣纸的诞生、发展与沿脉来看，它是有宿命意义的，就像生生不息的老树，或者如自然和生命本身。它从来就不是一个坚硬的物体，如石头般固化，它一直是活着的，是有灵魂的，是生生不息的。它甚至跟人一样，呼吸、吐纳、接受、成长……它一直有着前世今生，就像传说中的山野不死鸟。

4."澄心堂纸"之谜

从南唐到宋朝，以"澄心堂"为标志的定制高级书画纸，将中国的纸业发展推向了一个新的高度。

"澄心堂"取意于《淮南子·泰族训》："凡学者能明于天人之分，通于治乱之本，澄心清意以存之，见其终始，可谓知略矣。"南唐烈祖李昪节度金陵，建澄心堂，将之作为议事、批文、读书的处所。关于澄心堂纸，宋代程大昌在《演繁露》中记载："江南李后主造澄心堂纸。前辈甚贵重之，江南平后六十年，其纸犹有存者。"同为宋代的苏易简在《文房四谱》中也提到："黟歙间多良纸，有凝霜、澄心之号。"

皇城之中，当然不可能直接大规模造纸，只能将从外地定制的纸在宫中进行加工。关于"澄心堂纸"的原产地，蔡襄在《文房四说》中也有记载："李主澄心堂（纸）为第一，其物出自江南池、歙二郡，今世不复作精品。"以蔡襄的看法，产地是池州和歙县。也有人持不同意见，米芾就曾在《书史》中说："今人以歙为澄心，可笑。一卷即两分，理软不耐卷，易生毛。古澄心以水洗浸一夕，明日铺于桌上，晒干，浆捶已去,纸复元性,乃今池纸也。"这一段话,以为澄心堂纸不是歙县所造,而是池州所造。池州造纸之地,主要是青阳县,历史上曾以制造白麻纸著名,唐代曾归属宣州,说澄心堂纸是池州纸,其实也是宣州纸。由于澄心堂纸已出产百年,且不复生产,原产地有争论,实属正常。不管怎么说,澄心堂纸原产地属皖南,应无争论,是将皖南出产的半成品运送到金陵的南唐宫中,经过皇室技工的深加工,就成了澄心堂纸。

相关史志曾记载,澄心堂纸最主要的成分是龙须草、楮皮等。龙须草造纸可以,可产量绝对有限,想大规模地生产,难度很大。澄心堂纸的成分,龙须草和楮皮所占比也是一个谜。明朝之前,中国人对于楮树、青檀、桑树等,很多时候不加区分,一股脑称为楮树。澄心堂纸中的楮树,到底是现在的楮树,还是青檀,应是一个关键。有人以为,就当时的情况而言,只有加工过的纸,也就是熟纸,才可以冠以品牌,比如澄心堂纸。至于从各地调集的生纸,是不存在品牌概念的。也因此,很难说澄心堂纸来源于何处,它应是来自一个区域。不管怎么说,无论是地域上,还是工艺上,澄心堂纸应跟现在的宣纸,存在着难以割舍的联系。

澄心堂纸是朝廷定制,属贡纸,在制作和加工上是有标准的,在工艺上也是有要求的:对于制纸的楮皮等原材料,必须千挑万选,极其严格。对于时辰,也极其讲究,要求"寒溪浸楮",也就是说,需在冬日寒夜之时,将楮皮浸泡在水中。至于抄造的工艺和时辰,也极其讲究,要求"腊月敲冰""敲冰举帘""大蒸笼固焙之""焙干坚滑"。时辰选择如此严格,一方面是尊崇神灵;另一方面,选择极冷的天气,可保证生产出的纸张不被虫蛀。由于澄心堂纸制造极其精细,生产出的纸"自首至尾,匀薄如一",盛名之下,纸贵如金,"百金不许市一枚",

"一幅百钱曾不疑"。

李璟、李煜父子专门在宫中腾空一个重要场所,将之改造成加工纸的作坊,足以看出李氏父子爱纸如命。可以想象的是,李煜经常来到这里,观看纸的加工过程,有时甚至脱掉龙袍,系上围裙,和工人一起劳作。当一个人无比热爱某一个物件时,一定会奋不顾身地投入进来。李煜对于澄心堂纸的工艺,达到了异常挑剔的程度,每制成一匹,李煜都要亲自试纸,反复琢磨,直到满意为止。在他的监制下,这种来自皖南的澄心堂纸,在制作工艺上更臻完美,成为名副其实的纸中之王,"肤如卵膜,坚洁如玉,细薄光润,冠于一时"。

宋人曾慥在《类说·文房四谱》中说:"李后主留意笔札,所用澄心堂纸、李廷珪墨、龙尾石砚,三者为天下之冠。""笔札"在古代有文章、信件等多种含义,李煜诗词文书俱佳,常常自己写诏书,对于青镂、麝璧、玉楮、龙盘,也就是笔墨纸砚的要求很高,实属正常。澄心堂纸也名副其实,成为当时最好的书画用纸。南唐大画家董源所作《庐山图》《夏山林木图》《溪山风雨图》等精品,均是采用澄心堂纸绘制的。元代夏文彦《图绘宝鉴》卷三载:"徐熙,金陵人,世为江南显族……画花木禽兽、蝉蝶蔬果,妙奇造化……所画多在澄心堂纸上",说的是南唐另一个宫廷画师徐熙,最喜欢在澄心堂纸上画花木禽兽、蝉蝶蔬果。米芾《画史》中就曾记载,名士魏泰收藏了徐熙的一幅《飞鹑图》,用的就是澄心堂纸。米芾是书画行家,曾经为了研究南唐澄心堂纸的材料,专门把纸"拆"了细心研究。他的这一番话,应是有事实根据的。

澄心堂纸虽誉满江南,可是在南唐灭国之后,并未引起北宋朝廷的重视。金陵被攻占后,南唐宫中大批澄心堂纸先是被废弃于杂物中,随后被搬运到开封,随意堆放在朝廷御府的库房里。宋太宗时,曾用澄心堂纸拓印古人名贵书帖,印成《淳化阁帖》。之后的宋朝皇帝,曾将澄心堂纸赏赐给一些大臣。宣城籍的大臣梅尧臣当然知道澄心堂纸的价值,对于家乡一带出产的好纸遭此冷遇心痛不已:"城破犹存数千幅,致入本朝谁谓奇。漫堆闲屋任尘土,七十年来人不知。"由于梅尧臣等人的大力弘扬,澄心堂纸名声大噪,一时"洛阳纸贵"。

欧阳修在得到石曼卿用澄心堂纸书写的李商隐诗《筹笔驿》后,大喜过望,称之为家中三绝。他在《六一诗话》中说:"至今藏之,号为三绝,真余家宝也",并赋诗:"君不见曼卿子美真奇才,久已零落埋黄埃。……君家虽有澄心纸,有敢下笔知识哉!"苏轼、蔡襄等,也对澄心堂纸极痴迷。一直推崇澄心堂纸的梅尧臣,在收到欧阳修馈赠的两幅澄心堂纸之后,按捺不住内心的喜悦,重新忆起澄心堂纸之往事,作《永叔寄澄心堂纸二幅》:

昨朝人自东郡来,古纸两轴缄縢开。
滑如春冰密如茧,把玩惊喜心徘徊。
蜀笺蠹脆不禁久,剡楮薄慢还可咍。
书言寄去当宝惜,慎勿乱与人剪裁。
江南李氏有国日,百金不许市一枚。
澄心堂中唯此物,静几铺写无尘埃。
当时国破何所有,帑藏空竭生莓苔。
但存图书及此纸,辇大都府非珍瑰。
于今已逾六十载,弃置大屋墙角堆。

> 幅狭不堪作诏命，聊备粗使供鸾台。
> 鸾台天官或好事，持归秘惜何嫌猜。
> 君今转遗重增愧，无君笔札无君才。
> 心烦收拾乏匮椟，日畏扯裂防婴孩。
> 不忍挥毫徒有思，依依还起子山哀。

尝试用澄心堂纸作画的，是北宋大画家李公麟。明代屠隆的《纸墨笔砚笺·纸笺》记载："宋纸，有澄心堂纸，极佳。宋诸名公写字及李伯时（李公麟）画，多用此纸。"邓椿在《画继》中也说，李公麟"多以澄心堂纸为之，不用缣素，不施丹粉"。李公麟是当时绘画第一人，据说对绘画材料的选择极挑剔，绘画基本用高级绢帛，他肯用澄心堂纸，至少说明澄心堂纸质量上乘。澄心堂纸名气越来越大，北宋民间甚至出现了不少仿纸。

徽宗时代的大书法家蔡襄，曾经想发掘澄心堂纸的秘方。现存《澄心堂帖》为其给友人的信札，全文为："澄心堂纸一幅，阔狭、厚薄、坚实皆类此乃佳。工者不愿为，又恐不能为之。试与厚直，莫得之。见其楮细，似可作也。便人只求百幅。癸卯重阳日。襄书。"从信札的内容来看，蔡襄对遗存的澄心堂纸极感兴趣，委托友人想方设法帮忙弄一些，又想着请技工发掘。蔡襄一定是用过澄心堂纸的，一试之下，念念不忘，才有如此深的心结。

米芾、米友仁父子，有好几幅画是画在澄心堂纸上的，比如米芾的《湖山烟雨图》、米友仁的《大姚村图》等。明人汪砢玉在《珊瑚网》中记载："米西清《云山小卷》，余墨戏气韵颇不凡，他日未易量也，元晖

澄心堂紙一幅闊狹厚薄
堅實皆類此乃佳工者不
願為又恐不能為之試與
厚直莫得之見其楷細似
可作也便人只求百幅癸卯重
陽日　襄　書

北宋·蔡襄　澄心堂帖

书……宋裱,画在澄心堂纸上,长丈余,云山细润,迥出诸卷。""米西清"即米友仁。在此书中,汪砢玉还记载了自己曾在京口见过米芾用澄心堂纸所画《云山墨戏图》一卷,"笔势奇怪,有意外象"。

澄心堂纸也有不足,主要是尺幅太小,若要画大画,须将几张纸拼贴在一起。所以,澄心堂纸最大的用处,还是在书法和书信上。比较起绘画,书法与纸张的结合更早,也更紧密。书法写于纸上,更服帖,更雅致,更自然,有天造地设的感觉。

在此之后,由于金兵南下、社会动荡等原因,澄心堂纸的光环变得黯淡,皖南造纸业受到很大冲击。可是在造纸上较为先进和深厚的技术、工艺和传统,并没有随之消失,在民间仍有余存。南宋罗愿所撰《新安志》卷十中记载,继澄心堂纸之后,南宋时绩溪县有一种纸,直接传承澄心堂纸,质量上乘,极其好用,"歙州绩溪纸,乃澄心堂遗物,其新也,鲜明过之。今世纸多出南方,如乌田、古田、由拳、温州、惠州皆知名,拟之绩溪,曾不得及其门墙耳"。卷二中提到,"纸亦有麦光、白滑、冰翼、凝霜之目。今歙县、绩溪界中有地名龙须者,纸出其间,故世号龙须纸。大抵新安之水,清澈见底,利以沤楮,故纸之成,振之似玉雪者,水色所为也。其岁晏敲冰为之者益坚韧"。这一段话,揭示了这时候的徽州造纸仍是澄心堂纸的留存。绩溪所造的龙须纸,原料仍以楮皮为主,也可能加了一些龙须草,方法和工艺直接来源于澄心堂纸。

元代之时,澄心堂纸曾重出江湖,只是没有明确产地。元人费著《蜀笺谱》记曰:"澄心堂纸,取李氏澄心堂样制也。盖表光之所轻脆而精绝者,中等则名曰玉水纸,最下者曰冷金笺,以供泛使。"其言元代仿澄心堂纸,轻脆而质精,应为仿宋法制造。其中"冷金笺"为洒金纸,可能是以洒金来弥补纸质较劣的不足。当时纸张,除仿澄心堂纸外,还有仿薛涛笺的。元代大量高级书画纸的生产,说明有大量的社会需求,除了满足本土需要,极有可能还出口到元朝之外的其他地方。

徽州府的歙县也好,绩溪也好,离宣州府的泾县,只有一百多公里的路程,同属于皖南山区。某一个白天或夜晚,某一个良辰或者寻常日,有关澄心堂纸的秘密,都会由某一个因缘,扩散到泾县的某个村庄。有了澄心堂纸做榜样,现代意义上的宣纸后来居上,就成了一件自然而然的事情。毕竟,传统工艺就像潜在的河流,会无形地在人群和社会之中流淌。有说法称现在泾县的"汪六吉"牌宣纸,就是当年徽州汪姓家族北迁,到了泾县之后,传承家族传统技艺的结果。毕竟,相对于大山深处的歙县来说,地处青弋江边的泾县,交通要更便利一些。以逻辑和情理来推测,现在的宣纸身上带有澄心堂纸的影子,是一件完全可能的事情。历史虽然从总体上是空蒙的,可在一些细节上,经常闪着忽明忽暗的光亮,让我们看到事物与事物之间的紧密联系。

明之后,澄心堂纸消失。甚至,有关澄心堂纸的相关记载,也在各种书籍中消失了。跟澄心堂纸一起消失的,还有无数纸张品牌和商号。想想也很正常,农业文明的无数技艺,有"起、承、转、合",也有着"盛、衰、消、亡"。那些曾经的老字号,因为各种各样的问题,以各种各样的方式,慢慢地消失了。可是那些混合着山野灵性和气脉的东西,仍保有永恒的灵魂,能不断地转化,将消失转化为再生,将痛苦转化为快乐。

就现有的资料和留存而言,研究者已很难厘清澄心堂纸与后来宣纸的密切联系。可以确定的是,它们都产生于黄山脚下,产生于皖南。这一片地方,是拥有悠久文化传统,也是拥有悠久造纸传统的。如果没有早期的造纸传统，没有文化的积淀，没有相关的工艺传承，就不可能诞生后来的宣纸，也就是以青檀皮和沙田稻草为主要原料的现代意义上的宣纸。两者之间，很难割舍。在古宣纸和今宣纸之间，游弋着中国文化的灵魂。任何一种古纸，都可看作是宣纸的前世，这才是科学和理性的态度。

换一个角度来看，如果纸也有灵魂的话，那么，现在宣纸的魂魄，应该视为澄心堂纸。宣纸，是澄心堂纸的直接传承，就像是澄心堂纸的转世投胎。并且，不仅仅是澄心堂纸，皖南所有曾经的纸，都可以视为宣纸的"前世"；宣纸，又可以视为皖南所有古纸的"今生"。宣纸，是皖南区域造纸的发扬光大，也是所有古纸的记忆再现。

第二章 书法绘画入纸来

纸上的书法
从《平复帖》到《兰亭集序》
那些空蒙的绘画

5. 纸上的书法

世界上从没有一种文化，像中国文化这样崇拜文字，如此注重文字的书写美感。中国的方块字，最早是用来通神的，是巫术的一部分。人与人的横向交流，用语言就可以，不需要用文字。人纵向与神交流，带有私密性，不准发出声音，语言起不了作用，就用刀在龟甲上刻画，形成符号让神读懂。文字变成人与人之间横向交流的工具，是后来的事。汉字中暗藏很多道理，其实是古人在造字时，把自己对世界的理解糅了进去。所谓字字珠玑，就是说字中藏着很多玄妙之理。因此，"字"不仅值得"留"，还格外值得"恋"。

中国人看重文字，自然也看重与文字有关的东西，比如书法，比如文章。杜甫的诗句"文章千古事，得失寸心知"，把文章与历史相提并论。明人陈继儒言"故风雷雨露，天之灵；山川名物，地之灵；语言文字，人之灵"，把语言文字上升到神性的地位。中国人把对世界、对生命的全部认识，都集纳到自己的文字中。文字黑色的线条，纸张白色的底色，犹如阴阳二极，代表着世界的风云变幻、婉转错让，也代表着人类的喜怒哀乐、聚散离合。中国象形文字所具有"形、象、意"的功能，让拼音文字的美学意义相形见绌，这也是中国书法美学的基础。

最初，中国的文字，是以坚硬的方式镌刻在甲骨上、钟鼎上、瓦当上、玺印上，以及野外的石崖、石鼓和石碑上。简牍出现之后，文字又落在了木简和竹简之上。虽然这些文字大小方圆错落有致，粗细轻重节奏灵活，有着特殊的遒劲度和厚重感，可是由于书写者的即兴、书写工具的粗陋，这些粗粝、坚硬、随意的文字，虽被称为早期的书法，可在总体上说，只是洪荒之雄、太初之质，尚未形成系统而成熟的规范，难以充分表现文字优雅的灵性，因而不能称之为成熟的艺术形式。

蔡伦改进造纸术，是中国社会发展中的一个大事件，也是中国文化史上的一个大事件，更是书法诞生的前提。"蔡侯纸"的问世，让中国社会兴奋异常——中国文字终于有了相对恰当、便捷、廉价的载体了。造纸术发明之后，曾经在一段时间里进步明显，纸张变得越来越薄，越来越柔软，越来越洁白细腻。与笨拙沉重的简牍以及昂贵的绢帛相比，纸如此轻盈，也如此便捷，一张纸可以容纳的字数，相当于一卷沉重的简牍。纸还便于携带，便于装订成册。并且，纸的价格也远低于绢帛，更有利于走入寻常百姓家。于是，纸很快为中国人所接受，也很快取代了简牍，成为普遍的书写材料。

纸的发展很快引发了书法之风，写字如此方便，哪个书写者不愿意字更好看呢？于是人人都可以成为书法家，也有机会成为书法家。唐《书断》中有段趣闻，说汉献帝时东莱人左伯所造的纸"妍妙辉光"，驰名一时，书法大家蔡邕非左伯纸不肯下笔。这意味着东汉的文人已感受到纸的妙处，开始有意识地选择好纸了。

造纸术诞生后的三国两晋南北朝时期，纷乱如春秋战国，文化的融合与发展也如春秋战国——北方佛教传播，形成多地大型石刻壁画，令人惊叹；文学、绘画和书法突飞猛进，壮丽瑰玮；由道教和佛教生发的化学和数学，卓然可见，葛洪和祖冲之，一个奇思妙想，一个深入精微，建树领先于世人。此外，工程、历算、冶金等方面也有很大的突破。这些，都可以看作是儒释道初步融合产生的能量，甫一接触，惊天动地。佛教东传，不仅激活了社会文化，最主要的是唤醒了中国人的生命意识和自我意识。万物生长，终究是一个自由。社会觉醒了，人类自觉了，为自己争自由了，生命就更有意义，也更丰富多彩了。魏晋南北朝时期所呈现的华彩，在中国文化史上，是空前绝后的。只是乱世之中，生灵涂炭，民不聊生，遮掩了文化和美学的光华。

文化发展是有内在规律的——中国历史，最有突破性和创造性的时代，不是汉，也不是盛唐，而是纷纭复杂、金戈不绝的春秋战国和魏晋南北朝。春秋战国，在大动荡中催生了先秦诸子，产生了百家争鸣；魏晋南北朝，不仅生发了数百年的文化的繁荣期，还在大动荡中孕育着隋唐帝国的横空出世。

魏晋南北朝时期，是文化人以全部身心拥抱字与纸的时代。人在字与纸面前变得谦逊、诚实、敬畏、大胆、富有激情，如此状态下，哪有不好的字呢？纸的出现，给笔墨以滋养，给书法以创造的空间，也规定和造就了书法的规则。纸与笔墨的关系，就像大地与人的关系，带有母性的孕育精神，贯穿着潜在的引导和指引——在纸上，文字先是蹒跚行走，随后由走变跑，由跑变成舞蹈，直至飞翔起来。原先在简牍上结结巴巴、缩手缩脚的文字，在纸上变得自由、活跃、健康，它们的一招一式，变得有造型，有节奏，有徐疾，有韵致。文字的外貌变美了，举手投足有气质了，至简至朴至深至厚，之后，架构成为造型，线条成为艺术，墨色变成永恒……书法，由于纸的助力，变得空前精进。可以说，没有纸，就很难有书法，更难有后来定型的文字。若没有纸，文字就像失去水域的垂钓者，或没有棋盘的对弈者，或失去空间的习武者。

也有一些特例,这就是诸多碑文。当南朝文人在纸上尽情抒发着情感和喟叹之时,北方民族所做的,就是将字一个个刻在石碑之上。这当中较为著名的,比如《张猛龙碑》《龙门二十品》等,都是由人先在纸上写好,然后交给石匠刻在碑石上。在碑石上,圆笔可以刻凿成方笔,圆转可以刻凿成方折,连笔可以刻凿成断笔,轻笔可以刻凿成重笔,内圆外方,侧锋转折,撇捺郑重,钩跃施力,点画爽利,使得碑刻别有一番风韵。碑文的诸多风格,是石匠在镌刻时的印记,利落、明快、刚硬,不是笔法,不是书法,而是刀法。可是这种刀法,能创造性地改变和升华书法艺术,给书法的点画、结体、风貌以借鉴和点拨。

六朝以前的书法,基本在金石中。金,一般指材料为青铜的古代流传文物,包括上古青铜礼器及其铭文、兵器、青铜雕刻、符玺等等。石,主要指石质的文物,包括各种碑刻(如墓碑、摩崖石刻)和各种以石为材料的造像(如佛教寺院的经幢)等。在之后的日子里,当纸与笔主导的书法变得越来越柔弱之时,包括"北碑"在内的金石,可以给书法以提醒。它们可以被看作是汉字的初心,是书法的苍茫记忆,对纸上的无骨起到警示作用。在很多时候,碑文

北魏·张猛龙碑(局部)

可以视为一种瞭望，可以视为漫漫古道上的界碑和寒风，让书法得以清醒和冷静。

中国书法，在更深层次上，不仅有着哲学和文化对其的推动，还有着冥冥之中的支持。人事之初，书画同源，最早刻在龟甲、兽骨、石鼓上的文字，是画，是字，也是文章。唐人张怀瓘《书断》云："昔庖牺氏画卦以立象，轩辕氏造字以设教，至于尧舜之世，则焕乎有文章。"此文中的"文章"，既是文字组成的文章，也是"华彩"——鸟兽的漂亮皮毛。秦汉以前，无论是甲骨文、钟鼎文，还是漆书、竹简，都仅有结构美，线条比较单调。小篆是秦始皇统一推行的字体，系李斯在大篆基础上加以整理简化而成。隶书相传是一个叫作程邈的人所创，他被始皇帝幽系于云阳狱中，覃思十年，将比较难写的篆书简化为三千字的隶书，随后将其进献。汉字的篆书像是"画"出来的，从隶书开始则成为"写"，有了笔画概念，告别了持续三千多年的具有象形含义的古文字，开创了符号化的今文字。

汉之后，书写工具有了很大改变，毛笔、竹纸、烟墨的介入，让汉字的线条变得复杂和流畅，人们的书写有了一些美学自觉。传说东汉书法家师宜官极擅长写字，将字写得很漂亮，也喜欢喝酒，喝到兴头上，常常在墙壁上题字。他的弟子梁鹄的字写得也好，深得魏武帝曹操喜爱。曹操常常在行军打仗时将梁鹄的字带在身边，有时候挂在墙上慢慢欣赏。到了晋代，由于纸张快速又无情地淘汰了简牍，写字的一系列要求，慢慢形成新的规范。随后，章草形成，这是在隶书基础上的演变。章草保留了隶书的波磔，书写速度要快很多，适应大量抄写的需要。章草的特点，是字与字之间不相连，各自独立，不过书写速度的加快限于单字范围之内,没有发展出字与字相连接的行书。

　　楷书的诞生,是另一种突破。"楷"字有法度、范式、楷模的意思。关于楷书鼻祖,有两种说法:一是传说中的人物王次仲,《书断》《劝学篇》《宣和书谱》《序仙记》中,都说他"以隶书作楷法";二是钟繇。王次仲生平不详,没有留下作品,以钟繇作为楷书的创始人,似乎更有说服力一些。楷书的出现,是想成为一种标准,用以规范汉字的写法,也用来规范书法。规范和自由,从来都是相辅相成的:规范有利于自由,自由有利于规范。《三国志》记载钟繇和胡昭一同到河南的抱犊山拜刘德升为师,学习书法长达三年之久。之后二人书技大进,有人形容他们的书法是"飞鸿戏海,舞鹤游天""胡肥钟瘦",意为胡昭字体较肥,钟繇字体较瘦。钟繇学成之后,先在东汉朝廷做了几任小官,后来投奔曹魏集团,以贤相和"楷书之祖"修成正果。胡昭先后拒绝了袁绍、曹操的邀请,一直过着闲云野鹤的生活。多种书籍以为胡昭的隶书,一直是天下第一。据说曹魏名臣司马懿,早年曾师从胡昭。胡昭跟师父刘德升相同的是,书法作品没有遗存。人世间最好的东西,往往具有火花的性质,璀璨过后,只剩云烟,就像生命和世界的本质一样。

　　至于今草,是从楷书来的,以楷书为基础,折笔比较多。虽然有争议,不过一般以为今草的鼻祖是汉末的张芝。张芝另辟蹊径,从隶书的窠臼中脱身而出,将字字区别、笔画分离的章草法,改为上下牵连、富有变化的新写法,极富有独创性,被认为是今草的由来。张芝还用大开大合、跌宕起伏的笔法,以多连带转折,穿插着字形的大小变化,创造了狂草。因为有了章草、今草和狂草,中国书法进入汪洋恣肆、自由自在的境界,书法的艺术个性得到了彻底的解放。

到了魏晋时代，王羲之弘扬了张芝的今草法，书写由横展变成了纵引，由朴拙变为妍美，由外拓变为内敛。汉字变得更优美、更灵动、更具节奏感，同时渗入了书写者审美的心绪流动，线条的抑扬顿挫淋漓尽致地展现出来。书法，开始进入美的自由阶段，仿佛有流水的线条、舞蹈的灵秀、音乐的起伏，书法的审美取向得到了提升。

汉字书法，汉、魏、晋、南北朝是极重要的一个阶段，中国书法的篆、隶、楷、行、草渐趋完善，隶书将方块汉字的基本形态固定下来，孕育了楷书的发展，行书、草书更是在魏晋的两百年中，得到了定型和美化。魏晋之时，由于出现了钟繇、王羲之、王献之等一批丰神俊朗的书法大家，汉字的书写，变成了一种自觉。"书法"作为特定的词语，也是在这一时期出现的，如南朝王僧虔论谢综的字为"书法有力，恨少媚好"。西晋时期，出现了一系列以书体为篇名赞美书法的文章，比如成公绥的《隶书体》、杨泉的《草书赋》、索靖的《草书状》等，表达了人们对书法的崇尚。南朝齐梁间，鉴赏、收藏和著录的风气渐渐兴起。马宗霍在《书林藻鉴》中说："书以晋人为最工，亦以晋人为最盛。晋之书，犹唐之诗、宋之词、元之曲，皆所谓一代之尚也。"将晋人的书法，提到了与唐诗、宋词、元曲并重的地位。

晋，开书法之风气。之后的唐，时代拥有的雍容华贵之气和端正凛凛之风，无形地渗入书法中，并以铺天盖地、层出不穷的方式，将书法艺术推向了又一个高峰。唐代的混元气象中，草书狂放不羁，篆隶妍润端丽，行书风骨清婉，楷书端正隽秀，涌现了虞世南、欧阳询、褚遂良、薛稷、颜真卿、陆柬之、柳公权、杨凝式等一批书家。若是砥砺形容，褚遂良如千丈云锦，丝理秩然；智永如瑶台雪鹤，高标出群；欧阳询如神清透骨,意态精密;颜真卿如巍峨山峦,庄严正大;陆柬之如乔松倚壁、野鹤盘空;杨凝式如散僧入圣,萧疏自然;柳公权如深山道士,神气清健……

宋元之后,以青檀皮为主要成分的新型宣纸出现,毛笔改进,宣纸和毛笔更加细腻和敏感,给书法艺术注入了新的内容。毛笔与纸的结合,具有传达韵律、变动形式之特殊效能。中国文人在书写之中,慢慢认识到汉字在结构、骨骼、线条、意蕴上的美,以长短错综、左右相让、疏密相间、计白当黑、条畅茂密、矫变飞动等方式,充分表现笔墨的力量、趣味、速度、变化,展示书法的精密、遒劲、简洁、厚重、波磔、谨严、洒脱、自由和古拙。由是,书法艺术的审美主张更为完善,与中国哲学文化的审美完全融合在一起。

篆书、隶书、楷书、行书和草书,就这样以自由和玄妙之气韵,一路走来:篆书如舞步,隶书如迈步,楷书如正步,行书如漫步,草书如奔跑……所到之处,落英缤纷,迷离飘扬。每一个留在纸帖上的字,都带有独特的芬芳,可视为曾经在纸上游走的灵魂,既带有时代的气息,也带有个人的体温,或者如神秘的通道,导向逝去的生命和时光。时光飞逝,随着越来越多的足迹如花朵、叶片飘落在纸张之上,艺术的厚度和密度也随之不断递增。伴随汉字灵魂游走的,还有诸多带有神秘意味的传说和故事——说是蔡邕年少时,在嵩山的一个石室里,得到了神人的传授,三年后妙得书理。之后,蔡邕把笔法传给了学生崔瑗和女儿蔡琰。蔡琰又将笔法传给了三国时的书家韦诞。韦诞死后,钟繇挖墓盗得笔法,旦夕揣摩,书法渐趋精妙,终成楷书鼻祖。钟繇又把笔法传给卫夫人,卫夫人传给王羲之,羲之传给献之,献之传给外甥羊欣,羊欣传给王僧虔。以后,书法衣钵在萧子云、智永、虞世南、欧阳询、陆柬之、张旭、李阳冰、徐浩、颜真卿之间传承，一直到晚唐的崔邈……过程如积薪传火，又像长长的铁链一样，环环相扣，紧张又松弛，隐约又神秘。更多细节，都沉于水面之下，只是零星的雪泥鸿爪，在水面之上滑翔飞过，泛起波光潋滟。

对于中国文化来说，书法，不仅仅是线条艺术，还是诗歌，是音乐，是舞蹈，是抒情散文。它的使命，是"言志"，是"抒怀"，更是"悟道"。中国艺术一直讲究在更高境界上"融通"和"超越"，以"恍兮惚兮"的感觉，到达混沌的至高境界。也因此，这种艺术形式在很大程度上超越了诗词、散文、小说和绘画，与音乐和舞蹈的"道"相近，更具有神性的光辉。

6.从《平复帖》到《兰亭集序》

中国的书法艺术，为什么成熟于魏晋时代？这跟这一历史时期书写工具的发展有关，也跟这一时期人们内心的觉醒有关。宗白华说："晋人向外发现了自然，向内发现了自己的深情。"书法艺术，就是人面对天地自然挖掘的深情，是以笔墨纸张为工具，打开内心窗口，张扬自己的个性，对天地神灵的探索和致敬。魏晋时代，儒道先行融合，随后佛教加入。佛教的功能，最重要的一点，是唤醒了中国人的生命意识和自我意识，将个体生命跟世间万事万物联系起来。中国文化到了这一个阶段，心灵因哲思而变得宽广，因豁达而变得圆润，内向性外溢，转向为自由性。一些人的行为和内心因此高蹈而洒脱，诸多文学艺术形式也有了难得的奕奕之美。

　　生命意识觉醒,思维打开,聪明转为智慧,智慧连接虚空,转成艺术哲学。绘画、书法、舞蹈、音乐等诸多领域,产生了很多高妙之作品。文学上,曹操、陶潜的诗文,空前绝后;曹丕《典论·论文》、陆机《文赋》、刘勰《文心雕龙》、钟嵘《诗品》、谢赫《古画品录》等,见识一流,独树一帜。书法上,王羲之父子等一大批书家横空出世。绘画上,曹不兴的佛画,卫协的人物画,顾恺之的《洛神赋图》和《女史箴图》,那真是一个好,让千年之后的明清画家望之惊叹。音乐方面,桓伊之笛、嵇康与戴逵之琴等,余音缭绕。自然科学方面也异常发达:地理学著作,有张华的《博物志》、郦道元的《水经注》;医药著作,有葛洪的《抱朴子》、张仲景的《伤寒杂病论》等。

　　纸的发展与进步,带来了各方面的进步。人际交往中,人们较为普遍地用纸来写书信,传递消息及问候。诸如《平复帖》《姨母帖》《初月帖》《疖肿帖》《新月帖》《快雪时晴帖》《远宦帖》《平安帖》《何如帖》《奉橘帖》《伯远帖》《中秋帖》等等,都是魏晋时期人们的寻常信件,或者是交往的便条,或问候,或探病,或哀悼,或叙述天气变化、喜怒忧伤。帖,因为随意而家常,更显真情流露。相对于石碑上刻字的正式和堂皇,写在纸上的墨迹更轻松率真,也更能体现笔墨的自由和性情。

　　王羲之的《快雪时晴帖》,有雪泥鸿爪般的诗意。某年某月某天,天降大雪,王羲之忽有所想,拿起纸笔,给山阴张侯写了一幅尺牍:"羲之顿首:快雪时晴,佳。想安善。未果,为结,力不次。王羲之顿首。"写完这些字,王羲之又挥笔在信封上落下"山阴张侯"四字。短短二十八个字,颇值玩味。"快雪时晴",寥寥四字如一幅动人的山水雪景长卷,充满了隽永而神秘的美感。"书圣"自身也过着与芸芸众生同样的烟火生活，对于朋友问起的事情，承认自己爱莫能助，没有多余的解释，只说"力不次"，没有任何委婉的托词和借口。"山阴张侯"是谁，已不可考；所言何事，更无从谈起。重要的是，王羲之的这封信，连同信封一并保存下来。人们从中选取了最美的四个字，取名《快雪时晴帖》。这是王羲之书法的集大成之作，字体多为行书，间有楷体，圆劲古雅，意致飘逸，仪态万千。与《兰亭集序》的笔走龙蛇之势不同，《快雪时晴帖》有一种雍容淡泊的美感以及神秘深邃的风骨，犹如纷飞大雪霎时沉静。雪天是美的，雪后天晴更美；纸上的笔墨是美的，雪天中的书写更美。《快雪时晴帖》以神秘的"天人合一"方式，完成了中国书法史上的惊鸿一瞥。

当年随意写在纸上的字，后来被奉为"帖"，具有"神"一般的地位，让人顶礼膜拜，奉为圭臬。想想也很正常，纸是脆弱的，薄如蝉翼，一点火星、几滴雨水，便足以让它毁灭和消失。一封书帖能经历无数险境留存下来，一定具有"天意垂怜"的成分。很多年过去了，附庸风雅的清朝皇帝乾隆，在得到东晋王羲之的《快雪时晴帖》、王献之的《中秋帖》以及王珣的《伯远帖》之后，大喜过望，将之安放在养心殿的书房里，每日批阅奏折累了，就会展开这三件作品赏玩一番。乾隆的那间小书房，也因此得名"三希堂"。

比"三法帖"更早的，是陆机的《平复帖》，它是传世名帖中年代最久远的，被称为"帖祖"，早于王羲之的《兰亭集序》。这是"纸的时代"来临之后书法的最早遗存，是书法之晨曦。

《平复帖》系陆机用秃笔写于麻纸之上，墨迹斑驳，字迹难辨。全文共蘸墨四次，虚实交替，墨色基本是由润到枯的自然过渡。全帖一共九

西晋·陆机 平复帖(局部)

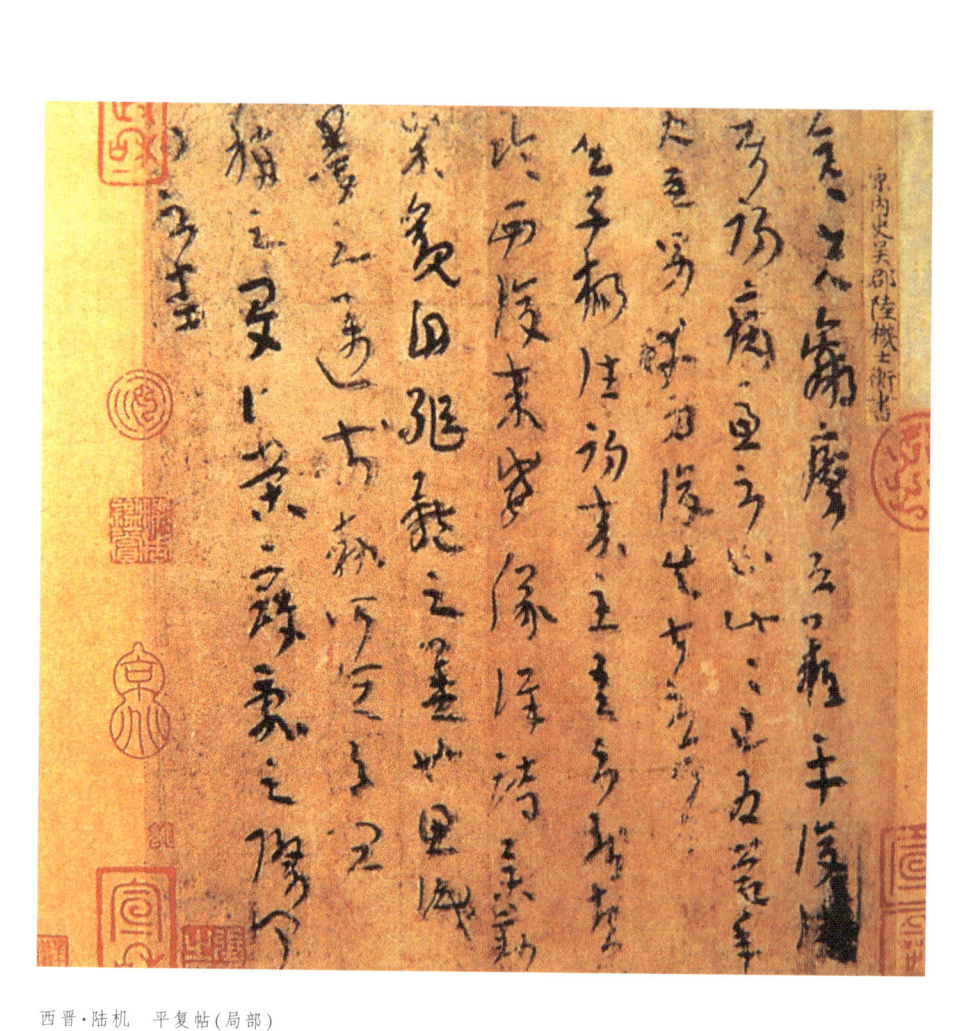

东晋·王羲之　快雪时晴帖

行八十六个字,有两个字因为纸张损坏而脱落,能看到的只有八十四个字。纸张之上,没有婉转纤细的牵丝出锋,也没有后来书法的华丽秀美、飘逸神韵。不过从墨迹中可以看出笔锋的顽强坚韧,仿佛有生命之力在里面执拗纠缠,苦苦挣扎。后人根据其中的内容,称之为《平复帖》。清代金石文字学家杨守敬《平帖记》说:"系秃颖劲毫所书,无一笔姿媚气,亦无一笔粗犷气,所以为高。"

20世纪60年代,启功先生释读了《平复帖》。解读的结果,认为这是一封写给朋友或家人的信,全文为:"彦先羸瘵,恐难平复,往属初病,虑不止此,此已为庆。承使唯男,幸为复失前忧耳。吴子杨往初来主,吾不能尽。临西复来,威仪详跱。举动成观,自躯体之美也。思识□(代表缺省字)量之迈前,势所恒有,宜□称之。夏伯荣寇乱之际,闻问不悉。"这一段话的大概意思是说:"彦先"身体衰弱生病,恐怕很难痊愈。初得病时,没有想到这么严重。

明代董其昌在《平复帖》的跋里说:"盖右军以前,元常以后,唯存此数行,为希代宝。"董其昌的意思很清楚,认为在三国钟繇和东晋王羲之之前,只存这么几行字,代表了西晋的书风,故称之为"希代宝"。从书法史的角度来说,《平复帖》上承汉简,下启今草,属于章草向今草过渡时期的产物,填补了章草向今草过渡的历史空白,对于研究文字和书法演变有极高价值。在书法从章草到今草过渡的过程中,一个最大的技术,就是解决字与字之间的连带。连带的关键,就是要把章草书的横展笔势变为纵引。纵引的笔势符合右手握笔写字的习惯,适合流便简率的书写,具有潜在的发展优势,是草书发展的方向。从《平复帖》中,可以清晰地看到这一点。

从风格上说，《平复帖》字迹坚韧干枯，跟作者悲凉的心情有关，也跟当时麻纸的质量和特性有很大关系。相关部门曾对《平复帖》的麻纸作鉴定，结论是：这是一张当时的普通麻纸，外观灰色，间米黄色，帘纹不显，纤维束多，皱湿，制作较原始，纸表有部分裂纹，未蛀。麻纸的主要成分是麻类植物，辅以树皮、渔网等其他植物纤维，经过打浆、抄造而成。由于当时造纸工艺尚不够成熟，纸面较粗糙。用来写字的毛笔，应是硬毫，有硬芯，秃锋。蘸墨的硬毫在如此纸张上书写，下笔相对艰涩，行笔的速度也较慢，字迹看起来古拙、粗粝和坚硬，也就很正常了。《平复帖》的呈现，与其说与心情有关，不如说跟纸张的特性有很大关联。

《平复帖》打开了"纸的时代"最初的影像：阴雨绵绵的日子，诸事凄凉，百般阴郁，陆机提笔给友人写信，想到战争、死亡，亲人流离失所，生灵惨遭涂炭，笔下情不自禁地流淌悲凉和哀思。这一幅手帖，充满现实的种种酸楚，它并不是纯粹的书法，而是真实生活的绝望和悲凉。

魏晋之时，天下大乱，朝不保夕，生灵涂炭，人们普遍有一种虚无与幻灭之感。因为无力应世，文人们在书信中最常用的，就是"力不次"——在极端的疲倦感和无力感之下，还说什么呢？

陆机遇害时只有42岁，临刑前，他叹了一口气，说："欲闻华亭鹤唳，可复得乎？"最后想念的，还是南方羽鹤鸣叫的声音。这一声叹息，跟五百年前秦朝李斯的"黄犬之叹"何其相似。《史记·李斯列传》说："斯出狱，与其中子俱执。顾谓其中子曰：'吾欲与若复牵黄犬，俱出上蔡东门逐狡兔，岂可得乎！'遂父子相哭，而夷三族。"李斯被杀前很后悔，可一切都来不及了。一入衙门深似海，走着走着，就把自己给迷失了。历朝历代，中国文人的最高理想都是"帝师之梦"，可是最终的感慨，往往是沉没之前的"黄犬之叹"。

与《平复帖》阴郁凄凉的心境和氛围形成鲜明对照的，是王羲之的《兰亭集序》。在这幅书法作品中，王羲之的字里行间尽是明媚春光。那是一个三月小阳春，天朗气清，惠风和畅，50岁的王羲之时任右将军、会稽内史，他召集了谢安、孙绰、支遁等四十一人，在山阴兰亭举行了一次声势浩大的文人雅集，响应古老风俗，行"修禊"之礼，到水边洗濯，"去除不祥"。朋友雅集，自然免不了一番游戏，四十余位名士列坐溪边，将盛满酒的羽觞置入水中。羽觞沿曲折的水流一路漂行，停留在谁面前，谁就取出羽觞一饮而尽并赋诗一首。若是未能即兴成诗，就要罚酒三杯。于是曲水流觞处，一片欢歌笑语。酒酣兴尽之际，王羲之提笔于纸上一气呵成，写下一篇《兰亭集序》。

《兰亭集序》，堪称天造地设之作：天是风和日丽的阳春三月，地是秀美旖旎的江南山水，人是一群洒脱而有才华的雅士。在兰亭，王羲之身体中的每一个毛孔都引吭而歌，生命情怀一下子变得奕奕勃发：

> 永和九年，岁在癸丑，暮春之初，会于会稽山阴之兰亭，修禊事也。群贤毕至，少长咸集。此地有崇山峻岭，茂林修竹，又有清流激湍，映带左右，引以为流觞曲水，列坐其次。虽无丝竹管弦之盛，一觞一咏，亦足以畅叙幽情。是日也，天朗气清，惠风和畅。仰观宇宙之大，俯察品类之盛，所以游目骋怀，足以极视听之娱，信可乐也。夫人之相与，俯仰一世。或取诸怀抱，悟言一室之内；或因寄所托，放浪形骸之外。虽趣舍万殊，静躁不同，当其欣于所遇，暂得于己，快然自足，不知老之将至；及其所之既倦，情随事迁，感慨系之矣。

向之所欣,俯仰之间,已为陈迹,犹不能不以之兴怀,况修短随化,终期于尽!古人云:"死生亦大矣。"岂不痛哉!每览昔人兴感之由,若合一契,未尝不临文嗟悼,不能喻之于怀。固知一死生为虚诞,齐彭殇为妄作。后之视今,亦犹今之视昔,悲夫!故列叙时人,录其所述,虽世殊事异,所以兴怀,其致一也。后之览者,亦将有感于斯文。

文章落笔之时,基调还是明媚的,有春风吹拂的明朗与轻松,可是随着笔墨的深入,文章很快流露出沉郁的悲苦,字里行间生命气息氤氲散发,若浓雾乍起,愁云漫卷。一切都在流动:蜿蜒的曲水之中,觞在流动;纸上,笔墨在流动;文章中,情绪在流动;春光明媚中,时间在流动……作者徜徉于时间之河,敏感敏锐,时喜时悲,情绪如音律一样抑扬顿挫,极尽波澜起伏之势。《兰亭集序》总共三百二十四个字,一共二十八行,书法之美,还在于跟文章内容高度契合,内在与外在浑然天成,文学的诗意和书法的洒脱珠联璧合,因而文以帖传,帖以文传,同为不朽。

《兰亭集序》代表着中国文化笔墨之道的高峰,因为它完美地契合了人类书写的意义——不仅仅是笔墨的游走,还是形式上的探索、审美上的飞翔,还有文学上的布局、哲学上的思考、精神上的拓展。王羲之的《兰亭集序》,从书法的角度、文章的角度,甚至生命意义的探究角度,都有力地诠释了中国传统文化的"寻道"意义。

对于《兰亭集序》之中情绪的起伏,很多人以为这是转化,其实哪是这样呢?快乐和痛苦,本来就是裹挟在一起的,就如同阳光与阴影,本来就是一个东西,彼就是此,此就是彼,是一个整体的两面罢了,所谓的界线和分别,完全是人为的。王羲之的思考,是将个体的生命意识,融入人类的命运当中。以己推人，以共情悲哀于人类的总体命运，困惑于时间的牢笼，感觉到人生的囚困和无常。李商隐诗句："庄生晓梦迷蝴蝶，望帝春心托杜鹃。"在兰亭的王羲之，也应有这样的感觉吧？执笔的那一刻，他一定困惑于自己究竟是庄子，还是蝴蝶。这个困惑，其实是人类永恒之惑。

对于王羲之来说，在这个明媚的春天里，乘着微醺的放松，自由地思考生命的意义，独与天地精神相往来，是一件美好的事情。艺术是什么？就是超越生活的那一份自由，以敏感之心，感受阳光的暖意，觉知鸟翅的拂动，聆听花开的声音。如此状态，是一种觉察，也是一种连接，以生命连接死亡，以有限连接无限。因为这种自由，过去、现在、未来的时光，如溪水一样连接起来了。与此同时，像溪水一样连接的，还有欢乐、痛苦和虚无。

写《兰亭集序》时，王羲之已任会稽内史四年，这是他最后一段仕途生涯。从30多岁被征西将军召至武昌做幕僚开始，再由参军升任长史、宁远将军、江州刺史，随后到京师任护军将军，王羲之一直过着动荡的戎马生活，有时候还不得不被卷入残酷的派系斗争。一直到他被外派浙东，出任右将军、会稽内史，王羲之才慢慢变得从容洒脱。王羲之在会稽的日子，是他生命中最好的时光。除了《兰亭集序》外，《袁生帖》《寒切帖》《初月帖》《蜀都帖》《中郎女帖》《七十帖》等，都是在会稽写就。陶弘景在《与梁武帝论书启》中以为，王羲之赴会稽之前，书法"犹为未称"，"凡厥好迹，皆是向在会稽时永和十许年中者"。如此评价，算是清楚地了解王羲之书法的脉络了。江南的山水，给了王羲之以极大的滋养，从容的心境，也让他的书法更加隽永。

王羲之的字，笔法多变，风流蕴藉，可是内含筋骨，看起来铮铮有力。《古今书人优劣评》评其字"字势雄逸，如龙跳天门，虎卧凤阙"。这一评价，十分贴切。王羲之字迹给人的印象，跟当时纸张的特性是有一定关系的。除了《兰亭集序》外，王羲之还有《快雪时晴帖》《姨母帖》《平安帖》《奉橘帖》《丧乱帖》《频有哀祸帖》《得示帖》《孔侍中帖》《二谢帖》等写于纸上。没有纸，就没有王羲之的诸多宝帖。

关于王羲之写《兰亭集序》用的是什么书写材料，一直有些不同意见，有以为是绢帛，有以为是纸。从诸多记载来看，以为纸的占了上风。可是王羲之所用是什么纸？恐怕难有定论。唐代张彦远在《法书要录》中也称王羲之"用蚕茧纸、鼠须笔，道媚劲健，绝代更无"。北宋苏易简《文房四谱》有云："羲之永和九年制《兰亭序》，乘乐兴而书，用蚕茧纸……"宋代陈槱《负暄野录》称："《兰亭序》用鼠须笔、乌丝栏茧纸。所谓茧纸，盖实绢帛也。"较普遍的看法是，王羲之所用纸，有绢帛成分，也就是说，这种纸应是植物和蚕茧絮渣混合而制成的纸。

关于《兰亭集序》的去处，传说唐太宗李世民在临死前对儿子李治说："吾欲从汝求一物，汝诚孝也，岂能违吾心也？汝意如何？"从这一段话可以看出，李世民是央求儿子允许自己将真本《兰亭集序》作为殉葬，陪同自己一道埋入坟墓中。一代天骄李世民，为什么如此钟情于一幅古人的字？除了痴迷于古人酣畅淋漓的书法神韵之外，《兰亭集序》文章本身，也是一个重要原因。王羲之对于人生的大悲怆和大感慨，一定触动了李世民的神经，引起了他的共鸣。临终之时的李世民，当然想以文章和书法的澎湃气息，去抵挡生命的无常与虚无。李治同意了父亲的要求。自此之后，这张最珍贵的茧纸消失了。人们再也看不到王羲之那游走着生命气息的墨迹,也难以感受一个游走的灵魂。各朝各代的文化人扼腕长叹,感怀不已。数百年后,诗人陆游还在惋惜:"茧纸藏昭陵,千载不复见。"

公元6世纪的一天,梁朝一个叫周兴嗣的官员接到梁武帝的圣旨,让他从王羲之的书法中选取一千个字,编纂成文,让皇子们学习临摹,要求这一千个字不得重复。周兴嗣的确是聪明人,用九百九十九个字组成了"千字文",把宇宙、天地、日月、山川,以及四时、寒暑、云雨变化排放在一起,极具鬼斧神工的意味。全文为四字句,对仗工整,条理清晰,文采斐然,如偈语般意味无穷:

> 天地玄黄,宇宙洪荒。日月盈昃,辰宿列张。寒来暑往,秋收冬藏。闰余成岁,律吕调阳。云腾致雨,露结为霜。金生丽水,玉出昆冈。剑号巨阙,珠称夜光。果珍李柰,菜重芥姜。海咸河淡,鳞潜羽翔……

王羲之之后,是王献之。相比父亲书法的端庄、华贵、隽永,儿子的字更趋于雅致、灵动、活跃。以"二王"为代表的魏晋行草书风,是汉字艺术发展出独特美学的关键。王羲之父子的横空出世,使得汉字的书写,更带有神灵般的意味,更具有指引性,规则更加坚定、大胆而自信,更理直气壮地展示个性魅力。至此,书写发展成为书法,从实用中独立出来,具有与文章、诗词、绘画、音乐、舞蹈同等的审美意义。书法艺术,也成为中国文化中一个非常独特的现象——它既具象又抽象,既高端又普及,既具体又模糊。从某种意义上来说,这世界上甚至没有一种艺术形式，比它更钟情于文字，更具有主观的特质，更具有时间上的长度和空间上的广度。

很少有人注意到，书法艺术的兴起，是因为纸。自造纸术在中国诞生之后，各种各样的纸层出不穷。纸的轻盈、便捷和廉价，为书法造就了表演的舞台，为书法提供了用武之地。毛笔落在纸上的变化，成就了书法的艺术模式和规则。笔墨与纸联袂，成功地演绎了一曲华丽的乐曲，静默无声地引导人们进入一场神秘而浩瀚的灵魂之舞。

7. 那些空蒙的绘画

秦汉之前，中国绘画多以壁画形式存在，主要留存于岩面、墙面、地面、木面之上，也有一些见于砖面和石头之上。丝绸工艺成熟之后，宫廷和相对富庶的人家，会采用绢帛，或称缣帛、绢素，也就是丝织品，作为绘画载体。现在留存的最早的绢帛画，是出土的战国时的《人物龙凤帛画》，画面上有一女子站立，头顶上方有龙凤盘旋。有人以为，此画的主题是龙凤引导女子升天成仙，祈愿逝者一路走好。《西京杂记》等文献中，曾提到汉元帝时代画师毛延寿以画像歪曲王昭君，导致王昭君远嫁塞外的故事。故事真假暂且不论，从中可以看出，西汉时期的宫廷，是有专业画师的。那个时候的画，应画于绢帛之上，起到记事留存等作用。

湖南马王堆、山东金雀山、甘肃磨咀子等地的墓葬中，曾出土过一些汉时绢帛画。马王堆出土的T形绢帛画《轪侯家属墓生活图》，是长沙国丞相利苍之妻辛追死后的随葬品。根据史书推测，在汉高祖九年至十年,湖北人利苍,携妻子辛追,带着刚满周岁的儿子利豨来到长沙国任职。画面上部为祈颂墓主人,中部表现了墓主人的日常生活,下部绘两条交缠的鲲,背上蹲着一个赤身力士。画面主题,应跟当时的信仰、巫术以及墓葬的风俗有关。这幅画尺幅之大、工笔之细、构图之美、颜色之鲜艳,代表着当时绘画的最高水平。由此可见,绢帛用于绘画材料的历史,相对于纸,要长得多。

东汉蔡伦改进造纸术之后,早期纸张较为粗糙,尺幅较小,不够光滑,吸墨不均匀,多用于写字,很少用于绘画。史料记载最早在纸上画画的人,是东汉时期的张衡。唐人张彦远在《历代名画记》卷四中记载:"张衡,字平子……性巧,明天象,善画。……昔建州浦城县山有兽,名骇神,豕身人首,状貌丑恶,百鬼恶之,好出水边石上。平子往写之,兽入潭中不出,或云此兽畏人画,故不出也,可去纸笔。兽果出,平子拱手不动,潜以足指画兽,今号为'巴兽潭'。"这段文字,说的是东汉张衡以纸笔画妖兽的故事。张衡用纸,主要用于野外写生。这说明东汉之时已有人尝试用纸绘画。毕竟,对于一般人来说,绢帛的价格较贵,更容易接受用纸绘画。

三国两晋之时,纸的发展方兴未艾。不过当时生产的麻纸也好,皮纸也好,仍难达到绘画的要求,难以表现细腻的绘画笔法。与此同时,丝绸业和棉纺业发展很快,各地层出不穷的丝绸和棉布,比如蜀锦、武侯锦、诸葛锦、沙房锦、常山缣、南布等,都可以作为绘画材料。这时候的绢帛,已是"吾家小女初长成",细腻光滑,光彩照人,像一个亭亭玉立的女子,可是纸呢,还是一个蓬头垢面的小丫头。纸在与绢帛的竞争中全面落败。魏晋南北朝时期,绘画更多选择以绢帛为材料,至于纸,因为方便低廉，较为实用，更适合写字，或用于绘画的草稿。

魏晋时代，是中国书画艺术突飞猛进的年代。书法大兴，渐成系统规范；人物画取得较大进步，山水画诞生；有关佛教题材的绘画、雕像大规模兴起。一批带有传奇意味的大画家层出不穷，如曹不兴、曹仲达、杨子华、卫协、顾恺之、陆探微、张僧繇、张墨、戴逵、史道硕、陆绥、刘祖胤、蒋少由、王乞德、王由、谢赫、毛惠远等。这批画家的产生，总体上跟佛教的传播有关——他们大多从事佛经故事的演绎，为寺院画壁画，无论是绘画风格还是手法，受印度、西域等国家和地区的影响都较大。一些画家本人就来自西域地区。比如曹国画家曹仲达，收了杨子华为徒弟。画家曹不兴，也曾在僧人康僧会那里学习了很多西域的绘画技艺和手法。据说康僧会也是西域来的僧人，曾受吴王孙权的委托，在建业，也就是南京，建造了江南第一座寺庙。

魏晋时代，南方和北方在绘画的题材、风格和表现上，已有很多不同。北方从魏晋一直到隋唐时期，诸多绘画主要绘于石壁、墙壁等上面，题材也主要是佛经故事以及教义宣扬，有"宣传画"的性质。其中原因，主要是北方绢帛相对较少，较为贵重，除了宫廷画师之外，一般人不会把绢帛作为绘画材料，也难以找到大尺幅的绢帛来绘画。另外，北方气候相对较为干燥，有利于壁画的保存。像莫高窟等地壁画的兴起，就出于这样的原因。

南方的绘画题材，跟北方有很大不同。"永嘉之乱"后，中原名门望族大量南迁。中原文化的精华，在南方的山水中沉淀一段时间之后，积聚了新的活力，对于生命的意义，有更深入的理解和表现。南方士大夫们越来越热衷于在美丽绝伦的山水之中，寻找人生的价值。以谢灵运的诗作为代表的山水诗蔚然成风，山水画也随之兴起。晋人对山水钟情，不仅是在山水中发现美，还体悟到一种神秘的力量，与世界的永恒真相关联。沐浴在山水的灵性之中，可以得到净化和宁静，超越粗鄙、污秽、庸俗和局促不安。山水画大多绘于绢帛之上，属室内画，悬挂于士大夫家中。屋内挂有山水画，是为了满足和表达人们对天地自然的向往。

中国绘画史上最早有名有姓的画家，都以为是三国东吴的曹不兴。只可惜曹不兴的作品不存，只留下空蒙的传说，如天边稀寥的晨星。现有绘画摹本存世的，是东晋的大画家顾恺之。顾恺之是无锡人，年纪比王羲之小很多。王羲之写《兰亭集序》时，顾恺之5岁。跟王羲之一样，顾恺之首先是一个名士，其次才是一个画家，他的画，并不是以专业画师身份创作的。顾恺之最为著名的画作，是《洛神赋图》和《女史箴图》，现留存于世的，都不是顾恺之的真迹，一个是宋代摹本，一个是唐代摹本。《洛神赋图》的绘画方式很特别，顾恺之并不只是画了一个"洛神"，而是让曹植和"洛神"一次次出现在不同的场合，呈现出一种"连环蒙太奇"的效果，充满幻想和诗意。顾恺之的好，还在于绘画的线条，有人以"春蚕吐丝"形容他的笔墨线条，意指他的笔法如蚕丝一样婉转柔细。《女史箴图》即是典型的"春蚕吐丝"笔法，人物的线条极其流畅，细节精致入微，女性的柔美和温婉得以淋漓尽致地表现。这幅画依托的文本，是西晋诗人张华的《女史箴》，是用一位女性讲述教化的视角，教谕夫妇之道，暗斥乱世的污秽。因为有着曹不兴、曹仲达、顾恺之、杨子华等，三国魏晋成为中国绘画的第一个高峰时代，形成了一套独特的技法和审美理论体系，"神""骨""气""韵"成为中国绘画的核心要求，支撑和影响着之后上千年绘画的发展，也形成了中国绘画独特的审美标准。

魏晋南北朝时有没有纸质绘画？应该是有的，只是极少保存下来。1964年新疆吐鲁番发现的一座东晋时代墓葬，曾出土设色的《墓主人生活图》，是目前所见最早的纸本绘画。这张画用六张麻纸拼接，也经过加工处理，墨线和颜色没有明显洇散现象，造型充满童趣，只是笔法、线条、赋色比较稚拙，像是业余画家所为。这个实物证明，魏晋南北朝之时，人们已经在纸上绘画了。《历代名画记》中曾记载一些当时的情形：曹不兴有杂纸画《龙虎图》、纸画《清溪图》，顾恺之有白麻纸画《三狮图》、《司马宣王像》，顾宝光有麻纸画《天竺僧》，顾景秀有《蝉雀麻纸图》，梁元帝萧绎也有白麻纸图《游春苑》等。从总体上说，当时诸多壁画、室外画，包括一些绢帛画，一般先在纸上打草稿，经过多轮修改，成熟后再照样子正式绘于绢帛上。若是绘于石壁上，也喜欢先在纸上打个草稿，再将纸贴在墙壁上，进行细致的描摹和着色。纸在这个过程中，一直起着引路搭桥的作用，像一位谦卑的仆人，恭敬地迎迓主人登场。

隋唐时期，纸张制造和加工技术进步飞速，绢帛和棉布的生产技术和工艺相对停滞，纸与书画的关系变得更为密切。隋唐时代的书写已基本固定在纸上，可是绘画对于纸的运用一直呈审慎态度。其中原因，有观念上的，有习惯上的，有技术上的，有风格上的，也有纸本身的原因。最主要的原因，还是装裱技术尚未出现，纸画相对来说难以保存，并且那个时代生产的纸，尺幅都不大，难以满足需要。有时候为了画画，须将几张纸拼贴在一起。那时候的纸，更像是一个青涩的小姑娘，为了出席一些场面，得先浓墨重彩地打扮训练一番。

当时的总体状况基本是这样：那些受聘于宫廷，在江湖上名声显赫

女史司箴敢告庶姬

故曰翼翼矜矜，福昕以興，靜恭自思，榮顯所期

洛神賦第一卷

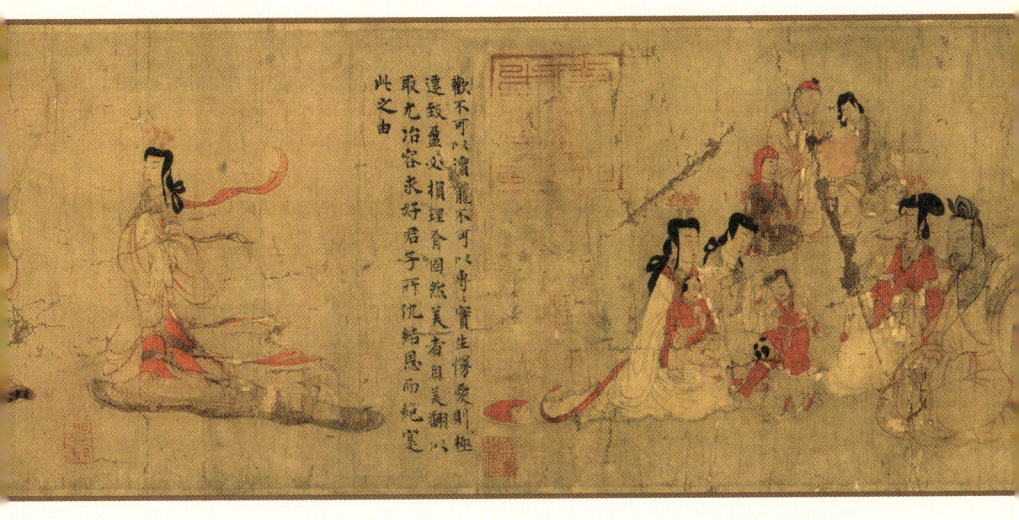

东晋·顾恺之　女史箴图(局部)

东晋·顾恺之　洛神赋图(局部)

的大画师,绘画的材料,肯定是昂贵的绢帛。至于民间和业余画师,不得不在纸上绘画。由于隋唐之际人物画、山水画较普遍,又重视工笔的风格,重视彩色,画在绢帛上,效果应更好一些。与此同时,以绢帛作画,更为庄重,更为尊贵,也更为耐久。因此,宫廷及上流社会更流行绢帛画。这一时期被誉为"中国现存最早的山水画"的展子虔《游春图》,就是绘于绢帛之上的。这幅画奠定了中国山水画的传统,在方寸之地尽展千里之姿,以全景方式描绘广阔的山水场景。画面上除大面积的山水树石外,还有楼阁、院落、桥梁、舟楫,也点缀着踏春游玩的人物车马,一派春日融融之景象。如此春色图,笔法细致,着色妥帖,如游园惊梦,堪称绢帛古画中的杰作。

如果把隋唐丰富多彩、雄健有力的文化艺术比作春天的话,那么,《游春图》可以视为隋唐艺术的第一声鸟鸣,具有"春江水暖鸭先知"的意义。从此之后,山水依稀入梦,岁月沧海桑田,天地自然精神开始以山水画的方式,给人的灵魂以慰藉。人们更愿意在自己的居舍之中,安置一幅山水图,或干脆画在墙上,虽然足不出户,却可以感受到山川气息。山水画,成了历朝历代中国知识人,甚至是普通人的精神寄托。山水一卷在宅,可以春见山水容,夏见山水气,秋见山水情,冬见山水骨,达到"独与天地精神往来"的境界。中国山水画,自此变成了一种精神的指引——它不是山和水的简单组合,不是风景画,也不是一种客观形态,而是一种精神,导引着人们见天见地见人,最终达到"天人合一"的境界。

中国绘画,就这样悄然走来,从一个载体上,转换到另一个载体上。每一次转换,都带来新鲜的气息,生发新的理念,也有着出人意料的惊奇。在这个过程中,纸,一直不急不躁,安静纤弱,蹲守于笔墨边上,像初冬的山川等待第一场雪的降临,也像多情的少女憧憬男欢女爱的生活。当绘画进入纸张时,石破天惊,宛如阳光射入黑夜,也如镜子反射风景。比较起绢帛,纸上的绘画更趋于自然,也更有恒久性,仿佛脱离了树木的轮回,超越生命本身,绽放出某种玄幻的意义。

第三章　从李白到李煜

李白来了

从《五牛图》到《五马图》

李煜和赵佶

8. 李白来了

　　李白一生，极爱长江以南、黄山脚下的这一片山水。自24岁"仗剑去国，辞亲远游"，离开四川后，李白在其后的三十多年中，曾五次游历现在的皖南，时间累计达六年之久。李白现存的一千余首诗中，有一百五十首左右写于皖南。一位大诗人与某个地域联系如此密切，还真不多见，足以说明李白对黄山脚下这一带地方的钟情。李白最后终老于当涂大青山，算是为自己与皖南的缘分，画上了一个完整的圆。

　　在皖南，李白的轨迹，是以宣城为中心，向周围的泾县、黄山、徽州、南陵、青阳、当涂辐射。这当中的原因，最主要的是李白"一生低首谢宣城"，他最追慕的诗人谢朓，曾任南齐宣城太守。谢朓在宣城虽然时间只有短短的两年多，可写了上百首与宣城有关的山水诗。出于对谢朓的景仰，李白极喜盘桓于敬亭山下，徜徉于皖南山水之中。

　　李白来宣城，喜欢住在敬亭山下的茅草房子里，林壑幽美、山涧流泉、层林堆翠、云缭雾绕。他在诗中写道："我家敬亭下，辄继谢公作。相去数百年，风期宛如昨。"在敬亭山，李白不仅享用秀丽的景色，还有一位好邻居，就是灵源寺的住持仲濬公。仲濬公也是四川人，与李白一样，身材高大，性格洒脱，还弹得一手好琴。两人聚会，经常一人抚琴，一人吟诵。"蜀僧抱绿绮，西下峨眉峰。为我一挥手，如听万壑松。"宣城一带的很多人听说大诗人李白住在敬亭山中，都慕名来访。宣州太守侍御崔甫成也是李白家的常客，每次来，李白便与他携游山中，"闲听松风眠"。有一天,李白刚刚送走客人,崔侍御又来了,李白与他登上敬亭山北面,"屈盘戏白马,大笑上青山。回鞭指长安,西日落秦关。帝乡三千里,杳在碧云间"。

李白还经常去敬亭山南麓的谢朓楼。从这里举目远眺,水阳江在阳光照耀下,像巨大的白练一样熠熠闪光。每每登顶谢朓楼,李白总会想起谢宣城。"江城如画里,山晚望晴空。两水夹明镜,双桥落彩虹。人烟寒橘柚,秋色老梧桐。谁念北楼上,临风怀谢公。"这首《秋登宣城谢朓北楼》,充分体现了李白对谢朓的追怀。在《宣州谢朓楼饯别校书叔云》中,李白又吟道:"蓬莱文章建安骨,中间小谢又清发。俱怀逸兴壮思飞,欲上青天览明月。"这是对谢朓诗歌的最妥帖的评价。很多时候,李白甚至恍惚感到,自己就是谢朓的转世。

居于敬亭山下,李白盘桓于皖南的山水之中,就像一只盘旋于青山绿水中的燕子一般。在皖南,李白盘整自己的思绪,叮凿自己的伤口,虽然心绪得到了某种程度的抚慰,但在根本上,李白还是经常性地陷入悲伤和困惑之中,那是一种壮志不能凌云的痛楚,也是人生苦短的长恨。

在皖南,李白最为喜欢的,是泾川风光之秀美。他以为泾川之美,远胜过会稽的若耶溪。会稽本是东南名胜,李白却诗曰:"泾川三百里,若耶羞见之。"他曾三次游览泾川,可见情之所钟。天宝十四载(755),李白自秋浦往游泾川桃花潭时,曾写下脍炙人口的《赠汪伦》一诗。宋本《李太白文集》题下注:"白游泾县桃花潭,村人汪伦常酝美酒以待白。伦之裔孙至今宝其诗。"清代袁枚《随园诗话补遗》记载:"唐时汪伦者,泾川豪士也,闻李白将至,修书迎之,诡云:'先生好游乎?此地有十里桃花。先生好饮乎?此地有万家酒店。'李欣然至。乃告云:'"桃花"

者,潭水名也,并无桃花;"万家"者,店主人姓万也,并无万家酒店。'李大笑。款留数日,赠名马八匹、官锦十端,而亲送之。李感其意,作《桃花潭》绝句一首。"

> 李白乘舟将欲行,忽闻岸上踏歌声。
> 桃花潭水深千尺,不及汪伦送我情。

这首极富深情厚谊的千古绝句,应该是题在古宣纸上的。唐玄宗天宝年间,宣州肯定有纸张生产。离不开笔墨纸砚的李白,在宣城时,肯定在当地生产的纸上留下了诸多动人的笔墨。如果以此推测的话,那么,这首《宣州谢朓楼饯别校书叔云》也应写于古宣纸之上:

> 弃我去者,昨日之日不可留;
> 乱我心者,今日之日多烦忧。
> 长风万里送秋雁,对此可以酣高楼。
> 蓬莱文章建安骨,中间小谢又清发。
> 俱怀逸兴壮思飞,欲上青天览明月。
> 抽刀断水水更流,举杯消愁愁更愁。
> 人生在世不称意,明朝散发弄扁舟。

这首诗应是李白酒后所写,散发着宣城浓郁的"老春酒"香。在宣城,李白很喜欢喝纪叟酿造的老春酒。"纪叟黄泉里,还应酿老春。夜台无晓日,沽酒与何人?"李白在《宣州谢朓楼饯别校书叔云》中所吟"人生在世不称意,明朝散发弄扁舟",以意义来理解,跟孔子所云"道不行,乘桴浮于海"有异曲同工之径。如此逃遁的愿望,是李白的向往,也是李白的绝望。

可惜的是,李白手迹留存不多。这是宣纸的遗憾,是文学的遗憾,也是历史的遗憾。不过我们仍可以从存于北京故宫博物院的《上阳台帖》中,揣测和领略李白的气度和神韵。这一幅纸本作品,为李白自书四言诗,共二十五个字,写于天宝三载(744)。当时李白受人诬告,被玄宗"赐金放还"。离开长安之后,李白与诗友杜甫、高适漫游河南、山东等地。李白提议同游王屋山,寻访曾有一面之交的道士司马承祯。在此之前的开元十二年(724),李白出蜀游三峡,至江陵时,跟司马承祯结识,相谈十分投机。司马承祯道行精深,诗、书、画皆有极高造诣,擅长山水画。之后,唐玄宗命司马承祯在王屋山建立道观,并题写匾额。李白一行到达阳台观后,方知司马承祯已经仙逝,不见其人,只于道观中留下大幅壁画。李白百感交集,挥笔写下了《上阳台帖》:

山高水长,物象千万,非有老笔,清壮可穷。十八日,上阳台书,太白。

字苍劲雄浑、气势飘逸,用笔纵放自如、快健流畅,法度不拘一格,一如李白豪放、俊逸的诗风。前两句"山高水长,物象千万",描绘的是壁画中王屋山的景色;后两句"非有老笔,清壮可穷",是对司马承祯绘画功力深厚的赞誉。从这幅字的走势和气韵,分明能感受到诗人的气息,感觉到诗人千里霜雪、万里长风般的吐纳和呼吸。艺术的最高境界不仅是星辰入梦、银鞍照马,更有吴钩霜雪、平地惊雷。《上阳台帖》就是以纵横万里之气象浇胸中之块垒,笔墨之中,深厚丰沛,云蒸霞蔚。也难怪宋徽宗赵佶欣喜地在《上阳台帖》上题字:

> 太白尝作行书"乘兴踏月,西入酒家,不觉人物两忘,身在世外"一帖,字画飘逸,豪气雄健,乃知白不特以诗鸣也。

赵佶对李白的评价,并没有过高的夸张和崇尚,适度平和,恰如其分。宋时,李白的地位还不像后来那样在文学史上一骑绝尘。《上阳台帖》在当时也不是孤本,赵佶还收藏有李白的其他书法作品,如《太华峰》《乘兴帖》《岁时文》等。以赵佶地位之高、见识之广博,如此评价李白,已足以看出激赏之情了。

写《上阳台帖》的时候,李白43岁,安史之乱还没有爆发。那时候的李白,虽遭遇仕途打击,但总体上还是丰神俊朗、意气风发、仙气十足。唐玄宗之前见到李白,曾为之侧目,形容李白"神气高朗,轩轩然若霞举"。十多年之后,李白再次来到宣州,独自一人登上敬亭山,写下著名的《独坐敬亭山》时,已是半百老人,带着满身的伤痛和落寞。"众鸟高飞尽,孤云独去闲。相看两不厌,只有敬亭山。"诗中已得生命的真味,烛火已成孤焰,弥漫作者全身的,是无所不在的空旷和寂寥。

《独坐敬亭山》一诗,肯定是落于古宣纸之上的。可惜的是,真迹早已消失在空蒙之中,否则,比较起《上阳台帖》的遒劲洒脱,《独坐敬亭山》笔意透露的苍凉空远,更具有夜风的意味。

笔墨,即是人心。书法也好,绘画也好,其中蕴藏的灵智意义,以及相关的哲学阐释,更值得细细揣摩。也难怪中国文化对书法和绘画的理解近乎玄妙的境界:文字即图像,又比图像更富有想象力;黑白是至简的两种色调,犹如神秘而无所不在的阴阳之力;线条的流动和飞转,暗合了宇宙的广袤变幻、人生的聚散离合……

中国文化,一直有儒、释、道、俗四位一体之说。中国书画,尤其是书法,也分儒、释、道、俗。一般来说,儒家的字端正平和、匀称丰腴、庄重劲美、谨严自持,甫一看,就知道有很好的修养,有"克己复礼"的自制。褚遂良、颜真卿、柳公权、欧阳询等人的作品,都属于这一类。其中以欧体最具代表性,端正谦和、雅正平和、长短合度、粗细折中,最为正统所欣赏和提倡。

道家的字呢,狂狷不羁,个性张扬,是以奇崛、畅达、出神入化的线条来追求自由。李白的《上阳台帖》就是典型的道家风格,奇崛而强大,醉意加诗情,把天地鬼神都搅动了。张旭的狂草也是这样,一派不羁、洒脱、任性,生命如在纸上醉步踉跄游走。至于佛家,怀素的草书,如李白语"恍恍如闻神鬼惊,时时只见龙蛇走",随心所欲,无悲无喜,无欲则刚,此乃"狂僧"书法。还有一类,有大巧若拙、返璞归真的大境界,超乎一切法则。像弘一的字,不讲究锋刃,也不讲究结构,如赤子本心,超乎一切法则,有着如如真意。当然,儒、释、道、俗也是互相融合的,可以融合人,也可以融合字。苏轼的字,跟他的人一样,既有佛家的超脱、儒家的温厚、道家的倜傥,还有入世的畅达、快意、温暖和随意。这些,都是可以从字中看出来的。

至于世俗的字,主要是单纯的技术表达,乍一看有模有样,不过仔细推敲,缺乏的是内在的精神,既没有儒家的克制,也缺乏道家的自由,更无佛家的超越,属于"野路子"的自然生长。没有经过中国文化儒、释、道的浸淫,没得其中三昧,就很难成为书法,只能称之为写字。

文如其人,字也如其人。古人说"相由心生",书法也是,它是通向心灵的秘密通道,无意中会暗合人的性格和特质。王羲之的字,秀逸脱俗,神情天纵,集庄严与自由于一体,既儒雅,又风流。他的字,与他的人几近一样。元朝赵孟𫖯的字,跟王羲之的其实很像,甚至比王羲之的字更雍容、更娟秀,透露出一种浓郁的书卷气和儒雅气。可是书卷气也好,儒雅气也好,赵孟𫖯的书法,相比王羲之的书法,少了那么点硬气和骨气,它太流畅了,太娴熟了,如行云流水一般无障无碍。有人曾经批评赵孟𫖯的书法,说他的书法"柔弱无骨",如此批评,实属道德评判,暗示赵孟𫖯做过"贰臣"。也有持不同观点的,以为人与字其实是可以分开的,比如说董其昌,这个人很复杂,有很多争议,可他的字秀外慧中,极得书法真谛。

《兰亭集序》飘若浮云,《上阳台帖》矫若游龙,这些都是中国书法史上的扛鼎之作,之后,张旭狂草《古诗四帖》《断千字文》,好像骑上一匹千里马,驰骋于雪原之上。书法的最高境界,应是摒弃一切技巧主义的成分,仅仅剩下一股油然于心的精神流,在纸上忘情地跳跃舞蹈。这个境界,与佛教的涅槃、道家的坐忘相通,它其实是人以自己的小宇宙,与世界的大宇宙相融通,是以有限连接无限,也是某种意义上的"天人合一"。

除李白的《上阳台帖》外,唐朝另一位著名的诗人杜牧留有书法作品《张好好诗》,且极可能是在宣州所写,撰写材料为古宣纸。《张好好诗》全帖四十八行,气势连绵、笔墨酣畅、鹤舞长空、俊朗飘逸,颇有六朝神韵。杜牧在《张好好诗》的序言和正文中写道：大和三年（829），"我"在已故的吏部侍郎沈传师公任江西观察使的幕府供职，那时张好好13岁，已经小有名气，因为歌唱得好被编入乐籍。过了一年，沈公改任宣歙观察使，又把张好好带去，安排在宣州乐籍。每遇霜秋和暖春，宣州的谢朓楼，或城东的"句溪"，都飞扬着张好好动人的歌韵。

诗之第二节，杜牧描述了张好好貌似快乐的乐伎生活，随后又写道：又过了两年，张好好以双鬟的年纪被沈公弟弟——著作郎沈述师纳为姬妾。再后两年，作者在洛阳东城又见到张好好，感旧伤怀，就题了这首诗送给她。

杜牧的《张好好诗》，跟白乐天的《琵琶行》有着相同之处，都是感叹美人迟暮、人生无常。杜牧自30岁起，曾两次来宣州做官，一共待了六年之久。有人断定《张好好诗》写于杜牧第一次离开宣州后的835年，其时杜牧在洛阳遇见张好好在沽酒。可在我看来，这首诗写于宣州的可能性很大，在洛阳见到张好好后，杜牧很快又来到宣州，为宣歙观察使崔郑当幕僚。在宣州，杜牧睹物思人，更容易想到张好好在宣州的情景。从现在鉴定的结果看，《张好好诗》帖用的是麻纸，是否产自宣州本地，不得而知。值得一提的是，清时泾县籍人士、著名书法家包世臣对这幅《张好好诗》高度赞誉，评价为："用笔之法，见于画之两端，而古人雄厚恣肆令人断不可企及者，则在画之中截。盖两端出入操纵之故，尚有迹象可寻，其中截之所以丰而不怯、实而不空者，非骨势洞达不能幸致。更有以两端雄肆而弥使中截空怯者，试取古帖横直画，蒙其两端而玩其中截，则人人共见矣。"可惜的是，熟稔宣纸的包世臣，并没有对这一名帖的书写材料表现出兴趣。这也难怪，清时的宣纸跟唐时的宣纸，已不是一个概念了。

唐代书法,是晋代以后的又一高峰。唐代也是中国书法史上一个关键的时期,一切承前启后,在各种书体中,都出现了影响深远的书家,楷书四大家,唐朝占了三个。狂草的出现更是书法理念升华的一个标志。楷书的书家大多脱胎于王羲之,又兼魏晋以来的墨迹与碑帖的双重传统,风格转呈严谨雄健、法度森整。唐代中期之后,书风由方整劲力渐趋于雄浑肥厚,在张旭、颜真卿的引领下,已渐渐摆脱二王束缚,开拓出狂草和楷书的新境界。篆隶虽无大发展,但能承秦汉之遗法,形成严整紧劲和遒劲圆活的风格。

唐代书法的兴盛,还与纸张的应用有很大关系。在纸上书写比在绢帛上感觉更为自由和惬意。书写工具的稳固,是书写规则确定的前提和基础。书画文化,其实是"文房四宝"笔、墨、纸、砚,兼及绢帛、颜料等材料所具特性的体现,更严格地说,是笔、墨、纸与执笔人所形成的一个系统和整体,以及由此产生的艺术状态,是将笔墨、纸张、文人心中的丘壑气象,完美地融为一个整体,以心性的自然释放达到一种对生命本质的追求。笔法,总是先适应纸张,再形成一整套契合纸张的审美体系,随后才固定为相应标准和审美范式。比如颜真卿写于纸上的《自书告身帖》,遒劲苍凉,结构沉着,雄秀端庄,结字由初唐的瘦长变为方形,方中见圆,具有向心力;用笔浑厚强劲,善用中锋笔法,饶有筋骨,亦有锋芒。如此效果,跟当时的笔、墨、纸的特性有关。唐时的毛笔,尚没有长长的软毫;所用的皮纸,也不像后来的宣纸那样柔软、细腻;至于墨,系矿石粉碎加水而成,不像后来的松烟墨乌黑光亮。由此看来,唐代的书写工具,造就了颜真卿书法的某些特质,使其壮烈刚劲、遒劲郁勃,仿佛可见

蓬令郎尊灼任天年
靖江連碧唐士地試君
噗特使華蓮鋪主公
顧四座始許來踟蹰吳
姪起引贊低隨吾語
裹餚可高下瀉過
香羅隊滕三下要油
一聲離鳳呼蟹絡連
闊細篔簹引圓蘆
泉善不終遂袤之寧雲
儞主公再三欽謂之天
六珠贈之天馬錦割
以水犀梳龍沙秀秋
浪明月推東湖自出
每相見三日以為疎重

唐·杜牧　张好好诗（局部）

大廈用自所□石柱賊臣擁衆
孤城圍逼父□陷子死巢
傾卵覆 天不悔禍誰為
荼毒念爾遘殘百身何贖
嗚呼哀哉吾承
天澤移牧河關泉明
比者再陷常山攜爾
首櫬及茲同還撫念摧切
震悼心顏方俟遠日
卜爾幽宅魂而有知無嗟久客
嗚呼哀哉尚饗

唐·颜真卿　祭侄文稿

人格精神。

事到极致之时，都是天地人相伴，各方携手助力。颜真卿书法的大气磅礴、奔放酣畅、刚正威猛，是大唐的气象，是人格的外溢，是材料的助力，是书法美、时代美与人格美完美搭配的典例。也难怪他的手迹《祭侄文稿》被后世誉为"天下第二行书"。

唐代一过，气象大减，书法上的表现也是如此。五代北宋之时，就书法而言，更趋于内敛、秀丽，更注重内在精神。宋代书法，首屈一指的是"宋四家"。苏黄米蔡兼擅诸体，集古之大成：苏轼的书法，重在写"意"，笔法肉丰骨劲，跌宕自然，看似平实、朴素，却有一股汪洋浩荡的气息，如其学问一般深厚，深厚中又带有平易。黄庭坚的书法，以侧险取势，纵横奇崛，字体开张，笔法瘦劲，自成风格。米芾的书法，既儒雅雍容，又淋漓畅快、欹侧多变。蔡襄的书法，浑厚端庄，如春风拂面，淳淡婉美，从容温雅。宋朝的书法，偏重于底蕴深厚、技艺圆熟、静水流深，更讲文韵、文脉、文气和文势，总体上还是少了一腔元气勃发，少了一些任性和无羁。

宋之后，书法的演变，与时代精神有关，也跟书法的载体有关。赵孟頫之行楷宽博深稳、酣畅圆融；文徵明清劲秀雅、舒展自如；董其昌笔力略弱，却空灵淡雅，别有韵味……之后书法拓展无不各用其极。至于清代书家，亦端亦怪，尽性尽理。书家层出不穷，皆以包括宣纸在内的各种纸张彰显传承，奉为圣典。包括宣纸在内的纸，越来越多地在社会、生活和文化中占据重要的位置。纸变得更加精致，更加文雅，也更有仙气。虽然世间有书法之灵魂终结于唐的说法，可是宣纸的横空出世，让书法有了与唐不一样的可能性。写在宣纸上的字，虽然缺少了麻纸、皮纸的粗粝、质朴、奔放和力量,可是也多了文雅,多了法度,多了技巧,多了流动,多了云烟迷茫,因而更有一种成熟之艺术美。

9. 从《五牛图》到《五马图》

比李白《上阳台帖》稍晚一些,同属于唐代的韩滉的《五牛图》,是中国目前较早留存于纸上的绘画作品。这幅画的材料,经检测,是用桑皮制造的硬黄纸。隋唐之时,由于造纸工艺的进步,纸慢慢变得细腻柔软,人们开始尝试直接在纸上绘画。现藏于北京故宫博物院的纸本《五牛图》,长139.8厘米,宽20.8厘米,纸张的纤维均匀度较好,表面细密润泽,绘画的线条没有洇散现象,沉着而厚重,只是相比绢帛,笔墨之间有一种稍"涩"的感觉。

韩滉的画中,五头牛分为两组,"一"字排开,从第一头牛到第四头牛,都是自由自在、愉悦轻松的:第一头牛延颈掉尾就着荆棘擦痒;第二头花斑牛仰天长啸;第三头深赭色青牛迎面而立,白角白耳,像须眉皓首老人状,让人不禁莞尔,这一正面相对的牛,是最难画的;第四头牛回首而顾,做吐舌之状,表情生动。至于第五头牛,被上了鼻栓,愤懑不已,怒目圆睁。画面以中间壮牛为中心,两面各安排两头牛,呈对称状向左右延伸,五头牛成为一个紧密的整体,画面一点也不显呆板。

唐代画论家朱景玄在《唐朝名画录》中评价:"驴牛虽目前之畜,状最难图也;惟晋公于此工之,能绝其妙。""晋公",指的就是被封为晋国公的韩滉。明代李日华在《六研斋笔记》中评论:"虽着色取相,而骨骼

唐·韩滉 五牛图

转折筋肉缠裹处，皆以粗笔辣手取之，如吴道子佛像衣纹，无一弱笔求工之意，然久对之，神气溢出如生，所以为千古绝迹也。"清代扬州八怪之一的金农也叹赏："愈见愈妙，真神物也。"这都是很高的评价了，由此可见中国第一现存纸画的艺术地位。

　　牛在农耕社会中，象征着勤劳、诚实、耿直、担当，有精神图腾的意味。据说当年韩滉出游，目睹田间耕牛图景，印象深刻，产生了绘画的愿望。韩滉对于纸张的性能异常熟稔，先是将几张小纸粘成大纸，再用蜡加工处理。在创作过程中，韩滉结合纸张质地，以彩色及墨色渲染牛的斑色，很好地表现了皮毛质感。勾勒牛的线条虽然简洁，筋骨转折处却十分到位，牛口鼻处的绒毛也刻画得细致入微，尤其是牛的眼神，目光炯炯，极有精气神。

　　韩滉出身于唐朝的官宦世家，父亲韩休曾任唐玄宗时宰相，生性耿直，如魏徵般仗义执言。韩滉出生在长安，很长时间节度金陵，帮助唐德

宗打过很多仗。韩滉地位高,诗书画俱佳,堪称当时名气最大的画家。有人以为韩滉以五牛寓指自家兄弟五人,以牛为象征,表达忠君爱朝廷的情怀。此说法有一定道理,牛的精神,其实是儒家的精神,也是农耕社会倡导的主流意识。

韩滉为什么弃用绢帛,选择用硬黄纸来作画?应是缘于他对纸张的钟情和了解。纸的成分是草和树,更接近牛的生活环境,以此来画牛,似乎更为妥帖和自然,与"天人合一"的理念相吻合。

韩滉《五牛图》使用的桑皮纸产于何地,尚不得而知,不过产于江南的可能性很大。江南自然条件优越,植被茂盛,文风兴盛,文化发达。唐之后所产纸的质量,已远超北方地区。尤其是浙东以毛竹为原料生产的竹纸,以及宣州、歙州用楮皮等原料生产的宣纸等,已能较好地表达出书画的意蕴,慢慢为人们所青睐。

韩滉的《五牛图》,为绘画落于纸张开了一个好头。

除了《五牛图》，同时期还有一幅韩幹的《照夜白图》，也是纸本。"照夜白"是唐玄宗李隆基喜爱的一匹骏马，全身雪白，如月圆之光辉，所以才有此称谓。在图上，"照夜白"被紧紧拴在一根粗壮的马桩上，颈项高昂，鬃毛竖起，怒目圆睁，四蹄飞骧。画用笔简练，线条流畅，渲染不多，完全可见骏马桀骜不驯的神态。相比韩滉的沉厚、扎实、大巧若拙，韩幹的画面表现生动、活泼，爆发力更强。也难怪当时人以"滉牛幹马"概括二者的特点。将两幅画放在一起比较，会发现一些有意思的地方：《五牛图》线条粗重，感觉缓慢滞重，用来画牛，恰如其分；《照夜白图》中，马的线条细致流畅，简洁明亮，更适合表现马的灵活和矫健。二韩之间的区别，不在层次上，而在技巧上；不在偏好上，而在风格上。

韩幹还画有一幅名叫《牧马图》的绢帛图，也可跟纸本《照夜白图》相对照：一马官骑白马，与一黑马并辔缓行，背景不作点染。图中黑白二马的头颈、躯体、臀部、蹄腿各部分比例匀称，透视解剖准确。以黑白为主调，掺少量朱红，用色简洁，却让人感觉不到单调。将《照夜白图》与《牧马图》对比着看：绢帛上的画面更为精致工整，色泽更为明亮；纸本《照夜白图》中，马匹线条一气呵成，尤其是马的臀部到腰背的那一根线条，浑圆饱满，非常流畅，纸上笔墨的浓淡，也能较好地表现马胸部肌肉的立体感。由此可见，相较绢帛，纸上绘画的表现力更强，更有雄浑的气势。后来所说的墨分五色，其实是指笔墨在纸上的修为和洇染。在绢帛之上，是很难有"五色"，也难有笔意和气势的。

唐人画马牛，多有一腔元气，磅礴、雍容、华丽、质朴，似颜筋柳骨、吴带当风，也似欧阳询的小楷、褚遂良的行书。数百年后，宋朝的李公麟在纸上画了一幅《五马图》，明显是向韩滉和韩幹致敬。李公麟是北宋的大画家，21岁入仕，在朝三十年，无心政治，专注于绘画，跟苏轼、王安石、黄庭坚、张耒、陆佃等人交好。他的白描，一直被称为"当世第一"。由宋徽宗授意编撰的《宣和画谱》，收录魏晋至北宋画家二百三十一人，仅李公麟一人作品就多达107件。值得一提的是，李公麟是南方人，与诸多北方画师相比，更喜欢在纸上作画。在纸上，线条之于画，如线之于风筝的感觉。除了这幅《五马图》之外，李公麟还在纸上绘有《维摩演教图》《免胄图》，全都以线条表现，行云流水，驰骋畅达，不加一点色彩晕染。

《五马图》分为五段，五匹名马"凤头骢""锦膊骢""好头赤""照夜白""满川花"，它们毛色状貌各不相同，姿态各异，或静，或缓，或轻盈步行。奚官外貌与气质亦有不同：两位为汉人，三位是胡人，或谨慎，或老成，或骄横，或气盛。

《五马图》是典型的宋画，不像唐画那样实在纯朴，取而代之的，是一种清逸而不疏野、超脱而不狂放的节制。李公麟的好，在于神鬼莫测的线条，如游蛇般起伏于纸上，粗细、浓淡、力道、弧度及转折点的控制都恰到好处，或如卧蚕，或如细丝，或如鞭线，起伏转折，刚柔徐疾，云破日出，风行雨散。这幅画，充分展示了纸的特性，单线白描，行笔劲利，与韩幹《照夜白图》接近，又有恰到好处的淡墨晕染，增加了物体的质感和色泽层次，使画面显得华润浑厚。在纸张之上，由笔墨呈现出的晕染效果，不仅没有减弱线条的力量，反而衬托了明快特质，更加简逸、自由、秀润、绰约。《五马图》中，最为特殊的一组是"照夜白"，画中除缰绳和鞋帽，马与奚官全靠几条线来表现。"照夜白"的腹、背、臀、胸，浓淡起伏，圆劲有力，鬃毛和马尾更是飘逸洒脱。纸到这个时候，已经在绘

唐·韩幹　照夜白图

唐·韩幹 牧马图

唐·吴道子　送子天王图(局部)

画中显示出特点和优势了。

　　一个时代有着一个时代的气息。李公麟画马,虽没韩幹雄健混元的气势,不过与元代赵孟𫖯温润、柔媚、细致的笔法相比,也有不同。马的不同,其实是人的不同,也是时代的不同。

　　唐代,画于纸上的作品总体上并不多。除了韩滉的《五牛图》、韩幹的《照夜白图》之外,还有一幅极其重要的作品,就是据说为吴道子所绘的《送子天王图》。这幅纸本水墨现藏于日本大阪市立美术馆,内容是释迦牟尼降生时,父皇抱着他到寺庙谒见自在天神。画中线条极其洒脱流畅,能明显看出"吴带当风"的气势和韵味。吴道子的"吴带当风",跟东晋顾恺之的"春蚕吐丝"有什么不同?"春蚕吐丝"线条粗细均匀,节奏较缓;而"吴带当风"更为洒脱,毛笔滑行的速度更快。其中极可能有绘画材料的原因——毛笔在纸上行走的速度,较在绢帛上更快。吴道子选择纸本,或因为单纯的墨色更适合在纸上表现。

宋朝的山水画、人物画、花鸟画，都达到了中国绘画的高峰，相应地书法和金石学也有飞速发展。如此成就，总体上是时代发展、文化繁荣，特别是造纸业飞速进步的结果。宋朝是书画用纸逐渐替代绢帛的时代，很多书画家已开始尝试在纸上作画了。宋朝的纸，主要是楮皮纸和桑皮纸。相关研究机构曾对苏轼书法作品《三马图赞》以及米芾书法《苕溪诗帖》所用纸进行鉴定，认为苏轼书法所用纸呈浅米色，加蜡，砑光；米芾的《苕溪诗帖》所用纸呈浅灰色，填以白粉，平滑，细横帘纹，特点是在灰色纸上呈现浅黄色毛、块、束状斑。研究表明，宋朝高级书画纸都曾经过加工，那时候的砑光技术已很成熟了。

宋朝绘画中成就最高的是山水画。山水画自六朝发源，一路走来，经过五代之时荆浩、关仝、董源、巨然四位大画家的奠基，更是如日中天。宋朝是文人的时代，也是文艺的时代。从绘画题材的角度来说，宋之前的隋唐较为尚武，宫廷画家多半画政治人物和贵族，或画与战争有关的马。宋朝崇文，宫廷画家更愿意展示自然界的山水、花鸟和风景。题材不同的背后，其实是人心的变化。

宋人崇尚理学，视野高阔，境界超远，精神上淡泊而空灵，有形而上的思考，有对万事万物浓郁的探索兴致。如此思潮渗透于绘画当中，让绘画的视角变得博大而旷远，更希望从事物的规律角度，认真领略自然天地之神秘，此所谓"格物"；喜欢以小见大，"数点梅花天地心"，此所谓"致知"。宋人对天地万物感兴趣，一只鸟、一朵花、一块石、一片叶，一直到山水自然、四季变化，他们都进行认真观察和研究，以崇敬、谦卑、诚恳、认真的态度对待。宋人画山、画水、画雪，就是画地老，画天荒，画世界的空旷、清冷、孤绝、无垠。也因此，宋朝的绘画有形而上的哲思

北宋·李公麟　五马图(局部)

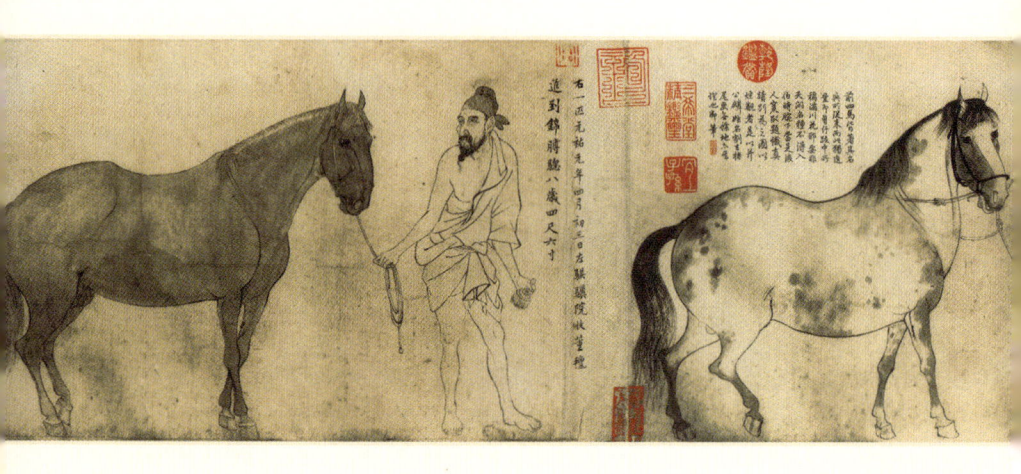

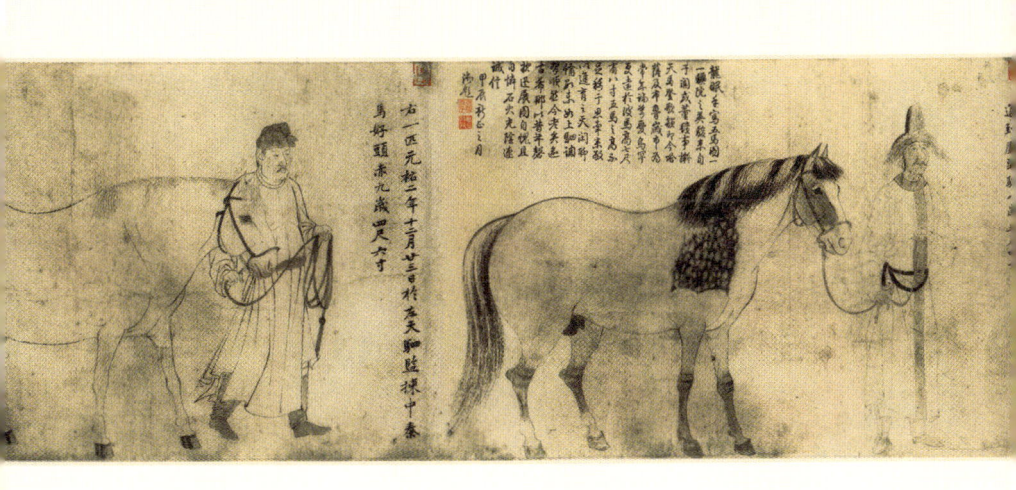

北宋·李公麟　五马图(局部)

情怀，既气势磅礴、宏大雄伟，又细致入微、纤毫毕见。尤其在花鸟鱼虫画中，往往呈现标本般的精确。就艺术精神的复杂性、广博性、精微性和难易度而言，宋画可以与西方的交响曲相比较，画师与画的关系，也如同西方古典音乐家与音乐的关系。在很多时候，一幅庞大的宋朝山水画，比如范宽的《溪山行旅图》，就像一首交响曲，厚重、博大、恢宏、奇崛，皇皇如宏大伟岸的圣殿；而一幅花鸟鱼虫图，恰似一首奏鸣曲或者小夜曲，轻盈爽清，如夏夜的微风轻掠而过。

宋画，是王希孟的千里江山，是张择端的清明上河，是李成、范宽、郭熙、李唐、刘松年的磅礴山川，是崔白、赵佶、林椿、马麟、李迪的花鸟世界，是苏汉臣、李嵩、祁序、萝窗的人间烟火，是马远、夏圭的溪山清远。

宋代的书法也是这样，更为文雅，更有内涵，传接魏晋、唐朝和五代的气韵，又有自己的创造和提升。绘画也好，书法也好，都是"走心"的艺术，跟内心的挖掘密不可分。人一旦学会深入自己，调动心灵的力量渗入横竖撇点折之中，书法境界会自然而然得以提升。当书法遇上理学时，电光石火，比翼双飞，字里行间更专注、更优雅、更妥帖、更放松、更神奇。

宋代著名的绘画大多为绢本，这跟大多名画家属朝廷供养有关，条件优渥，使用材料不计成本。诸如范宽、李成、崔白、李公麟等人的绘画，大多出自朝廷的安排和授意，当然绘于绢帛之上，以期长久保存和相应馈赠。也有特例，比如燕文贵的《江山楼观图》就绘于纸上。这是一幅全景式的山水横卷，题材是江边田野山林，右边烟波浩渺，左边奇峰峻岭，中间有驿路桥梁、飞泉梵寺；山下江滨散布着船只、村落，深山大川之间散落着繁杂、细渺的人迹。燕文贵熟悉并喜爱乡村生活，即使在宏大的

北宋·范宽　溪山行旅图

北宋·燕文贵 江山楼观图(局部)

山水画中,也不忘点缀浓郁的野趣。这幅画属于燕文贵早期作品,选择以纸来表现,应是匠心独运。

　　艺术,是人类文明和智慧的标杆。绘画,最能体现技术能力;音乐,最能体现直觉和通感;文学,最能体现想象和认知。从绘画、音乐、文学上,可以看出一个时代,以及那个时代所拥有的直觉、智慧、敏锐力、创造力以及理性思维能力。判断一个民族和时代的进步程度,不看其他,看同时期的艺术作品就行了。在那些优秀的艺术作品中,能看出时代的抑扬顿挫,也可以看出人心的喜怒哀乐。若以器物来感知朝代:周,是庄重的青铜器;汉,是铮铮的铁器;唐,不好说,"唐三彩"似乎可以作为象征,"唐三彩"是陶的质地,经釉的润泽后,变得清朗亮丽。后来的明朝,分前期和后期:明朝的前期,是冷冰冰的铁器;后期,更像是散

发着光泽的青花瓷。至于宋朝,是包了浆的玉,圆润有光泽,内在的灵性喷薄欲出。

10. 李煜和赵佶

唐亡之后,是乱云飞渡的五代十国。在长达半个世纪的乱世中,能抚慰人心的,只有自然和艺术。五代,包括后来的两宋,可以视为中国绘画突飞猛进的时代,精工宣丽的画法延续了唐代的传统,而水墨画法的崛起将唐代王维的绘画风格和理念发扬光大。在这个阶段,纸张的快速发展,对文人画的兴起有强烈的促进作用。

宋朝文艺兴旺,与主政者的兴趣偏好有很大关系——宋朝的太宗、真宗、徽宗,都是典型的"文艺皇帝"。三人之中最有艺术造诣者,是宋徽宗赵佶。赵佶是宋朝"文艺复兴"的积极推动者,也是代表人物之一。曾有人认为:赵佶可以被视为南唐李煜投胎转世,命运安排赵佶当皇帝,其实是"一报还一报"——你夺取了我的江山,我就将你的江山转手送人。两人比较,还真有几分相似:都很有才气,都很文艺,都是亡国之君。中国历史上,诸多事情异常相近,就像投胎重生似的。有的,是朝代很像:唐朝就很像汉朝,汉是气势,唐是气韵;宋朝很像南朝,整体风格阴柔内敛。有的,是人很像:苏轼就说,陶渊明是他的前世;也有人以为,韩愈是欧阳修的前世;宋徽宗赵佶与南唐李煜很像,李煜呢,又与陈后主陈叔宝很像,三人同为亡国之君,命运很像,才华、气质、爱好也像。古时没有照片,否则对比一下,也可能吓人一跳。

李煜被宋太祖赵匡胤册封为"违命侯"后,曾悲苦地写下了一首《虞美人》下阕是:"雕栏玉砌应犹在,只是朱颜改。问君能有几多愁?恰似一江春水向东流。"绚烂和凄苦的对比及反差,往往带来茫茫的荒诞感,让人感叹人生的无常和空洞。李煜还有词句:"独自莫凭栏,无限江山,别时容易见时难。流水落花春去也,天上人间。"恰似大梦初醒,不知身处何处,又要去向何方,若后来天茫茫地茫茫,贾宝玉与道友僧朋消失在无垠雪原之中。

李煜这个人,跟贾宝玉一样,万事痴情——对艺术之事,动情;对男女之事,动情;对欢乐之事,动情;对悲哀之事,动情。情至极处,万径迷途,自己也深陷其中,"梦里不知身是客,一晌贪欢"。

王国维说李煜担负着释迦牟尼和基督的苦难意义,所承担的,其实是人类无常的悲苦。这是将个人命运和人类命运联系起来了,将悲剧从个体推向整体。王国维是对李煜高看了,李煜是诗人,是艺术家,并不是哲学家。他的相应哲思,不是自觉,而是不自觉;是直觉,不是理性。这也难怪,中国文化一直少有"问天"的传统,诸如屈原之类的"离骚",也是意在呐喊,不在哲思。可就时代而言,宋代诗词文章,的确有唐代所不具备的形而上的思考,这对文学和艺术来说是有助于向深处走的。

赵佶在被掳北行途中,写了一首《燕山亭》:

> 裁剪冰绡,轻叠数重,淡著胭脂匀注。新样靓妆,艳溢香融,羞杀蕊珠宫女。易得凋零,更多少、无情风雨。愁苦,问院落凄凉,几番春暮。
>
> 凭寄离恨重重,者双燕,何曾会人言语。天遥地远,万水千山,知他故宫何处。怎不思量,除梦里、有时曾去。无据,和梦也新来不做。

两人命运很像,两首词也很像。可是相比李煜,赵佶在境界上要差很多,因太拘泥于个人的悲苦,没有像李煜那样超越。李煜已然醒悟,有宗教性的超越,可赵佶还是局限于个人命运,苦苦执迷于自身的苦难。个体悲苦,是清泪两行;人类忧愁,集腋成裘,积溪成河,才是"恰似一江春水向东流"。

赵佶领一代风气之先:敕令编撰《宣和画谱》,著录了当时宫廷所藏魏晋以来历代佳作6396件;将自三国孙吴曹不兴到北宋初黄居寀的1500件名作编成《宣和睿览集》;将北宋画家的珍品汇集为《宣和睿览册》；大规模地拓展翰林图画院，把诸多好画家请到宫廷里供养起来，张择端的《清明上河图》、王希孟的《千里江山图》都是其中的代表作。张择端《清明上河图》画好之后，呈献给了宋徽宗。宋徽宗打开一看，如痴如醉，以著名的瘦金体题写了"清明上河图"五个字，又钤上双龙小印，郑重其事地保存在宫中。

赵佶的确不是一个敬业的皇帝，他爱江山，爱美人，更爱书画、诗词，以及与艺术相关的一切东西。他喜欢虚幻，喜欢轻灵，也试图创造有灵性的东西。赵佶独创的瘦金体，几乎是中国艺术中的孤品，线条似山野之中的修竹和兰草，同时结构上又极尽工整，形式上严谨端庄，尤其是笔锋上，完全突破传统书法"藏锋"的笔意，像切割过的钻石一样，射出璀璨的光芒。如此方式，孤独又倔强，凛然而嶙峋，极高贵也极骄傲。汉字最基本的横竖撇点折被赋予了新的意义，每一道笔画都以自己的意志任性生长，墨色的枯涩浓淡里隐藏着植物纤维的影子，哪怕是一个点一个钩，也像石缝里生长的仙草。也难怪他还喜欢名贵的花鸟草木，喜欢瘦、漏、透、拙的巧石，喜欢一切奇崛清妙的东西。在他眼中，只有这些不苟合不一般的东西，才暗藏天地旨意。赵佶虔诚地笃信道教，从不安分于在江山一统中做一任帝王，总希望于一个雨过天晴的华美日子里绝尘而去。

赵佶喜欢在龙涎香浓郁的芬芳中写字，脸上一片潮红，有太白醉酒的陶醉感。笔与柔软的纸融为一体，是一种妙门道心的事。他用笔尖揉了揉放了冰片和麝香的松烟墨汁，落于纸上，速度不急不缓。此中一切，静谧无声，雍容、华丽、风雅，仿佛四周的神灵都在屏息观望。赵佶的字是有灵性的，每成一个字，就像一剪梅落于雪地之上，暗香四溢。有时候,他会执笔停下来,凝视眼前的排列,身体内部有电击的酥爽,带点麻麻的眩晕。他的字如此清妙,难怪清人陈邦彦在《秾芳诗帖》卷后的观款中题道:"宣和书画超轶千古,此卷以画法作书,脱去笔墨畦径,行间如幽兰丛竹,泠泠作风雨声,真神品也。"

瘦金体之"瘦",精致爽利、遒美灵秀,相对比的,是唐代颜真卿字体之"肥",圆润肥实、敦实厚重。宋代米芾评价颜真卿书法:"如项羽挂甲,樊哙排突,硬弩欲张,铁柱将立,昂然有不可犯之色。"据说颜真卿写字,一点一画、起止转折都不轻率,多用圆笔,力求浑厚;在结体上力求饱满,多取向包围之势。颜真卿风格的"对立面",应该是柳公权。柳公权的字,相对颜真卿为瘦,结体奇险,出锋锐利。赵佶的字,是在柳公权的基础上向前又走了一步险棋,它更瘦,瘦到极致,露出筋骨,又瘦出了遒劲和执拗,瘦出了睥睨万物的雄奇和清妙,瘦出了金属般的光亮和冷峻。它被柔软的毛笔书写在柔软的纸上,却如镌刻的金文一样冷峭和奇崛。

一个人的字迹,和自己的身份、性格如此吻合,也与笔下的书写材料如此吻合,可谓天造地设了吧。瘦金体的风格,不仅仅是灵性,还有着执拗的骄傲,是典型的帝王书法——前人的丰腴、飘逸、遒劲、苍茫、雍容、淳淡、温雅、恣肆,都不在他眼中,他只想以自己剑拔弩张、绮丽摇曳的独创,击溃源远流长的"十八般武艺",旗帜鲜明地树立自己的特立独行。这是书法史上的"豹变",像横空出世又杳无踪迹的汝窑,像一唱三叹婉转情深的宋词,也像令人叹为观止却无法临写的黄河之晚霞。

在文人画以及纸的诱惑之下,赵佶也尝试着在纸上作画。现存于世的《鸲鹆图》,就是赵佶罕见的纸本墨笔,画的是三只鸲鹆,也就是八

北宋・赵佶　祥龙石图

哥,其中两只缠斗在一起,另一只则在不远处的松树枝上观望。这幅画,用笔柔劲细洁、平和润滑,设色清丽淡雅、幽静超脱,主色调是黑白,系用笔蘸墨在纸上绘成,与绢本工笔画风格迥异。鸟的羽毛以淡墨渲染,细致如绒。树干的鳞皮用干笔圈出,略施淡墨。松针用尖细的笔一根一根挑出,如锋芒一样脱颖而出。赵佶笔下的花鸟,总有一种孤傲、清高和灵性,既富丽堂皇,也诗情画意。

　　赵佶对纸本绘画的尝试,是标志性的,有很强的示范意义。此后,越来越多的画家开始以纸为载体,尝试着在纸上作画。这时候纸的尺寸已很大了,洁白平滑,更易受墨受彩,慢慢为更多的人所接受。赵佶对文人画诗、书、画、印"四位一体"也作了大胆的探索,在他名下的《祥龙石图》《雪江归棹图》《芙蓉锦鸡图》《写生珍禽图》等作品,都有诗、书、画、印相结合的倾向。其中结合得最为完整的一幅,莫过于《祥龙石

图》,画面中,计有五行跋语、四行诗歌又款题、御押一行,且款题上有印章一枚。这幅画,可视为最早集诗、书、画、印为一体的作品。

赵佶之后,纸本绘画有很多上乘之作,比如乔仲常的《后赤壁赋图》,根据苏轼《后赤壁赋》一文绘就。还有赵黻的《江山万里图》、李衎的《墨竹图》、李嵩的《西湖图》《骷髅幻戏图》、杨无咎的《四梅花图》《雪梅图》、佚名的《百花图卷》、马远的《寒江独钓图》《商山四皓图》、夏圭的《溪山清远图》、梁楷的《六祖伐竹图》《太白行吟图》、法常的《写生蔬果图》、玉涧的《山市晴峦图》、牟益的《捣衣图》、赵孟坚的《水仙图》、武元直的《赤壁图》等。

值得一提的是南宋马远的《倚松图》,这幅画,经当代纸张研究者鉴定,确认系宣纸上的作品。此画距今已有约八百年的历史,仍未变形变异,除说明宣纸寿命很长外,也证明了宣纸诞生于宋末元初,是确切的事实。

　　马远的另一幅画《寒江独钓图》也值得一提。画系纸本,今藏于日本东京国立博物馆,材料是否为宣纸,不得而知。这幅画是完全的文人画风格和境界:江水浩渺,寒气逼人,一叶孤舟静横,小舟上一人把竿,身体略略前倾,凝神专注于水面。小舟的尾部微翘,旁边则是几丝柔痕,将小舟随波闲荡的意味传出。从总体上来说,这幅画更像是诗,一首带有禅意的诗,天地高远,自得其乐。简略的线条中,画面中的一切似乎都活了起来,生机扩充到更广远的世界——由具体的空间流向虚灵不昧的宇宙,也流向生生不息的心灵。

　　南宋时的画家梁楷,也是一个另类。梁楷放浪形骸,不拘法度。他的画不追求形似,而是尽力表现事物的本质与精神,传达内心的情感,更像文人画中的"极简主义"。其题材多表现佛道、鬼神、高士,如《右军书扇图》《羲之观鹅图》《陶渊明像》《寒山拾得图》《参禅图》等。最著名的作品,就是《太白行吟图》,只疏疏几笔,就勾勒出了一个才气纵横、睥睨古今的大诗人,身着长袍,望着天,慢慢地踱着步,将诗仙纵酒飘逸、才思横溢的风度神韵,刻画得惟妙惟肖。如此笔法,是具有开创性的,梁楷也因此被认为是泼墨大写意的鼻祖。《太白行吟图》的出现,意味着文人画创造达到了一个新高度。

　　梁楷还有一幅纸本水墨《泼墨仙人图》,比《太白行吟图》更为大胆,以湿笔渲染,笔墨疏阔简约,不用任何线条,以完全的泼墨法绘就了一位烂醉如泥、憨态可掬的仙人,通过墨色的浓淡变化,造就视觉上的扑朔迷离,绝妙地展示了仙人清高超脱、洒脱不羁的风采。

　　文人画,有神品、妙品、能品之"正派说",也有逸品之"别派说"。

南宋·梁楷 太白行吟图

梁楷的画绝对是逸品，无论是内心还是形式，均"逃"出绘画的程式，自创规则，超越传统绘画的法度。

梁楷不只有人物画，也有山水图，风格同样简洁，别有韵味和禅意。比如《泽畔行吟图》，湘江边的屈原形象很小，手拄竹杖，行走在河岸边。占据大幅画面的，是大片水面，也是大片空白。远方有一处堤坝，山峰在云雾中若隐若现。整个画面缥缈虚幻，呈现出一种虚幻的空寂。如此意境，分明"路漫漫其修远兮，吾将上下而求索"。

有诗赞梁楷画：

> 画法始从梁楷变，观图尤喜墨如新。
> 古来人物为高品，满眼烟云笔底春。

梁楷泼墨绘画之所以有如此效果，跟笔墨有关，也跟呈现于纸上有关。就泼墨画的那一份洒脱和不羁而言，纸上的效果，显然比绢帛要好很多。梁楷，在纸上打开了另一个世界。

南宋还有一个民间画家，叫牧溪，他的画跟梁楷的画有极相似之处。牧溪和梁楷的画在日本深受欢迎，尤其是牧溪，有极高的地位。有人甚至将两人的绘画看作日本"侘寂之美"的源头，对日本的"物哀文化"影响很大。牧溪具体身世不详，只知道曾在杭州西湖长庆寺当杂役僧，南宋灭亡后圆寂。牧溪的画几乎全部绘于纸上，笔法简逸，墨色分明，看似简约、朴拙，却透露出静远的觉性，知天地、重人情、懂人心，明觉世间万物的苍凉。

牧溪的画，有时候只有一两个简单的物件，比如《六柿图》，就是六

南宋·梁楷　泼墨仙人图

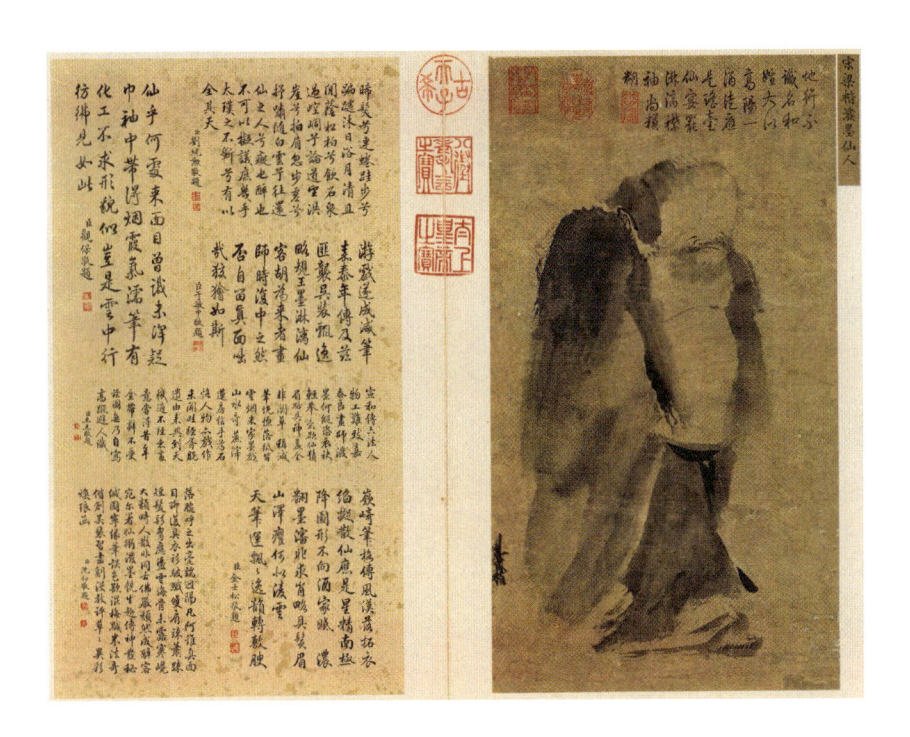

个柿子并排放,看上去非常单调,毫无技巧和亮点。可这幅画被世人公认是禅画中的经典之作,不仅墨色推移达到了化境,还充满了诗情画意和哲理禅思,如"见山还是山,见水还是水"般明心见性。

《寒鸦图》也是,那么孤独,那么凄凉。其实是屏蔽一切世俗热闹,走向内心的明月深山。孤独凄凉,何尝不是自在自为?

《潇湘八景图》,寥寥数笔展现出变幻丰富的晕色,旷远清淡,如梦如幻,如露如电。即使不懂禅,也能隐约感受到画面的博大、幽远和超然。

牧溪的画,是真正的禅,清汤寡水,枯淡清幽。捕捉的是若隐若现、若有若无的本真，以悲悯的心灵，与天地时空对话。彼此凝视中，时常有会心一笑。画的意义，其实在于内观，以至简的外相，认识世界，领悟人生，揭示真理。这种方式，最大限度地体现了文人画的哲思意义。禅宗中，最高美学境界是"寂静"，意在泯灭一切善恶、是非、贵贱的世俗标准，追求精神上的无我，表现为对有无、色空、虚空的超越，只期回归当下和本来。牧溪的画，就有这样的"寂静"之美，纯粹、静谧、高妙……慢慢淡化生命的情感，激活本真的心灵之光，以物我两忘的方式，达到"月映万川"的至高境界。

牧溪、梁楷、郑思肖等，都是以水墨渲染法画山水。先把纸张喷湿，随后用墨铺陈，墨很快被水分吸收，纸上留有晕染的效果，所画的山水，自然会云雾缭绕、云蒸霞蔚。纸张的特性，让中国绘画发生了很大的变化：人物工笔画少了很多，绘画的题材转向了山水、花鸟、松竹。浓艳的色彩消失，代之以黑白的水墨。在纸上，尽是春水山居图，尽是"关关雎鸠，在河之洲。窈窕淑女，君子好逑"，尽是"滚滚长江东逝水，浪花淘尽英雄"，尽是"江天一色无纤尘，皎皎空中孤月轮"，尽是"大漠孤烟直，长河落日圆"，尽是"枯藤老树昏鸦，小桥流水人家"，尽是"采菊东篱下，悠然见南山"，尽是"月落乌啼霜满天，江枫渔火对愁眠"，尽是"孤舟蓑笠翁，独钓寒江雪"，尽是"鸡鸣山寺隔尘嚣"，尽是"疏影横斜水清浅，暗香浮动月黄昏"，尽是"红杏枝头春意闹"，尽是"细雨梦回鸡塞远，小楼吹彻玉笙寒"，尽是"黄河之水天上来，奔流到海不复回"……

从宋朝，尤其是从南宋起，画家们对外部世界的认知和感受，更多地集中在宣纸上了。宣纸的影像历史，像连绵的长卷山水，像迤逦而来的长城。在宣纸之上,可以看到伏羲女娲,看到炎帝黄帝,看到文王武王,看到老子、孔子、孟子、庄子,看到秦皇汉武、唐宗宋祖……继而感受魏晋风度,感受士大夫精神,感受君子如玉的品质,感受李白、杜甫、王维、韩愈、柳宗元,感受唐诗宋词元曲,感受晚明诸多知识分子的个性伸展……

至于宣纸上的诗词文章,更像从天上悬挂下来的立轴,让人抬头仰望,不仅如倾泻而下的霞光,还有赤橙黄绿青蓝紫的七彩音符。那是有关"老骥伏枥,志在千里;烈士暮年,壮心不已"的成语,也是有关"国破山河在,城春草木深""海内存知己,天涯若比邻"等的诗句,更是"问君能有几多愁?恰似一江春水向东流"的辞章。

宣纸,已成为人们头顶上的云霓,更是人们头顶上的星辰。

第四章　宣纸,宣纸

大造地设
一路走来
宣纸的种类和特色
在皖南,在泾县

11. 天造地设

　　清澈的青弋江流向长江。在两岸，在坡地，在石崖的缝隙中，到处生长着细细的青檀。这种中国特有树种，主要生长在皖南的宣州、徽州和池州地区，浙江、湖北、四川等地虽然有分布，却不多见。青檀树属榆科，虽然普通，却给人以潇洒、秀逸之感。青檀树经常是三三两两，或者一丛丛一排排伫立在山野河滨，远远望去，像一群群迎风舞蹈的仙鹤一样。其树叶呈卵形，边缘呈锐锯齿状，叶子的背面和果实有较明显的短柔毛或细曲柔毛。青檀早春开花，花色为淡绿色，雌雄同株，两性花，单叶于叶腋。果实圆形，周围呈长翅状，具细长柄，悬垂。青檀形状似楮，似桑，一直有人将其误认为楮树、桑树。可是细细地观察，会发现它们之间的不同。较之于楮树和桑树，青檀似乎总有一种抑制不住的灵气，它更挺拔、更纤细，也更润泽，这也难怪用它造出的宣纸，也有着高蹈缥缈的灵气。

　　宣纸为什么会选择青檀？冥冥之中，有玄妙的哲学意味。道家哲学以为，天工开物，万物有灵，一山一石、一草一木，都是有灵性的。人处于天地之中，最应该做的，就是"道法自然"：天地自然，是系铃人，肯定也是解铃人，人类只要悟道循道，就可以"天人合一"，过上幸福的生活。宣纸以青檀皮为原料，也是出于这样的思维方式，要造出有灵性的纸，必须用有灵性的植物。青檀从外形上来说，极像楮树，自然有楮树的特性。

　　诸多事物，总在一些地方，有着神秘的相似性。用来造宣纸的青檀，就如同尼罗河畔长得又高又茂盛的纸莎草一样。虽然青檀造纸有些蛮打莽撞的因素,可是青檀枝条韧皮的纤维细长、圆浑均匀,的确能造出上等的纸张。用青檀皮制作出来的宣纸,奇妙洁净,质地柔软,薄如蝉翼,更轻、更软、更韧、更细、更白。墨汁在纸的皮料纤维中渗染和浸润,形成特有的意趣表现,有着其他材质的纸张所不具有的意趣。此外,用青檀皮造出的纸还具有吸附性强、变形小、寿命长、抗老化、防虫蛀的特点。

用青檀皮造纸的方法是:挑选生长三年的青檀枝条,于初冬叶落之时进行砍伐。将砍下来的青檀枝条扎成捆,妥善放一年以上,这叫陈化。贮存的时间越长,制成的宣纸质量越高。随后,将存放过的青檀枝条进行蒸煮,丢入清水之中浸泡,过一段时间之后捞起,剥下树皮晾干,扎捆,再用桐碱或草碱煮料,除掉青檀皮中的杂质。将煮过洗净的青檀皮撕成小条,扎成小束,平铺在朝阳的石坡上,日晒雨淋一段时间,直到纤维变白为止。在这个过程中,必须有人经常将皮坯翻晒,让皮坯不至于因水泡而腐烂。宣纸原料在山上历经日晒、雨淋、露湿,自身的淀粉、蛋白质等有机物慢慢消失。这时候的青檀皮,被称为皮料或者燎皮,因为缺少有机物,制作出来的纸不易被虫蛀,有利于保存。

燎皮下山后,要剔除掉不合格的老皮,再经过碓皮、切皮、踩料、袋料等工序:用碓捶打燎皮,节奏是一分钟打四十几下,总共打上千下,翻打一番后,皮料的纤维变得更加柔软细腻;切皮,是用刀子将燎皮切碎;踩料,是将切碎的燎皮放入缸内,安排人用脚将其踩烂,目的是使纤维均匀;袋料,是将其放入纱布袋中,在水池里来回搅动,这样,皮料的精华部分"纸浆",会从纱布袋里流出。古法制宣纸,是四个打浆工人分站在四方水池的四个拐角,一人拿一根棍子搅动按照比例配好的皮料和草料浆。工人们一边唱着劳动号子,一边翻动着纸浆,纸浆中间经常会形成一个旋涡。浆汁被搅拌均匀时,造纸也随之进入下一道工序。

此后,就是捞纸和晒纸了。这两道工序,一直到现在,还是需要手工制作,不能用机器代替。抄纸,是由两个工人抬一张竹帘,从纸槽里捞起一层薄薄的纸浆。这道工序是最具神奇意味的:两人轻掂竹帘,放入纸浆中,先悠然摆动,当竹帘上有了一层薄薄的影子时,竹帘一颠,纸影匀称了,提起后,把竹帘连同沾在上面的纸浆,一起放在旁边的木板上,再轻轻挽下竹帘,一张呈糊状的极薄的"宣纸"便留下了。这时候的"宣纸"还不能算纸,只算是纸的雏形。此道工序的精细之处全在于手感,因为每张纸的重量不超过一百克,全靠手工操作掌握,其中难度,可想而知。

晒纸,是将叠加在一起犹如一块大豆腐状的纸垛,一张一张分揭下来,贴在炕焙的"火墙"上。这道工序要求细心熟练,稍有不慎,潮湿透明的薄纸就会被弄破。炕焙墙的温度不能太高,也不能太低。工人将薄纸压紧粘在火墙上,迅速烘干,同时将抄纸时使用的猕猴桃藤汁蒸发掉,以免纸张日后发黄。这个过程,同样需要细心和耐心。

宣纸制作过程步步艰辛,稍有一步处理不好,就会前功尽弃。除对工艺的严格要求之外,对工具的选择也十分讲究,比如抄纸用的竹帘。旧时制作竹帘时极其讲究,全程不公开,工艺保密。直到近年来,人们才了解真面目,重点是编帘所用之竹非一般竹类,而是苦竹。苦竹竹节长、质坚硬、纹理直,不易生虫,编出来的竹帘最适合捞纸。

最后一道工序,称为"检纸"——把所有晒好的纸张打成捆,送到检纸车间,由检纸工逐张检验。检纸工的地位是很高的,业内人称"检纸先生"。检纸任务有二:一是逐张检验,将有瑕疵的纸剔出来。二是将成垛的纸进行齐边，剪纸不是剪，而是用手推过去的，一刀过去，边毛全落，如同用尺子量过似的齐整。而后，将宣纸盖上印戳，大功告成。

宣纸制作过程中，有着一道重要的工艺配方，就是加入猕猴桃藤汁。宋周密《癸辛杂识续集》中记载，"凡撩纸，必用黄蜀葵梗叶新捣，方可以撩，无则沾粘，不可以揭。如无黄葵，则用杨桃藤、槿叶、野蒲萄皆可，但取其不粘也"。猕猴桃藤胶液黏滑剂处理的方法为：先将新鲜猕猴桃藤捶破，切成三十多厘米长的小段，放入冷水中浸泡半天左右，次晨揉搅一次，将浸出的清澈透明的胶水盛入布袋内进行过滤，贮放备用。剩下的藤渣可继续加适量的水，做第二次浸液，通过踩踏，再将胶水过滤使用。猕猴桃藤胶液黏滑剂，又称为"滑水""纸药""纸药水"，具有透明、无味、黏滑、悬浮性强等特点，抄纸时将其放入纸浆之中，能使纸槽里的纤维漂浮均匀，榨纸时纸张易分开不破裂。这道工艺产生于宋元之时，被视为宣纸制作的关键绝技。清代著作《临汀汇考》一书中称："羊桃生于山中，造纸者取其枝叶捣汁，以分张，备物致用，缺一不可。"明弘治年间的《徽州府志·物产志》中记载："取羊桃藤捣细，另用小桶浸授，名曰滑水。倾槽间与白皮相和，搅打匀细，用帘抄成纸。"

宣纸最初生产时，规模小，产量少，原料是百分之百的青檀皮，没有沙田稻草。加入沙田稻草形成惯例，据现在的考证，应是明朝中期之后的事。主要原因是宣纸需求量越来越大，青檀皮生产供不应求，无可奈何之下，只能加入沙田稻草提高产量。有人以为这一行为最初的动机是"掺假"，没想到歪打正着，掺入一定比例的沙田稻草后，不仅可以皴擦勾斫，还能泼墨渲染，更好地表现笔墨的快慢徐疾、枯涩浓淡。明宋应星《天工开物》云："近法省啬者，皮竹十七而外，或入宿田稻稿十三，用药得方,仍成洁白。"沙田稻草的植物纤维跟青檀皮一样相对细长,秆茎长,叶子小,拉力强,制料时容易漂白加工,浆汁美观洁白。加入的稻草,一般要晒十个月,经过四次反复晒、煮,才用于下一道工序。

中国制浆造纸研究院的研究显示:自清朝顺治年起,宣纸的生纸和加工纸都含有不同比例的沙田稻草。以青檀皮和沙田稻草的比例不同,分为不同品种:青檀皮和沙田稻草比例为8∶2的,称为"特宣",适合泼墨山水长卷,特别洇墨,形色自然;以6∶4比例生产出的宣纸,叫"净宣",适宜书法、册页、窄轴等;至于"棉料",因成分多为沙田稻草,质量要差一些,价格也低廉一些,大多用来练字、习画。

宣纸为什么能脱颖而出?质量是最为重要的,青檀皮也好,沙田稻草也好,包括生产过程中加入的猕猴桃藤汁也好,都有着不可替代性。宣纸制作中严格的选料过程也是重要的:青檀皮的采制,一般以三年为期限——小于三年的青檀树太嫩,大于三年的又太老。作为重要辅料的稻草,须是山野里的沙田稻草,它的木素和灰分含量比普通泥田生长的稻草低。加入的猕猴桃藤汁也是如此,须是当地的品种。宣纸制作过程中,独特而精确的工艺也是成功的重要因素。与一般的制纸工艺相比,宣纸制作过程更为繁杂,青檀枝条砍伐之后的工序,就有浸泡、灰腌、蒸煮、漂白、水捞、加胶、贴烘等十八道流程。整个宣纸制作,如果细分流程,甚至可以归纳为百道以上。这当中,还有诸多秘密配方不能公开。诸多流程中的时间成本也是必需的,比如青檀枝条的浸泡、青檀皮的腐蚀等等,都要保证既定的时间。以传统工艺的严格要求,一纸既成三百日。也就是说,从毛皮制作到宣纸的出现,要历时一年方可制成。难怪有人把宣纸的制作过程,浓缩为"日月光华,水火济济"八个字。

造纸需要大量的水。有人以为,宣纸之所以成为"书画纸之凤",清澈丰盈的山区水源起了很大作用。从科学角度来看,不洁的水中常常含有铁盐、锰盐等杂质,若用此水造纸,对纸浆侵蚀严重,制造出来的纸偏黄、偏褐、偏暗。水中的硫酸钙、磷酸钙等盐类物质,也对纸的漂白有影响。除此之外,水中含有的悬浮物,也会沉淀在植物纤维之中,导致纸张不平整,吸墨不均匀。皖南地区属于亚热带湿润季风气候,常年气候温和,雨量充沛,溪壑纵横。以泾县为例,大小河流有150条左右,能充分满足造纸的需要。宣城红星宣纸厂所在地乌溪,就有澎湃清澈的水源。清顺治年间的《泾县志》写道:"游马山,由百花尖山中出,而北趋至此,高险不可升。旁有枫树坪,广数百亩,周围以石垒寨(相传晋桓彝建,尝屯军于上),相连有桃花洞,上悬绝壁,下临清泉,暮春桃花波绿,溪山回映,不减武陵。甘坑、密坑二水出焉。取甘水以造纸,莹洁,光腻如玉,泾纸称最。达乌溪。"嘉庆十一年(1806)《泾县志》载:"游马山,在百花尖山北。由百花尖山中出,而北趋至此,高险不可升。旁有枫树坪,广数百亩,周围以石垒寨,旧传晋桓彝建尝屯军于上。相连有桃花洞,上悬绝壁,下临清泉,甘坑、密坑二水出焉,达乌溪。甘坑所造纸为泾县之最,盖取甘水所制,莹洁而耐久,远近传之。"

相关机构曾对小溪之水质进行化验,结果表明,水呈弱碱性,特别利于宣纸的捞纸和成型;而白马山阳山对面的另一条小溪,水呈弱酸性,又特别适合将青檀皮等原料加工成纸浆。

天地助力如此,也难怪宣纸"天造地设"。

12. 一路走来

农耕时代，人都是万物有灵的信奉者：山有山神，河有河神，树有树神，老虎豹子也是神，牲畜也是神；也喜欢用传说和拟人的方式解读万物，将大自然的一切人格化、戏剧化。人们创造并相信优美的神话，是相信冥冥之中的力量，也希望以神话和传说的想象安抚人生的平淡无奇。

宣纸的发明也是如此，人不敢言说创造的功劳属于自己，会将之托于神，赋之神性。在皖南泾县，一直流传着孔丹发明宣纸的传说："纸神"蔡伦去世后，他的徒弟孔丹继承了师父的事业。孔丹将师父的纸本画像挂在家中，天天叩头请安。有一天，孔丹看见师父的画像变色损坏，里面钻出了蛀虫，觉得异常心酸。孔丹发誓要造出能抗老化、防虫蛀、拒腐蚀的纸。孔丹想，生虫一定是因为树皮之中存在着污浊，如果能找到好原料，用最洁净的水造纸，就不会腐烂、老化和生虫了。好山好水都在南方，于是孔丹从洛阳南下，想寻找一片圣洁美好之地，重新开始造纸。

孔丹来到了离黄山不远的泾县。这里真美啊，青山绿水，绿树繁花。孔丹便在这里安下家来，四处寻找可以造纸的植物。一天，孔丹在青弋江边看见一株古树，根如虬龙盘旋，树干嶙峋，旁逸斜出。几根枝条插入水中，被河水浸泡得发白。孔丹喜出望外，连忙跑过去，把枝条从水里捞出来，只见发白的树皮纤维丝丝缕缕，既柔软又坚韧，怎么也拽不断。如此细致绵密的纤维，一定可以造出好纸！孔丹决定用这种叫青檀的树和山泉水来造纸。经过十多年的反复试验，孔丹终于造出了跟别处不一样的纸,既洁白如云,又柔软如絮。这种上等好纸,因产地属唐时宣州郡,故被时人称为"宣纸"。

孔丹造纸的传说,带有明显的杜撰痕迹。世俗文化一向如此,当人们追溯不了事件的源头之时,往往喜欢编织一个传说,这是最轻松省力,也最具有诗意的做法。孔丹与宣纸的传说,无史料依据,却可以证明一个事实:人们承认宣纸的诞生跟蔡伦造纸术一脉相承,更像纸张制造的一个旁支。明代时,泾县许湾的秀竹松柏之中,曾建有蔡伦祠;泾县还有一个乡镇,名叫蔡村。只是不知这个蔡村到底因何而来,是为了纪念蔡伦吗?

岁月是一条流淌着的河,荡漾着太多的春花秋月,也荡漾着太多的故事传奇。从某种程度上来说,宣纸的横空出世,的确有炼丹般的神秘意蕴,人们视它为一种幻变,一种得道成仙,融入了青铜的高古、秦砖的粗犷、汉瓦的质朴、宋瓷的优雅、织锦的华贵、剪纸的简洁。在人们眼中,宣纸是轻盈的,像蝉翼一样轻盈;是洁白的,像云朵一样洁白;是玄妙的,像时间一样玄妙;是高贵的,像自由一样高贵。

民国泾县籍大学者胡朴安对于家乡宣纸的来龙去脉,有较为专业的了解和研究。胡朴安著有《宣纸说》一文:"纸之制造,首在于料。料用楮皮或檀皮,必生于山石崎岖倾仄之间者,方为佳料。冬腊之际,居人斫其树之四枝,断而蒸之,脱其皮,漂以溪水,和以石灰,自十余日至二十日不等。皮质深解,取出以碓舂之。碓激以水,其轮自转,人伺其旁。俟其融,再漂再舂,凡三四次,去渣存液。取杨枝藤汁冲之,入槽搅匀。用细竹帘两人共异捞之。一捞单层,再捞双层,三捞三层,叠至丈许而榨之。榨干,粘于火墙,随熨随揭,承之风日之处,而纸成矣。"

以胡朴安的看法,宣纸的历史"源于唐、发于元、兴于明、盛于清"。这个说法,相对来说比较客观公正。早在唐代,宣州就能生产纸张。只是这个"宣纸",跟后来成为书画纸翘楚的宣纸,已然是两种概念。唐代宣州生产的纸张,主要成分应是麻类植物或楮皮,虽然当时楮树和青檀不分,可没有确切的证据表明,唐代的宣纸含有青檀和稻草的成分。那时候的宣纸,只是表明地理概念,不能定义为现代意义上的宣纸。现代宣纸的定义,应是以青檀和沙田稻草为主要原料的书画纸,它的出现,比较确定的说法,是北宋末年南宋初年,甚至可能早一些。据故宫博物院研究员王世襄等人对安徽博物院收藏的宋代张即之《华严经》册的实物分析,经册材料系用青檀皮加稻草制作的宣纸;李公麟的一些书画用纸,也是含青檀皮和稻草成分的宣纸。这表明,在北宋时期,已有了现代意义上的宣纸。

现代宣纸的兴旺,应在南宋和元朝。宋朝南迁临安之后,社会生活各方面发展很快,经济水平已居当时世界前列。南方政权有重视文化的传统,书画之风兴盛,对高质量书画纸的需求很大,宣纸生产工艺提高很快。这一时期,是宣纸发展的重要历史时期。元代统一后,书画艺术有了长足发展,出现了以王蒙、吴镇、倪云林、黄公望等为代表的画家,提倡泼墨豪放写意山水技法,突破了传统绘画用纸需求,发墨和洇彩效果好的宣纸更受欢迎,生宣纸的市场需求量大大增加。文献表明,元代宣州一带曾生产一种"白鹿纸",质坚洁白,性柔润墨,被公认为当时的名纸。"白鹿纸"中有没有青檀皮的成分?史料没有说明。依照当时的社会习俗和风气,造纸相关的原料、配料、工序等等,都是讳莫如深。除"白鹿纸"外,元代宣州一带还有诸多品牌和品种,比如彩色粉笺、蜡笺、黄

北宋·赵佶　千字文（局部）

笺、花笺、罗纹笺、明仁殿纸、假苏笺、观音帘纸、鹄白纸等。

宋元时期，还是中国历史上商业比较发达的时期，也是中国造纸术的成熟阶段。标志性的成就，就是能造出3~5丈长的匹纸，也是当时世界上最大幅的纸。辽宁省博物馆藏有宋徽宗的草书《千字文》，尺幅相当大。当时纸的主要产地仍集中于江南一带。混合原料纸的出现，是当时一大特点。如北京图书馆藏北宋米芾的《公议帖》《新恩帖》是竹、麻混料纸，《寒光帖》是竹、楮混料纸，而其《高氏三图诗》是麻、楮混料纸。混料纸的制作具有重大意义，它不仅提高了纸张的产量，还拓展了中国造纸技术。

宋元造纸，还开始了纸的"再生"：将故纸回槽，掺到新纸浆中重新制造，名曰"还魂纸"。也尝试着将很多新原料放入纸中，以改善纸的特性，比如放入地衣、葵梗叶、杨桃藤、槿叶以及野葡萄等。

元朝之时，泾县应有了以青檀皮为主要原料的纸张，这也接近现代意义上的宣纸概念。宣纸的口碑是慢慢传扬开的，一开始人们并不知道纸张的原料是青檀皮，只知道泾县生产的一种纸非常好，很适合书画。

那时候，泾县的纸并不被称为宣纸，而是以特色和规格命名。一直到明朝时，又有了"宣纸"的说法，不过定义尚不确定：有的指宣城一带生产的书画纸，有的指宣德年间朝廷定制的高档书画纸。"宣德"是明宣宗朱瞻基的年号。明宣宗执政时间虽短，但采取了一系列发展经济的有效措施，整顿吏治，制定了严格的标准，促使诸多制造业达到了很高水平。"宣德"在很多时候，可以视为一种几近极致而严苛的朝廷标准，象征精益求精的工艺，"宣德炉""宣德瓷""宣德纸"等，都带有这样的意味。宣德纸的产地似乎没有确指，依零星的相关资料来看，主要产地应在黄山一带，是连七纸、奏本纸、榜纸，以及洒金笺、五色笺、磁青笺等加工过的纸张和信笺的总称。其中的连七纸就产于泾县。各地的优质纸进贡到朝廷后，经过再加工，冠之以"宣德纸"。清代邹炳泰在《午风堂丛谈》中记载："宣纸至薄能坚、至厚能腻、笺色古光、文藻精细。有贡纸，有棉料，式如榜纸，大小方幅，可揭至三四张，边有'宣德五年造素馨纸'印。白笺，坚厚如板面，面砑光如玉。洒金笺、洒五色粉笺、金花五色笺、五色大帘笺……磁青纸，坚韧如缎素，可用书泥金。宣纸陈清款为第一。薛涛蜀笺、高丽笺、新安仿宋藏金笺、松江潭笺，皆非近制所及。"这段话中的"宣纸"，应该是指宣德纸。康熙帝的近臣查慎行曾作诗赞咏道："小印分明宣德年，南唐西蜀价争传。侬家自爱陈清款，不取金花五色笺。"这两段话中的"陈清"，应是造纸人物，也是宣德纸中的最佳品牌。从查慎行的记载来看，明朝的宣德纸和南唐的澄心堂纸性质有相似之处，产地都是现在皖南和赣北一带。澄心堂纸和宣德纸有着异曲同工之妙。

宣纸，有没有可能是"宣德纸"的简称？也有这种可能性。有人以为，朱瞻基庙号为"宣宗"，本身就带有一个"宣"字，若是将"宣德纸"简称为"宣纸"，再正常不过。况且，唐宋之时的宣州（城）郡，至明朝时，已改称为宁国府。若以"宣纸"来称谓本地生产的纸张，似乎不太吻合。这种看法似乎有一定的道理，也可称为一家之言吧。

值得一提的是，明宣宗朱瞻基本人，也是一个很有才华和修养的艺术家，在经历了大明初年的战乱和动荡之后，这个朱姓第五代皇帝，格外喜欢文化、艺术和休闲。除了斗蟋蟀之外，他最为钟情的就是画画了，在山水、花鸟、人物、情趣等画种上，造诣都很深。明朝姜绍书《无声诗史》中以为："帝天藻飞翔，雅尚词翰，尤精于绘事，凡山水、人物、花竹、翎毛，无不臻妙。"从朱瞻基的作品来看，此语一点也不夸张。比较起宋徽宗赵佶，这个长着一脸络腮胡子，看起来强壮而刚猛的皇帝对绘画艺术的痴迷度一点也不弱，他向往着在纸上拥有另外一个美丽新世界。朱瞻基经常在公事之余，把自己关在宫殿里，挥舞着画笔发泄旺盛的精力。在他的笔下，有袒胸露乳的高士，有苍劲葱郁的青松，有天真单纯的黑羊，有攀缘调皮的猿猴，有探头探脑的小鸟，有花丛扑蝶的猫咪……

从朱瞻基宣德四年（1429）所绘的纸画《三阳开泰图》来看，笔墨功夫已至炉火纯青，尤其善于利用宣纸的洇染特性，将羊毛绒绒的感觉发挥得淋漓尽致，浓淡相宜，层次感极强。朱瞻基的画基本上是纸本，这也难怪，此时的纸已相当成熟，基本取代了绢帛的地位。由于朱瞻基本人书画造诣极深，对纸的生产要求极高，各方面都不敢怠慢。如此状态下，贡品"宣德纸"的质量可想而知了。

明代文震亨在《长物志》中说："国朝连七、观音、奏本、榜纸俱不佳，惟大内用细密洒金五色粉笺，坚厚如板，面砑光如白玉。有印金花五色笺，有青纸如缎素，俱可宝。近吴中洒金纸、松江潭笺，俱不耐久。泾县连四最佳。"这个"泾县连四"纸，其实就是宣纸。周嘉胄的《装潢志》称："纸选泾县连四……余装轴及卷、册、碑帖，皆纯连四……用连四，如美人衣罗绮。""美人衣罗绮"，这个评价可谓恰如其分。宋应星在《天工开物》中有说法："凡皮料坚固纸，其纵文扯断绵丝，故曰绵纸，衡（横）断且费力。"方以智在《物理小识》中也写道："今则棉（纸）推兴国、泾县。"宋应星和方以智所说的"绵纸""棉纸"，就是宣纸。宣纸在当时的称谓还有连四、镜面纸等。有专家曾对明朝永乐年间的宣纸进行化验测试，其中含青檀皮纤维为百分之百，纸质厚实强韧，润墨性好，只是纸面的白度稍差一些。

不管怎么说，明朝末年，产自皖南的"宣纸"已名震遐迩了。"宣纸至薄能坚，至厚能腻，笺色古光，文藻精细。"清朝人吴景旭在《历代诗话》中曾经这样说。句中"宣纸"，还应是现代意义上的宣纸概念。明末之时，文人和书画家都习惯于用宣纸来写字画画。明代书画家文徵明、沈周、唐寅、董其昌、徐渭等，都喜欢在宣纸上作画，也能很好地利用宣纸的润墨性，产生很多笔墨变化。唐寅的《墨梅图》，现在经相关机构鉴定，是画在宣纸上的。只是宣纸在当时价格相对昂贵，普通人不太用得起，只有条件较好的书画者，或者比较富庶的文人墨客才能拥有。

明中后期，中国东南一带，宣纸在书画中运用较为普遍。自明董其昌创南宗画派之后，后来的诸画家均以纸为画底。宣纸为什么后来居上？除了宣纸质量上的优势之外，还跟宣纸所在地皖南的经商风气有关系。明朝中后期的皖南，外出做生意的人很多，徽州府、宁国府、池州府的商人，不仅在东南一带赚得了大批财富，还自觉地将家乡的文化产品在各大城市以及东南沿海一带大力推广，各种各样的宣纸店、文房四宝店如雨后春笋般遍布。据北京泾县会馆录载，清代前中期就有不少宣纸厂家在北京开设纸号，仅嘉庆十一年（1806）北京泾县会馆《捐修义园文》载义捐纸号就有六吉号、永聚号、义合号等12家。

中国画到了明清之时，潮流和风格已由唐宋时的以工笔为主，转向了以水墨为主的写意画。加上临书题字、金石篆刻之风盛行，适合水墨泅染、适合金石篆刻的宣纸供不应求。"清四僧"八大山人、石溪、渐江、石涛，都是非纸不画。绝大多数画家喜欢以纸作画，其中用宣纸者最多。清嘉庆年间编纂的《宁国府志》记载："纸在宣（城）、宁（国）、泾（县）、太（平）皆能制造，故名宣纸。"清人蒋士铨曾有诗咏宣纸曰："司马赠我泾上白，肌理腻滑藏骨筋。平浦江氿展晴雪，澄心宣德堪为伦。"这是赞颂泾县宣纸质地洁白、光滑、有筋骨，如江上晴雪，比历史上的澄心堂纸和宣德纸更好。也有诗曰："轻似蝉翼白如雪，抖似细绸不闻声。"朝廷官府公文用纸，以及书画用纸，都会自觉选用宣纸，科举宣榜丈余榜纸有时也会选用宣纸。

明·唐寅 墨梅图

宣纸发展史上的黄金时代,是清代的康、雍、乾年间。乾隆扩大了其祖父康熙皇帝在北京宫廷的纸坊,下令征召各地名匠充实宫廷造纸。除制作供内府日常文书办公用的纸外,风雅好古的乾隆皇帝还让名匠们以古法研制历代名纸,澄心堂纸便是其中之一。当时宫中储有少量藏品,乾隆视为珍宝,指派官员督造仿制,要求各项指标不能与原样有异。经反复试制,终于造出光滑匀净、细密如玉的"乾隆年仿澄心堂纸"。由于宣纸兴盛,皖南纸坊遍布,仅泾县一地就拥有纸坊40余家,纸槽156帘,除"白鹿""鸡球"等老品牌外,还有了六吉纸、六吉单宣、六吉双宣、夹宣、虎皮笺、煮捶笺、玉版宣、罗纹纸等20余种,在质量和品种上都有很大提高和拓展。除泾县外,太平、宁国、歙县、黟县、休宁、池州等地都是书画用纸的著名产地。清嘉庆年间修订的《泾县志》上说:"纸(有)金榜、路王(路皇)、白鹿、画心(亦名澄心堂)、罗纹、卷帘、连四、公单、学书、伞纸,皆皮为之。"民国《宣城县志》卷六记载:"纸在宣(城)、宁(国)、泾(县)、太(平),皆能制造,故名宣纸,以檀树皮为之。"

宣纸,就是这样一路走来。起初云里雾里,只是到了后来,脉络才慢慢变得清晰。从总体上说,宣纸的发展经历了三个阶段:唐代宣州地区生产的高级纸张,即地名概念上的"宣纸";宋元之时,皖南出现了以青檀皮为主要原料生产的高级书画纸,只是此时"宣纸"的特定概念尚不明确;明朝中期之后,宣城(宁国府)以青檀皮和沙田稻草为原料生产出的书画纸名声大噪,慢慢有了"宣纸"的特定概念。第三个阶段,"宣纸"渐渐有了专属的定义,固定为以青檀皮和沙田稻草为原料的高级书画纸概念。这个专用称谓一直延续至今。

至于宣纸登临绝顶,一览众山小,应该是因在巴拿马太平洋万国博览会上获奖。1911年,泾县曹义发"鸿记"宣纸在南洋劝业会上获"超等文凭奖";1915年,泾县"桃记"宣纸在巴拿马太平洋万国博览会上获金奖。如此声誉,让宣纸登临绝顶,成为书画纸中的翘楚,也拉开了与其他书画纸的距离。

13. 宣纸的种类和特色

一花一世界,一叶一菩提。将宣纸放在显微镜下,能看到一种神奇的情景:青檀皮料的纤维,就像天上的云朵一样,均匀地卷舒,纹理修长、绵密细腻。从原理上说,纸张纤维的性质,决定了原始纸张的吸墨性、韧性、强度、厚薄、透明度和平滑度。青檀皮纤维的长度和透光性,明显小于桑皮和楮皮,更加细致而绵密,可以滞留更多的水墨,能引导水墨沿着皱纹沟槽向外渗扩成浓度递减的墨阶。沙田稻草的细纤维与青檀皮纤维交织成网状的协调结构,受墨后不发翘、不起毛,对笔墨表现力影响很大。至于其他纸张,纤维分布规律性较差,没有皱纹或皱纹较少,一经挥毫即可判别优劣。

宣纸跟人一样,是有性格和个性的。宣纸的品种,根据配料比例,可分为棉料、净宣、特宣三大类。根据厚薄不同,可分为单宣、夹宣等。单宣即是单层,比较薄;夹宣则是经过连续两次抄造而成的宣纸,比较厚。

根据加工程度的不同,宣纸又分为生宣、熟宣两大类。生宣是直接从纸槽中抄造出来的宣纸,烘干制成后,未经过加工处理,也称"原白纸"。生宣吸水性和沁水性都强,易产生丰富的墨韵变化,以之行泼墨法、积墨法,能收水晕墨章,达到水走墨留之效果。生宣有"百变生宣"之谓,意指在生宣上作画,变化很大,神机莫测,也指在生宣上作画难度很大。可是功力深厚的画家特别喜欢利用生宣洇染的特点,点石成金。齐白石就是这样,喜欢用生宣画花鸟鱼虫,走笔柔软,淬染成温润的墨韵,无论是毛茸茸的小鸡,还是如在水中游泳的虾,都栩栩如生,让人叹为观止。黄宾虹则别出心裁,有时在生宣的背面和正面都用笔墨,以期获得苍润神奇的效果。

齐白石画画,最喜欢用生宣中的棉料,一是因为便宜,二是其尤适合花鸟、水墨,色宜相溶,不会出现白色胶痕。至于生宣净皮,因为较为厚实,拉力较强,比较适合画山水,可反复皴擦,笔触不会混溶。

熟宣是生宣的再加工,方法是先将生宣铺平,再将用明矾等多种成分熬成的胶汁,用排笔轻轻刷在生宣上,填满生宣的纤维细孔。熟宣也称作"矾宣",特点是质地较强,不洇墨,墨色的层次较好,看起来比较光滑。熟宣适宜于大焦墨或淡枯墨书写作画,适合楷书,也适合笔法细致的工笔画。熟宣的缺点是不能久放,会漏矾脆裂。熟宣有重矾和轻矾两种,重矾的熟宣晕染慢,轻矾的熟宣晕染快。

宋元之时,中国画工笔画法式微,泼墨写意笔法兴起。由于洇染笔法越来越普及,本来适合于书法的宣纸,越来越多地被用来作画。笔墨在宣纸上的"多变"特性,很神秘,很玄妙,经常有出人意料的效果,更激起了画家们的热爱。中国画自宋之后,不喜用色彩,只喜用墨色,用墨的浓淡层次来表现色彩。生宣习性洇染,正好对应了这种风格。宣纸神奇的多变性,让写意山水有了用武之地。

齐白石　灵芝、草和天牛

元朝之后，文人画风气更浓，"元四家"喜欢用宣纸作画，也善于用宣纸作画。很多画家喜欢将纸面捶、浆一番，让其表面变得不润滑，呈现明显的毛刺感，运笔皴擦点染时，墨迹尤其是重墨的边缘较明显，更有清新淡雅的效果。王蒙的《青卞隐居图》等作品，就以干涩的笔墨结合粗糙的纸面，制造出了一种苍茫的效果。"元四家"中，王蒙的画风最为"炫技"，他不像其他三人那样，笔法之间尽是安谧。王蒙的笔法比较复杂，喜欢着色，喜欢把画面画得很满，以解索皴和牛毛皴将山峰一层一层地叠加上去。《青卞隐居图》淋漓尽致地体现了如此的效果。殊不知此举也是跟宣纸"相亲相爱"的结果，只有深谙宣纸特性的画家，才能展示出如此技法。

明朝中期，吴门画派兴起，沈周、文徵明、唐寅、仇英、张宏等一批画家，偏爱在宣纸，尤其是在生宣上作画。吴门画派继承了"元四家"的笔法，利用生宣洁白纯净、浸透力强、润墨扩散快、黑白对比度高的特点，干笔、湿笔、浓笔、淡笔交替使用，大焦墨法、大枯墨法、大泼墨法间杂运用，呈现出变幻无穷、生气蓬勃的效果。笔墨所至，黑的更黑，白的更白，黑白相衬和对比下，层次更分明，画面更饱满。明嘉靖之后，陈淳、徐渭等花鸟画家更是强调大写意，运用浓淡不同的墨色在未干时相互渗化的作用，使得水墨的效果更加酣畅淋漓。

宣纸，让中国书画出现了更多的笔墨意趣。曾有人对宣纸与中国书画之间的关系作了如此概括——中国书画的风格，很大程度上是由宣纸的特性决定的：宣纸的"薄"与"密"之特色，有利于润墨，呈现细腻静雅；宣纸的"光"与"细"，有利于运笔，让绘画挥洒自如；宣纸的"绵"与"韧"，有利于笔墨皴擦和揭裱，搓拖不破；宣纸的"轻"与

元·王蒙　青卞隐居图(局部)

"软",有利于加工卷折,揉叠不损;宣纸的"洁"与"白",有利于呈现墨彩,经久不变。宣纸还有利于笔墨的呈现——浓墨时,宣纸上墨色乌浓、鲜艳发亮;泼墨时,宣纸上层次分明、清晰透明;积墨时,宣纸上浑厚有力,黑中有光;一般用墨时,宣纸上浓中有淡、淡中有润、润中有湿。

宣纸除生宣、熟宣外,还有色宣。色宣是将生宣按照不同用途,通过印制、染色、加料、擦蜡、砑光、泥金、泥金银粉、洒金银箔片、描金银图案等方法制成的宣纸产品。还有装订成册的册页、水印信笺、印谱等。书信时代,文人追求个性,喜欢定制专用的笺纸。笺纸名目繁多,主要有玉版、贡余、经屑、表光、白滑、冰翼、凝霜、五色、十色、硬黄、缥红、霞光、金花、桃花、云兰、密香、郎牙、鱼子、金屑、雁头、衍波、百韵等,这些都是经过加工的宣纸产品,外表精美,五彩缤纷。明清之后,用宣纸加工成的笺纸更多,写起字来更漂亮,更为文人和官员所追捧。

宣纸除直接用于书法绘画外,还可以用来印刷制作一些可珍藏的书画艺术品、图书、拓片、文书档案、民间剪纸、折叠扇面等。欧阳修主撰的《新唐书》《新五代史》,明代《永乐大典》,清乾隆年间的《四库全书》等,用的都是宣纸。蒲松龄写成《聊斋志异》后,无力刻印,一直到乾隆三十二年(1767),歙县人鲍延傅购买宣纸资助,才让其得以出版。《红楼梦》成书之后,曾以手抄本的形式在民间流传。乾隆五十六年(1791),和珅奏报清廷批准,由徽州人程伟元出资,将曹雪芹写的前80回和高鹗后续的40回合在一起,用宣纸印刷成书。是宣纸助缘,让《红楼梦》横空出世,这就是风行天下的"程甲本"。

宣纸是上等的书画纸,除了能充分地表现中国书画的特点之外,还具有不易变形、不易老化、不易被虫蛀的特点。书画界有"千年纸,五百年绢"的说法,意为以绢帛作画,寿命只有五百年,用宣纸作画,寿命却可以长达千年以上。有人统计,中国现存的纸质书籍约3000万册,以宣纸印制的书,其破损程度,较之用其他纸张印刷的低得多。研究者曾以人工加速老化的办法,在实验室中组织了一场"时间对决":随着虚拟岁月的流逝,新闻纸、铜版纸等酸性机制纸白度下降明显,呈弱碱性的宣纸却岿然不动。对比其他纸的急速"滑坡",宣纸的耐折度表现奇特,竟出现了一个"驼峰形",即在相当长的时间里,岁月反为其增添了"青春",更见纸张坚挺。很多纸张,到三百年时已"筋断骨裂,寿终正寝",可宣纸一直到一千五百年后,显微镜下的青檀韧皮纤维都没有变化,由此可见宣纸的耐久性。

中国历史博物馆现藏有清代乾隆二十三年(1758)的侧理纸,外观呈圆筒状,中无接缝,浅米黄色,原料为韧皮纤维,纸较厚,有磨齿状纹理,纸料中没有水苔之类,外观也不呈青绿色。这种纸,有一种说法是来自江南,从外观上看,很可能是由泾县纸坊制造并且进献的。据说乾隆得此纸后高兴万分,还特地写了《咏侧理纸》一诗,其中写道:"海苔为纸传拾遗,徒闻厥名未见之。……囫囵无缝若天衣,纵横细纬织网丝。"从乾隆年间邑人翟赐履的《泾川竹枝词》"纸是仙人妙手裁,不须仿古用莓苔。官家催取黄金榜,纵有田荒且抚灰"中,也可看出一些端倪。

宣纸的千年之梦,就像远近山峦所起的云霭,不断汇聚、移动,不断扩散、飘零,又像是航行于时光河流之上船只的风帆,来来往往,帆起帆落。追溯风物的历史,就如同坐在船上看风景,泡一壶清茶,就一缕清风,追怀一代文豪的风流底蕴,参悟湖光山色的吉光片羽。

14. 在皖南，在泾县

在泾县，以行走的方式寻找宣纸的源头，最重要的是感知，是对地域灵魂的觉察和尊重。

车沿公路前行，到了离泾县不远处，滑过县城，向右一拐，即可以看到不远处有两尊高高的古塔。有古塔的地方，总是让人不敢忽略。果然，车如流水的马路边，随处可见众多宣纸生产厂家标牌，仿佛在告知我们，这里就是宣纸的故乡。随后，车行不远，进入无名的沙土路，嘈杂的氛围被割断，两边是安宁沉寂的山峦。屋舍俨然，山峰高耸，林木苍苍，溪水潺潺……小村旁边的密林深处，不时还有白鹭飞翔；在溪水边，有大片大片的青檀树郁郁葱葱地生长。这里，就是宣纸较早的生产基地小岭。

小岭坐落于泾县西北面，素有"九岭十三坑"之称。这里地形起伏较大，植被茂密，水流丰沛，造纸资源丰富。清乾隆四十二年（1777）的《谯国曹氏宗谱》序言载："钟公播迁春谷，爱绿峰山环虬川水绕，遂卜居焉，厥后七世孙百十一公生二子，长大一公，次大三公。宋元之际，兵戈迭起，大三公携其二子二七公、二八公避乱小岭，族由是蕃。"民国三年（1914）重修《泾川小岭曹氏族谱》序言载："泾，山邑也，故家大族往往聚居山谷间，至数千户焉，邑西二十里曰小岭曹氏居焉。曹为吾邑望族，其源自太平，再迁至小岭，生齿繁夥，分徙一十三宅。然田地稀少，无可耕种，以蔡伦术为生业。故诵读之外，经商者多，人物富庶，宛若通都大邑……"

这些文字,较为清晰地交代了曹氏先祖来泾县小岭造纸的相关情况:曹大三于宋末争攘之际,因避乱,由南陵之虬川迁至泾县小岭。之后,因为村中田地稀少,难以养活族人,开始尝试造纸。一段时间之后,因为造纸业兴旺,小岭变得富庶繁华。所谓"蔡伦术",指的就是造纸。曹大三的造纸术从哪得来的?只有两种可能:其一,曹大三之前可能在某个造纸作坊做过,掌握了造纸的流程和工艺。其二,曹大三到小岭后,改进了造纸的工艺、流程,以青檀造出了更好的纸。

曹大三用青檀皮造宣纸,是自己的原创,还是在其他作坊学习的结果?这一点,相关族谱和志书没有交代清楚。小岭当地人只是讲了一个流传已久的民间故事:曹大三到了小岭之后,见此地崇山峻岭,深潭浅渚,田地瘠薄,整日忧心忡忡。有一天,曹大三看见小溪边生长着很多裸露着树干的青檀树,树皮内层白皙异常,心念一动,觉得这种遍地生长的树完全可用来造纸,于是开始尝试用青檀造纸。没想到,此举大获成功,造出来的纸柔软细腻,一时供不应求。

传说总有想象的意义。有关曹大三造纸的记载,并没有给出宣纸制造确切的时间。有关现代意义上的宣纸,确切诞生时间,还是限定在宋元之际。可以推测的是,由小岭开始的宣纸制造,慢慢在泾县蔚然成风。光绪十九年(1893)修撰的泾县汪氏《西园家谱》记载:北宋皇祐年间(1049—1054),汪氏由旌德迁石川松木坊(今漕溪),从事纸张生产。元末明初,汪氏七十三世衍庆公因避战乱,随父从泾县漕溪迁到宣阳都中郎坑(今泾川镇古坝村)从事造纸业。《西园家谱》赞衍庆公"才可大用,志惟乐田。遭时之乱,凤隐龙潜北山之北,中郎之坑。本深枝茂,荣泾耀宣"。

在泾县成为朝廷钦定的宣纸重镇之前,漕溪、宣阳都、小岭等地生产的宣纸,最初并不是作为书画用纸,而是有着社会功用的。除了印书写字的功能之外,在很多时候,纸被用来糊窗帘,制作各种各样的物品,甚至用来制作铠甲。明朝所撰《武备志》就曾记载,明仁宗时期一次就用宣纸造了三万件纸甲,发放给陕西防城弓手。以宣纸做铠甲的具体工艺现在失传,以常理来推测,估计是用桐油将纸一层层糊成坚硬的壳。以纸制作的铠甲,应该比铁甲和皮甲更轻便,能提高军队的战斗力。不过因是桐油浸泡过,不利于防火。

明中期之后,江南经济发展很快,文人画兴盛,扩大了宣纸的需求量,宣纸进入快速发展时期。其时宣纸生产的主要方式,是以家族为主体的作坊。泾县各地作坊生产的宣纸,主要满足官府的采购。地方官府若看中了某个作坊的产品,便对该作坊的产品进行采购和调配。宣纸上贡朝廷直接由巡按衙门按年度提调解送,嘉靖三十一年(1552)《泾县志》载:"巡按衙门岁解纸张俱出泾县宣阳都槽户制造,差官领解。"当时宣阳都包括的范围有礼逊、林溪下、漠风、浪里、仁里、仁上、中村、乌呈、清泉、中元、北保、石陂、前村、查浪、北冲、胡村、李仪、中平、永东、良神、永西等地,根据古今地名对照分析,为现泾川镇、汀溪乡、榔桥镇三乡(镇)交界处2000余户村落范围。清初顺治十三年(1656)修《泾县志》亦有同样的记述。相隔一百多年两次修志的相同记载表明,宣纸贡品最重要的生产基地,集中在泾县宣阳都一带。

明清时的泾县,生产手工宣纸的作坊遍布各地。据留存的相关资料,除了曹氏、汪氏之外,还有翟氏、赵氏等,都以家族生产的形式制造宣纸。乾隆《泾县志》曾经记载,宣纸"俱出湖北冲、慈坑、宋村、小岭诸处"。曹氏是以小岭为基地,赵氏是以慈坑为基地,翟氏以桃花潭一带为基地,吴氏以茂林为基地,胡氏则以北贡为基地,分别进行各自品牌的宣纸生产。这时候的汪大谦创制了"汪六吉"宣纸,驰名清代中后期。

茂林吴氏在其乡西沈家坑制作纸,尚书吴芳培有《沈家坑造纸歌》,诗云:"造纸之法传自昔,前有蔡侯后左伯。雁头凤尾各擅奇,光润平滑如砥石。吾乡西南沈家坑,遵古遗制无变更。斩伐溪藤慎选择,香皮浸入寒潭清。雨淋日炙灰汁渍,剥落粗粝存其精。譬如修士勤砥砺,陶镕渣滓归晶莹。活水喧春千杵鸣,朝昏互答万松声。撑槽举帘焙以火,雪肤玉貌何轻盈。……"

上述这些家族,都曾是泾县的名门望族,由于崇文重教,家族里各式人才层出不穷。赵氏是泾县的望族:明末的赵崇礼是著名的书画家,其书得二王之神,画兰尤为擅长;赵青藜也是大书画家,包世臣的书论将其列为上品;赵昌、赵士登、赵良澍皆是名臣;赵绍祖是饱学的大儒……赵氏纸业,一直以生纸再加工的罗纹纸著称。

朝廷如何征收宣纸?从一些文献中可以看出蛛丝马迹。明嘉靖十五年(1536)编纂的《宁国府志》记载:"岁办解纸脚价二十七两。每巡按御史差解,都察院纸扎则给之。"这段话的意思是说,巡按御史押运纸至都察院,需支付二十七两银子的力资。清乾隆十七年(1752)郑相如编纂的《泾县志》记载:"食货之属,泾纸供卜用者曰金榜,高四尺,阔四尺五寸。槽户岁制,差官领解。明时由巡按,国朝由布政司,每岁户部发价银三万两额解至京。康熙戊戌后,内差采买。最大曰潞王,高一丈六尺,明潞藩制式;次曰白鹿,高一丈二尺;曰画心,一曰澄心堂;曰罗纹,赵氏新仿古式；曰卷廉，闹墨所用；曰连四，曰公单，悉常用。俱出湖北冲、慈坑、宋村、小岭诸处。"这段话说明，清顺治至乾隆年间，宣纸一般由内务府采买，布政司解送。从支付的三万两银来看，按照当时的物价换算，至少可以收购100吨以上的宣纸。这个数量说明，当时的宣纸生产已达到很高的水平了。

每到宣纸生产的旺季，各溪流边的水车带动着作坊内巨大木槌捣浆之声，此起彼伏，在寂静的乡野里回响。

清初之时，诗人赵廷辉曾有诗形容当时的盛况：

山里人家底事忙，纷纷运石叠新墙。

沿溪纸碓无停息，一片春声撼夕阳。

清康熙进士储在文宦游泾县，也情不自禁地作《罗纹纸赋》以讴歌："山棱棱而秀簇，水汩汩而清驶。弥天谷树，阴连铜室之云；匝地杵声，响入宣曹之里。精选则层岵似瀑，汇征则孤村如市。……越枫坑而西去，咸夸小岭之轻明；渡马渎以东来，并说曹溪之工致。志存自为，欣分瑜次之珍；雅好居奇，争拨波斯之帜……"

现在的泾县，除了小岭曹氏宣纸之外，还有着龙头老大中国宣纸股份有限公司，以及"汪六吉""汪同和""金星""李园""千年古宣"等诸多品牌。诸多宣纸作坊，仍跟古代一样遍地开花。在泾县，很多人谈论的话题都与宣纸有关。那些传统作坊，很多仍以古法进行宣纸制造。到里面参观，有时候看着作坊中昏暗光线下的一个个身影，恍惚中竟以为是古人在劳作，有不知今夕是何年的感觉。的确是这样，数千年来，宣纸的秘密就在这些平凡人之间互相传递,泾县这一带的山民,似乎人人都懂得如何造纸,懂得纸的特性,懂得相关的笔墨砚,懂得书画的技法。这很正常,烦琐的造纸方法和流程也好,与书画有关的技艺也好,一直是很多人谋生的手艺,是渗透到血液里的文化传统,也是时光难以侵蚀的基因传承。

在泾县,到处都可以看到与宣纸有关的东西。在苏红的一户农家乐吃饭,旁边的地里就生长着很大一片青檀林。谈及造纸,老板有一肚子话。他听老一辈的人说,之前这里的人都会造纸,还去长江沿岸的武汉、芜湖、南京、上海等地开宣纸店。这里原有一个小村子叫"纸厂",应该是造纸的故地,只是村里的人都迁走了,小村落也不复存在了。他还说,由于宣纸厂对青檀需求量大,这里家家户户都种植一些,每年白露之后,采摘青檀的果实晒干,等到第二年春天惊蛰之时撒在田中,就会长出青苗来。青苗长两三年后,就可以砍枝剥皮了。到了冬天,大大小小的宣纸厂便会来收,家家户户都会按要求,把砍伐下来的青檀枝卖给宣纸厂。

中国宣纸股份有限公司所在地,有一个宣纸博物馆,保有早期宣纸手工制作的各个过程。在抄纸车间,抄纸师傅将刚抄好的宣纸整齐地码放在那里,散发着一股洁净斯文之气。在烘干车间,工人们将叠在一起的宣纸一张张地揭开,又一张张贴在壁炉上烘干。我将脸凑近,认真地看着宣纸,仔细地辨别它的内在纹理。它有着明显的涡状花纹,像淡雅的丝絮,也像刚摘下的棉花朵,既带有烘烤的暖意,也带着尚未散尽的酸腐味道。我忍不住将它放在耳边,以指尖弹撩,试图聆听它的低语。感觉有一种细若游丝的"嚓嚓"声如风掠过,如水流淌,如树叶在月光下拂动，它熟悉又陌生，古老又年轻，轻妙又凝重，更像是某种诉说和启示。在那一刹那，我怦然心动，突然觉得，宣纸是有生命，也是有意识的，更是可以轮回的——它不仅有着第一次生命，有着第二次生命，甚至可以拥有第三次生命。生命于它，完全是生生不灭。凡自然中的精灵，似乎都是这样：蝶化蛹，蛹化蝶，是如此；种子落在地上，结出新的花朵，花朵谢下，结出新的种子；茶叶采摘杀青，又在沸水中绽放；树砍去枝条，又萌出新的生命……野草烧不尽，春风吹又生，春来草自青，一岁一枯荣。相比于人，草木也好，虫蛹也好，虽然柔弱，虽然低贱，却在很多时候拥有永恒的生命，如月亮和太阳一样，朝来暮去，永远不死。

谷崎润一郎在《阴翳礼赞》里曾经满怀深情地写到纸："……一看到唐纸与和纸的肌纹，总有一种温情亲密之感，即会心情安适宁静。……西洋纸的表面虽有反光，奉纸与唐纸的表层却娇柔得似瑞雪初降，软苏苏地在吸取阳光，而且手感温软，折叠无声。这与我们的手接触绿树嫩叶一样，感到湿润与温宁，而我们一见闪闪发光的器物，心情就不大安宁了。"

宣纸，其实跟谷崎笔下的唐纸、和纸一样，具有相同的质感，只是更加洁白，更加轻盈。它一派清新自然、纯正质朴，又有着意蕴悠长的信息，就像初春的嫩叶一样和美温润，也像碧玉一样通灵剔透。它永远素朴雅致、温润和美，不会像金属一样散发着冷冰冰的光泽。它拥有不死的灵魂，拥有与时间对抗的习性。它平凡而神圣，遥远而接近，轻盈而厚重。它就是自然，就是美，就是永恒。

第五章　宣纸的哲学精神

「天人合一」
温润与洁净
玄妙与空灵
清简与静谧
笔墨砚的相伴

15. "天人合一"

造纸术为什么在中国横空出世？之后，为什么会产生跟书画极端匹配的宣纸？各种说法，莫衷一是。除了直接的科技原因和间接的社会原因，应该还有文化传统和哲学认知上的原因。世间万物，有因才有果，有果必有因。中国古代，从万物有灵的起点出发，追求的最高境界是"天人合一"。"天人合一"思想的由来，是中国农耕社会向精耕细作发展的自觉。农耕社会，需要从天地和自然中讨生活，故对天地自然极为尊敬，敬畏风、雨、雷、电，也敬畏江、湖、树、石。在敬畏的基础上，中国人一直试图与天地沟通，了解自然，利用自然，描写自然，模仿自然。在中国传统观念中，人类只是天地万物的一部分，人与自然息息相通，如果能努力达到与天地自然的沟通，了解自然的变化规则，就是一种很高的生存境界。

境界，其实就是心光，是人的认知提升发出的光亮，它能让人摆脱种种异化，回归本真，也能让人生之路变得更加清晰。

"天人合一"的提倡，最早出现在《周易》之中："夫'大人'者，与天地合其德……" 意指具有大德大慧之人，一定是遵循自然规律的。《周易》被认为是周代的著作，说明在中国农耕社会的早期，人们就有"天人合一"的向往了。老子和庄子，对天地人德也有着精辟的论述，零星见诸文字之中。明确提出"天人合一"概念的，是汉代的董仲舒。董仲舒在《春秋繁露·阴阳义》中说："天亦有喜怒之气、哀乐之心，与人相副。以类合之，天人一也。"董仲舒以一整套的理论，证明天的意志可以观察,可以解读——天欢喜,便有春;天快乐,便有夏;秋是天的忧愁;冬是天的悲哀。董仲舒认为人与天同类,天、地、人,万物一体。作为中国传统主流思想的儒家学说是遵循天道的——天有"三才":天、地、人;地有"三纲":君为臣纲,父为子纲,夫为妻纲;天有"五行":金、木、水、火、土;地有"五常":仁、义、礼、智、信。仁是恻隐之心,义是修悟之心,礼是恭敬之心,智是是非之心,信是恪守之心。董仲舒提出"天人合一"的理论,意在表明自己的学说体系承乎天、合乎天,以天之"道",说明人之"道"。

"天人合一"理论,汉之前,是最初的提倡;董仲舒之学,是升级版;理学,将它系统化和目标化。理学是在唐朝佛教主导、道家幻变、儒学失落的背景下,一帮不甘落后的儒者,以"天人合一"为目标追求,突破传统儒学道德和仁的系统,试着学习佛教的方式,连天接地,进行的形而上的拓展。理学融合了佛家和道家的理论,更有哲学性和逻辑性,带有某种宗教追求,有别于孔孟传统儒学对道德和伦理的单一提倡。理学崇尚静默,有静思,也有静观;有内向性,也有外向性;有哲学性,也有建设性。理学观察世界的角度更理性、更细致、更绵密、更幽微。从认识论的角度来说,理学有着显著进步,不过在阐述和表述客观事实时有很强的臆度成分,显得晦涩难懂、大而化之、简单粗暴、欲辨忘言等。人类的语言系统就是这样,一涉及有关形而上问题,或者有关人类根本和尖端问题,就会不可避免地出现表达上的短板和局限。从总体上来说,理学是崇尚"天人合一"的,也将"天人合一"视为人类追求的最高目标。

理学之后,中国文化坚定地将"天人合一"作为自己的终极追求。在中国文化看来,人发源于自然,是自然的一部分,最后也应回归自然。

"天人合一"，是人顺应自然的法则，也是顺应天道。"天人合一"作为中国文化的最高法则，一直是中国人精神追求的一个遥远梦境。

中国文化的"天人合一"精神，有一个"圆环"的"和合"概念。这一点，跟中国人的时空观一致。中国文化传统的"三观"，即宇宙观、世界观、人生观都是循环的。中国人以为天圆地方：天是圆的，地是方的。外在是圆，内在特质其实是循环。中国阴阳五行文化，阴阳循环，无始无终，始即是终，终即是始。五行循环：木生火，火生土，土生金，金生水，水生木；木克土，土克水，水克火，火克金，金克木……"终始"不息。从太极八卦图可以看出：一条鱼追逐另一条鱼，带动世界此起彼伏，生生不息。中国人的历史观也是循环的，"分久必合，合久必分"，就是循环。

中国人的时间概念也是循环的，以六十年为一个甲子，循环往复，不绝如缕。中国人看未来，不是向前看，而是向后看，过去之事，即是未来的事。孔子之所以崇尚"三代"，是因为山转水转，日月乾坤都在转，他坚信过去的"三代"必定会在未来兴起。也因此，孔子感叹："逝者如斯夫，不舍昼夜。"

中国哲学，总体上可以视为一种生命哲学，以生命为宇宙的最高真实。生命是一种精神，万物皆有灵，天地自然中的一切，都具有生命，具有生命形态和活力。中国的艺术精神也是这样，是以生命为本体、为最高真实的精神。中国艺术以自然之精神为最高标准，努力寻求天、地、人的合一，自觉地进行模仿。山川河流、山水田园、花木鱼虫、风雨雾雪，是中国艺术永恒的主题，也是外在的表现，至于艺术的精神，一直追求的是灵性，是灵智的感觉。

中国文化的"三观"如此，必定对艺术观有很大影响。不了解中国哲学，就无法了解中国艺术。传统文人画，往大处说，也是"天人合一"的体现，是中国人对天地万物的思考和感悟，是生命的觉解。文人画从一开始就不是功利的，而是带有强烈的理想主义色彩，有着人文关怀的意味。绘画，即是寻道，以道之智慧反哺自己的生存状态。对于中国人来说，绘画就像一叶扁舟，进入的不仅是技艺之海，还是茫茫天地的告慰。

中国绘画总体审美可以用"气韵"一词来概括。气韵一说自六朝之后渐渐孕育而成，也是江南明山秀水、烟雨蒙蒙的自然环境对艺术的观照和启迪。文人画的要求是很高的，不仅要有娴熟的技艺，还要有很强的精神力量，既具有思想性，还须有哲学性，充分地体现乐感文化的神秘，且有着对世俗和庸常的叛逆、超越和挑战。这种力量，带着神秘，带有强大的意志力和精神力，来自人本身，也来自天地之道，是天、地、人"三位一体"的产物。也因此，文人画从来就不是一种单纯的技术或画派，它是艺术，是人格，是生命，还是天地的恩典和授意。好的文人画，将笔墨、丘壑、气象三者融为一体，不仅有山水自然的气韵，还有着蓬勃昌茂的生命气息，既源于天命，近于神性，又有着充沛的元气，能看出人格的完善，看出生命的理想和浪漫。中国画，只要画家一出笔，就能让人看出功底，看出心性、格调和境界，看出生命的气韵。好的中国画画家，一定是有着旷远的"三观"，有着觉悟和觉知能力的。

纸的出现，是人"格物致知"的产物，也是天地精神的授予，还暗合中国文化的哲学精神。古人造纸，最基本的依据是广大、神秘的天地循环，它想传达的，是天地的浑然真气，以及人与天地的浩然相对。古人造纸，不只是简单地记载和书写日常之事，而且欲与天地精神相往来。纸，来自天地之灵,是自然中的植物造就的,它具有使命感,有天造地设的成分。皖南山川静穆,有大美暗藏,有大哲深埋。制作宣纸的青檀,生长于山川腹地,集天地醇和之气,采日月之休光,受崇冈之惠风,承灵云之甘露,实在是天造地设之物。青檀的至柔至软、至孤至独,既是"道",也是"理"。这种冥冥之中的使命,就是宣纸诞生的理由。万物生长,都是有"道"的;万物出现,也是有"理"的。在这样的纸上书写和绘画,又怎么不具有艺术的灵性和生命呢?

宣纸,不仅是美,是哲学,还有诗意和浪漫。唐司空图《二十四诗品》,论述了诗歌的诸多品质:雄浑、冲淡、纤秾、沉着、高古、典雅、洗练、劲健、绮丽、自然、含蓄、豪放,以及精神、缜密、疏野、清奇、委曲、实境、悲慨、形容、超诣、飘逸、旷达、流动。这二十四种品质,是天地的特质,也是中国艺术的精神。宣纸如诗,天地自然有什么样的特质和精神,宣纸就有什么样的特质和精神。《二十四诗品》论"纤秾":"采采流水,蓬蓬远春。窈窕深谷,时见美人。碧桃满树,风日水滨。柳阴路曲,流莺比邻。乘之愈往,识之愈真。如将不尽,与古为新。"这个幽远、静谧、明丽的"纤秾",以宣纸的特质,完全可以淋漓尽致地表现出来。宣纸如此丰富,非"天人合一"一词不足以表现它的内在精神,不足以表现它的广博,也不足以表现它的幽微。好的东西,都有一种神秘的特质,能够将截然不同的东西融合在一起,让各种矛盾和谐相处,也将具有极端意义的习性糅合在一起。宣纸就是这样。宣纸的存在,是对"艺术哲学"最好的诠释,也即丹纳所说:艺术的本质,其实是模仿大自然。

的确是这样。宣纸,可以视为自然对艺术最好的呼应,它本身,既是自然、博大、诗意、睿智，也是优雅、准确、直觉和轻快。它还是风轻云淡的舞蹈、鬼斧神工的创造，以及万类霜天的自由。

宣纸，还是通鬼神的——当柔软的毛笔蘸着墨汁，接触到冰肌玉骨般的宣纸时，那种落笔时的沉着、敏感、细致及悠然，仿佛播种耕耘，仿佛有神导引，仿佛本能释放，冥冥之中，会让人不自觉地运息调心，细品静穆三昧。当笔墨描绘大地之时，宣纸就是天空；当笔墨凝聚成山峦之时，宣纸便是云层；当笔墨演绎成树林之时，宣纸又是雾霭；当笔墨转成堤岸之时，宣纸一下子成为河流……至于宣纸上的书法，更是行云流水、风和日丽，可以是枝头繁花、春意盎然，可以是卵石铺地、自然相连，可以是扶老携幼、欢歌笑语……尤其是草书，落笔时思维放空，如舞蹈，如坐禅，有忘我的飞翔。为什么数千年来，中国人一直对书画有着孜孜不倦的追求？最根本的原因，就是人在跟"文房四宝"连接的过程中，不仅能感受到形，而且能感受到意，甚至能感受到象；既是"天人合一"，又是身、心、灵三位一体。当一个人拿起毛笔，在案台上铺开宣纸之时，与其说是在写字画画，不如说是在连接和融入。彼此之间，更像是知己对饮、挚友倾谈，甚至可以说进入一种"禅定之场"，气息相通之时，日月星辰璀璨夺目，玉宇乾坤清明敞亮，天地自然精神渗透于书画之中，呈现出万物复苏的气息。

16. 温润与洁净

　　艺术,犹如梦境;理念,如同召唤。梦境之中有召唤,便有潜能,有动力,也有机缘。除了"天人合一"的哲学思想,中国玉文化的传统,对中国社会诸多事物的发展也有无形的影响和促进:中国发明的丝绸,有玉性;中国发明的瓷器,有玉性;中国生产的纸,尤其是宣纸,也有玉性。这些物件,都具有温润、光滑、洁净、雅致的特质。它们诞生在中国,不是偶然,而是必然,是一种审美追求,是冥冥之中的通感相连,也是一种潜在的希望和追求。

　　人类文化早期,对自身的直觉是很依赖的。玉作为天地之美物,对中国文化有滋养:玉是美石,是石头,却一点也不生硬,如肉脂一样亲切;玉有光芒,却不刺眼,令人赏心悦目;玉有精神属性,让人联想到温润、圆通和智慧。中国人在与玉的"肌肤之亲"中,会情不自禁产生高妙的通感,会从玉的质地和温度中,觉察到大道所在:阴柔中,有比刚猛更强的力量;坚韧中,有比尖锐和锋利更强的品质。人把自己对玉的感觉人性化、神性化、神圣化,就形成了一系列相关的文化。

　　玉有启迪性。中国早期政治,名之曰"礼乐政治",带有玉的光泽,带有理想成分。中国人以玉为神权、政权、军权的象征物,奠定原始国家的形态,也决定了礼乐政治的整体风格。君子文化和玉有通感,受玉的启迪较多。与孔子同时代的管仲称玉有"九德",《礼记》转述孔子的话,说玉有"十一德":仁、知、义、礼、乐、忠、信、天、地、德、道。"温润而泽,仁也;缜密以栗,知也;廉而不刿,义也;垂之如队,礼也;叩之,其声清越以长,其终诎然,乐也;瑕不掩瑜,瑜不掩瑕,忠也;孚尹旁达,信也;气如白虹,天也;精神见于山川,地也;圭璋特达,德也;天下莫不贵者,道也。诗云:'言念君子,温其如玉。'故君子贵之也。"这个具有通感意义的阐述,是对"君子如玉"的最好诠释。

东汉许慎《说文解字》化繁为简,把玉归纳为"五德":"润泽以温,仁之方也;䚡理自外,可以知中,义之方也;其声舒扬,专以远闻,智之方也;不挠而折,勇之方也;锐廉而不技,洁之方也。""五德"被后人简化为仁、义、礼、智、信,将自然属性和道德提倡完美地融合起来,以玉拟人,赋予意义,对中国人的行事做人有很大的规范和引领作用。

玉有色泽,天然生成,从内部渗到外部,此所谓"润"。玉之色泽,与钻石之类不一样:钻石之光,炫亮夺目;玉,天然静雅,悦目养睛。中国士大夫最喜欢这种自内而外的色泽,认为君子就应该像这样具有内在修养。君子之德,首要的为"温润"。玉的品质,就是君子的品质。

中国文化推崇"玉性"——凡与"玉"相连的,都是秀外慧中的好东西:纤纤美女为玉女,倜傥男儿为玉郎,郎才女貌为一对璧人。"玉容""玉面""玉貌""玉手""玉体""玉肩"等都是好词,相关好词还有"亭亭玉立""玉树临风"等。古汉语中有"玉人"的说法,比喻尤其好,不只是外在漂亮,还有内在的润泽。真正好看的人也是这样,不仅漂亮,而且有着气质和气韵,和玉一样由内向外散发着光泽。好看的女子,往往是你看不清她到底长什么样,可就是知道她美丽,让你看不透也看不够。

中国文化,不仅人采玉气,神仙也采玉气:天上的皇帝叫玉皇大帝,天上的宫殿叫玉虚仙境、琼楼玉宇。美好的胜境,都离不开一个"玉"字。皎洁的月亮中有一团黑影,古人不知其奥秘,臆想出"月中何有,白兔捣药"的故事。这只兔,不是一般的兔,而是玉兔。玉兔是什么样的?想不出,不过肯定比人间的兔子晶莹剔透玲珑。

玉,意味着富庶、堂皇、洁净,还有一丝神秘。玉还是权力和和平的象征:"金科玉律"指不可变更的法律,"化干戈为玉帛"指从战争走向和平。玉还被用来比喻贞操和节义:纯白素雅的花,常常被冠以"玉"字,如白玉兰、玉茗花(白山茶)等。一个珍爱自己的人,同样用玉来比喻她,说她"守身如玉"。

中国文化有"玉性",也喜欢一切跟"玉性"相一致的东西。瓷,是"土中之玉";丝绸,是"衣中之玉";砚台,是"石中之玉"。比较起华丽的唐三彩,宋瓷内敛而含蓄,讲究的是质感的变化,有那种不确定的意蕴。比如说哥窑,是火温过高造成釉片裂开形成的,宋人发现裂开的纹路更漂亮,于是尝试用不同的火温,炮制出不同的漂亮裂纹。

宋瓷,有对上古精神的追慕。什么是上古精神?就是玉文化和青铜文化。宋代的很多瓷器在造型上都模仿了古代青铜器或玉器,比如贯耳瓶、琮式瓶之类,釉色力求玉器的清白质感,让瓷器尽可能呈现"玉性"。

宋词,也如宋瓷,是宋朝文化的"集大成者",充分体现了玉文化的很多特点,比如平淡含蓄、素朴简洁,有极其雅致的风格和气息。

好的诗词文章,也可以说是"笔墨之玉"。诗词是这样,文章也是这样:先秦散文,如璞玉般大气质朴,重本色,露瑕疵,一派浑然天成。汉赋骈文,韵散兼行,精雕细琢,多打磨,重技巧,重音声,如精致之玉环。魏晋文章,清丽脱俗,天朗气清,如华丽之玉佩。唐宋大家文章,质朴大气,如老坑之古玉。明代小品,重性灵,重情趣,如赏玩之小件。至于八股,装模作样,尽是功利,也是套路,无润泽,无生气,无弹性,没有"玉性",如石头般死板。

中国还有"锦绣文章"的说法,这是形容文章像绸缎一样华美。绸缎的属性,其实也暗合古老的玉文化。以玉喻文,以绸缎喻文,只可意会,不可言传,重的还是一个通感。通感好的,说不明确,全然懂了;通感不好,说得太明,反而不通。顾随说:"中国文学、艺术、道德、哲学——最高之境界皆是玉润珠圆。"这个标准,是通感,还是说的"玉性",以示天道。好的东西,都是有"玉性"的。

君子如玉,之后扩展为梅、兰、竹、菊,此所谓"四君子"。至于松与柏,高过梅、兰、竹、菊,堪比"圣人"。中国人爱梅、兰、竹、菊,注重的还是品质,是道德标准。与俄罗斯人爱白桦、日本人爱樱花、印度人爱菩提树、墨西哥人爱仙人掌相比,中国的"四君子",更有诗意,更有艺术成分。

中国战国时期的屈原,是"君子如玉"的典范。在屈原身上,有玉的特征:温润、洁净、文雅、有诗性;还有一种矜贵的士大夫精神气质,宁为玉碎,不为瓦全,宁可牺牲生命,也决不苟且偷生。与屈原具有同样气质的,还有楚汉争霸时的项羽。项羽不肯过江东,也是因为不肯苟且,宁愿慷慨蹈死,决不忍辱负重。这种高贵不妥协的精神,是典型的君子精神,也是典型的玉的精神。

文人画也好,宣纸也好,也是有着"玉性"的。《太古遗音》论古琴的发音,以为有"九德":奇、古、透、静、润、圆、清、匀、芳。宣纸其实也有"九德",也有相似的品质。以青檀皮为原料制作的高级书画纸——宣纸诞生于宋元之时。它的产生,跟江南文化的内在精神有关。江南,是吴楚文化的根基所在地。吴楚文化的根基,就是新石器文化,带有很强的"玉性",有着华美、圆润、深邃、净洁的特点。良渚、凌家滩等地的玉,像东方的晨曦一样,散发着人类早期的光芒,照耀后世前行之路。宣纸,是纸中之"玉",是纸张中的"君子",也有君子性,粗略地品鉴一下,至少具有和、静、清、远、古、淡、恬、逸、雅、丽、洁、润、圆、细等内在的、智性的品质。文人画是有历史渊源和文化传统的,它是高蹈的,是有古意的,也是有格调的,是画中之"玉",也是画中的"君子"。文人画助力产生了宣纸,宣纸又促进了文人画的繁荣。文人画和宣纸,是珠联璧合,也是双剑合璧。

中国书画一直有君子要求,不仅要求格调和境界,还要求画品与人格的统一。人画画,是有道德要求的,先要正其心,做一个君子。人轻浮,用笔自然恣意;人张狂,用笔必定狂狷。所谓画如其人,指的就是如此。中国画忌俗气、匠气、火气、草气、闺阁气、蹴黑气,用笔忌尖、忌滑、忌流、忌浮,还要求戒生定、定生慧,甚至高境界,有净化人格的道德要求。

艺术和美,一直暗存着形而上的导引精神。艺术的精神经常暗藏于作品之中,或隐或现,或明或暗,或有或无。比起绘画的技术性,文人画更重视思想性和观念性,更侧重内在精神,更具有表现主义的特质。文人画,由象形发展为写意,由单一的绘画发展为诗、书、画、印"四位一体",最根本的,是中国文化的哲学观在起作用。在中国人看来,艺术和人生是一体的,在中国艺术中,有宏大苍茫的东西要表达,有太多的东西要言说——文字表达不出的,借助于绘画;绘画表达不出的,借助于诗歌;诗歌表达不出的,借助于书法;书法表达不出的,用印章做补充……中国文化当然是重视文字的,也敬畏文字,可是越是敬畏,越是重视，越是发现文字的短处。文字既表现不了外部的至理，也表达不了内心的隐秘，甚至表现不出复杂的情绪。怎么办？文人们争先恐后地拿起毛笔，也铺开了宣纸，以笔墨在纸上涂抹，着力表现"不着一字"的无言境界。在山水、人物、花鸟、鱼虫乃至一切自然面前，人就像置身于纯净之处，被光沐浴。于是，人们更愿意微闭着双眼，把思绪托付给笔墨宣纸，把灵魂托付给不可知的黑白世界。画面上的一切，都是亘古不变的，山水一百年如此，一千年如此，一万年依然如此；花鸟呢，一季一绽放，一年一南飞，本质上也是亘古不变的。文人画以虚无和混沌为追求，着实对应永恒的追求，虽然不是书，却是山水与自然的大写意，也是生活与人生的大文章。

艺术，只有连接神秘的未知世界，才显得博大而有力，若小溪接入大河，若白云悬浮于天上，若此岸接入彼岸。宣纸也暗藏着这样的功能：一张洁白玄妙的宣纸，本身就是艺术的结晶，当笔墨荡漾于其上之时，犹如水载木舟，悠游前行。宣纸如此有魅力，自然让无数中国人"走火入魔"。那种纸上的自由和创造是最好的告慰，让无数人的灵魂找到了憩息之地。这个世界上可能再无一个国家的人民，会像中国人这样普遍热爱书法与绘画，凡会写字者，必重视书写，必热爱书法；凡有情怀者，必爱绘画。出现如此现象，很重要的一点是因为宣纸——是宣纸的洇染和温润，自然而然地呈现出人意料的艺术效果。宣纸不仅放大了书画效果，还形成了一套相对模糊的评价规则、技法和审美标准，让参与者更自由、更简便、更兴趣盎然。

宣纸的出现，还让书画变得更加轻盈、更具有艺术精神，蕴含无限的内容。宣纸是轻的，像蝉翼一样轻，也像风一样轻，可它又能举重若轻,将历史、哲学、艺术融会在一起,使得文字和线条脱离了沉重,让想象插上飞翔的翅膀。汉字的优美形体在纸上自由地伸展腾挪,文字不再带有刀凿斧刻的深刻,变得舒展而柔韧,成了真正的"活物",像水草一样摇曳多姿。笔墨在宣纸之上,仿佛注入了神秘的因子,会变成山峦,变成河流,变成树,从树根一直到树梢,都显得那样富有生命力,变成花鸟,变成鱼虫,变成人物……宣纸,就像浩荡缥缈的风,像无边的岁月,将一切都凝固,化有形为无形,化无形为生命,化生命为永恒。

以中国人崇尚的"玉性"来看宣纸,很容易看出宣纸身上完美的"格":宣纸温润、洁净、儒雅、平和,充满诗意和情趣;它不骄奢,不淫佚,不花哨,不浮华,极具内在精气神。若是以人来进行比喻的话,宣纸也是具有"儒释道"三重人格的:既像一个通体雅致、极重修身的"儒者",也像一个才华横溢、洒脱不羁的"道者",又像一个无欲则刚、恒常宽阔的"觉者"。

宣纸之特质,就是觉悟之心,也是觉悟之道。李翱诗:"我来问道无余说,云在青天水在瓶。"宣纸也是这样,不要问我"道"从哪里来,道在纸中,道在玉中,道在风中。

17. 玄妙与空灵

"道之为物,惟恍惟惚。惚兮恍兮,其中有象;恍兮惚兮,其中有物;窈兮冥兮,其中有精;其精甚真,其中有信。自今及古,其名不去……"老子在《道德经》中如此阐述。表述这段话时,老子的语言是吃力的,虽然力求准确和妥帖,可仍有力不从心的苍白,文字彰显出的,还是恍惚和模糊。也许,"道"的精神特质就是这样吧?

《道德经》中有"玄之又玄,众妙之门"的说法。这八个字,为人们指出了"道"的辩证关系:人的生命也好,自然天地也好,以体为实,以气为虚,实在是气象万千,难以把握。中国文化的阴与阳,也是虚实和辩证的关系,阴中有阳,阳中有阴,虚虚实实,实实虚虚,你中有我,我中有你……阴阳之间如何平衡?唯有"和合"二字,方为真谛。"和"指的是一种有差别的、多样性的统一,"合"指的是一种融合。"和合"追求的是内在的和谐统一,而不是表象的相同和一致。

书法自诞生那天起,就带有明显的"笔迹学"的成分,书写的主体,也就是人本身,决定一部分;书写的工具,即毛笔和墨汁,决定一部分;书写的载体,也就是纸张的特性和特质,也是至关重要的。也因此,人的气质、特性,与最后呈现的字迹的风格和特色,是密切相连的——以人,可以观字;以字,可以观人。黄庭坚曾云:"东坡书早年姿媚,中年圆劲而有韵,晚年沉着痛快。"这个评价说的是,苏轼的字迹随着经历和年龄在不断地变化。怎么会不变呢?身体在变,相貌在变,内心在变,手上的感觉自然也在变。字就是人,人就是字,从书法之中,可以细心地辨认和窥探个人很多潜在的信息。这种联系,是隐秘的、深厚的,更是模糊的、不确定的、玄妙的。它传递出来的信息,一般由笔、墨、纸三者,甚至和观者的心情和感觉共同承担。物由心造,相由心生,这种物象和心境共造的感觉,十分玄妙,十分奇幻,十分有意思,也构成了中国书法文化的基础。一幅有价值的书法作品,除了书法的文字内容,线条的筋骨血肉以外,还有动态美和情感美,可以看出心性,也就是人格和气韵,除此之外,还可以从中看出作者的审美取向。书法可以说是一种极其敏感的艺术,它一直荡漾着一股灵虚之气,氤氲着某种形而上的意志,使作品超越有限的形质,弥漫一种缥缈的意境。

以苏轼的《啜茶帖》《宝月帖》为例,不仅可以看出一个人颠沛流离的辛酸,还可以看到苦中作乐的人生态度。至于宋高宗赵构的《赐岳飞手敕》,以及岳飞"还我河山"的手迹,将这两件写在纸上的手迹对照着看,似乎可以揣度千年悬案的诸多蛛丝马迹。有些确定,也有些不确定;有些好判断,也有些不好判断。

一种艺术也好,一种现象也好,如果能敏感和敏锐触及感官和身体,使之兴奋而颤抖,必具有灵智意义。书法,是具有灵智意义的。同样具有灵智意义的,还有音乐、舞蹈等艺术形式。

书法,还是一种综合的信息图像。书法是复杂的,中国人把自己对世界和生命的全部认识,都融于横、竖、撇、点、折之中,墨与纸的黑白反差犹如阴阳二极,穷尽了线条的所有变化,而线条的辗转腾挪也暗合了宇宙和人生的风云变幻、聚散离合。可以说,写于纸上,一路走来的书法,是中国人的另一部哲学史和"心灵史"。

中国文化,一直喜欢情感交融、变换和转移,是所谓"寄情",也名之"移情"。寄情山水,移情草木,万事万物都与"心"相连。如此方式,使得中国文化的审美特别发达,特别玄妙,特别捉摸不定。究其根源,还是早期社会巫术发达,人们相信万物有灵的结果。因为万物有灵,所以能彼此沟通,更能不分彼此。人事多舛,世事多变,只有星辰是永恒的,清风明月是永恒的,中国人更愿意在与山水的共融中,求得心灵的安宁。这种哲学观念玄妙而奇幻,自然带来相应玄妙而奇幻的艺术风格。

中国传统文化的诸多高妙哲学体现在很多方面,比如筷子,比如围棋,比如算盘,比如中药,比如古琴,比如包袱,等等。筷子和围棋,都是大道至简;算盘子以一当十,轻松随意;至于包袱,也是极高妙的体现——不管是什么东西,都可以用布将其轻轻松松地装起来,方便随意,要大则大,要小则小。极简便中,有最大的包容。

倪云林有诗:"千年石上苍苔碧,落日溪回树影深。"从诗句中,可以看出博大精深的宇宙人生精神。石是永恒之物,人有须臾之生,人面对石头,就像一瞬间对应永恒。青山不改,绿水长流。人在如此之"境"中,忽然与永恒照面,必定给脆弱的生命注入绵长,带去熨帖,这就是中国艺术独特的宇宙感。如此这般,也是文人画的永恒之感,不是笔墨表象的世界,而是一个与生命相关的永恒境界。

艺术是一种很玄的东西,凡可以将有形化为无形,并且加以表现,引起人们共鸣的,都可以归纳为艺术。中国传统艺术有一个很重要的特点,就是虚玄,也是悟道。中国诸多艺术形式,像古琴、书画等,既跟虚玄有关,也跟悟道有关。古琴在某种程度上不是弹给别人听的,而是弹给自己听的,是以琴声悟道。它其实是一个修身的工具,是面对自己,连接天地,是以弹琴来修身养性,调整气息运转,让自己能静下心来,觉察世界的隐秘和玄妙。琴一直被认为是通达君子之道的一个重要途径,就是指它的内省性。

中国古琴,意在人与天地之间的对话和沟通,导向的是无欲无求的仙境;中国的书画也是,文人画和书法都是内省性特别强,都是以其为观照,求得三昧。

中国文化注重形、象、意的层次结合,外部事物的形并不是最为重要的,事物背后的象,以及隐约所指的意,反而是最重要的。有如此初衷,便可以解释中国书画为什么经常着力寻觅一种虚无怪异的东西了:一片怪石、一湾瘦水、几株枯木、一片茅庐,以及凋零的秋、残败的荷、风中的苇等,在常人看来它们都是无用之物,并不美,可它们往往是中国文化人最为钟情的东西,是中国文化的精神象征,也是人生境界的重要"原料",是具有生命意象的存在物。中国文人不喜欢葱翠的绿色,不喜欢袅娜的风物,却喜欢落花流水,喜欢枯木寒鸦……如此状态,其实跟日本文化中的"侘寂之美"一样,有着强大的观念和精神成分。

中国文化为什么会如此? 这缘于对生命和时空本质的关注,希望越过尘世的表象,去关注生命和世界的本质,以艺术的方式呈现对生命的看法。中国文人画也好,书法也好,最根本的是造境,而不是写物,更不是画形。也因此,中国文化一直想要表达,想要感觉传递,那些留在宣纸上的诗、书、画、印,往小处说,是"言志",往大处说,是人生愿景的虚化和寄寓。

宣纸,就是如此默契地对应着中国文化的特质,空灵而玄妙,实在而自由,化有形为无形,完美地实现了表达的愿望。宣纸还具有某种程度的巫性,绮丽、深邃、奇谲,带有吴楚文化的特点,缥缈壮阔,人神相通。马王堆出土的衣裳,绣着星辰、月亮、植物、波纹云图,有洪荒草昧的梦境之感;战国时楚国的三闾大夫屈原,魂魄飞扬,异于常人,诗文呼天抢地,带有浩渺的祭祀之风。

宋朝山水画,是中国山水画的高峰,气势磅礴,气韵宏大,就艺术精神和艺术难度而言,可以与西方的交响曲类比。绘画自宋开始,极注重虚与实的结合。程颐说:"天地储精,得五行之秀者为人。其本也真而静,其未发也五性具焉,曰仁、义、礼、智、信。形既生矣,外物触其形而动于中矣。其中动而七情出焉,曰喜、怒、哀、乐、爱、恶、欲。情既炽而益荡,其性凿矣。是故觉者约其情使合于中,正其心,养其性,故曰性其情;愚者则不知制之,纵其情而至于邪僻,梏其性而亡之,故曰情其性。"这段话阐述的是天地"虚灵"的重要性。有实必有虚,有虚才有实;虚了才会玄,玄了才会虚。只有掌握并运用玄虚互证的辩证方法,才有可能既得玄虚,又入妙门。

明朝李日华说:"凡状物者,得其形,不若得其势;得其势,不若得其韵;得其韵,不若得其性。"由这段话,可以延伸至中国绘画的三个不同的时期:由"得势"到"得韵",再到"得性"。中国绘画自魏晋到北宋,有一个漫长的追求形势动势的阶段,在以形写神、气韵生动理论的影响下,又出现了对画外神韵的追求,要求有象外之意、韵外之致。顾恺之的"传神写照"如是,北宋画人对活泼"生意"的追求亦如是。宋元之后,文人画兴盛,更重"意",也就是李日华所说的"性",即事物的本性或本质,不重技术,以为书画的最高境界乃是自然而然,不重形,也不追求象,一步到意,更推崇"得意忘形"。

画如此,书法也如此。书法是"走心"的艺术,跟理学的崇尚不谋而合。当书法遇上理学时,电光石火,比翼双飞。宋人崇尚理学,精神上淡泊而空灵,这种主观上的东西渗入书法之中,一下子把书法的精神提升了。相比魏晋隋唐,宋朝的书法有新的精神注入,具有了内向性,完成了一次潜在的飞跃。

艺术与人心,就是这样环环相扣。社会之人心,可以从同时代的艺术作品中看出:人心高妙,艺术自然高妙;人心低劣,艺术低劣,或者无艺术可言。艺术也可以反过来给人心以滋养,会让愚钝变得敏感,呆板变得聪慧。

中国艺术,一直有能品、神品、妙品之说。能品,是循规则;神品,是破规则;妙品,是超越规则。能品,得儒家三昧;神品,得道家三昧;妙品,得佛家三昧。

中国书画,为什么审美标准如此虚玄？根本原因,还是强调艺术的主观性,不看重艺术的客观性。艺术不是实验,不是点到点,面到面。以中国书画的观念观之,艺术更有"巫"气,更接近若有若无的"道"。其中标准,只能意会,不能言传。

在文人画兴起的过程中,宣纸起到了推波助澜的作用。宣纸的主要成分是青檀皮,相较于皮纸、麻纸、竹纸等,更细腻,更柔软,更润墨,更有表现力。用墨在宣纸上写字作画,仿佛有鬼斧神工的力量,也更有出乎意料的诗意。画者借势而为,自以为得到天、地、人的性灵,领会到冥冥之中的神意。

宣纸的诞生,于中国书画艺术而言,具有天造地设的意义,它仿佛就是为中国书画而生的,或者说,就是为文人画而生的。宣纸,诗意地呈现出玄妙而自由的特质,将书画引入了"造梦之境",让绘画本身有着"倒影之美",就像镜花水月一样,让画面带着一层氤氲的幻象,不确定,也不确指,有着云腾雾绕之感。宣纸由于带有模糊洇染的特质,极好地诠释了中国书画的模糊性、自由性,将中国文化"一阴一阳"的哲学意义表现得淋漓尽致。中国文化一直有玄妙的梦幻之感,孔子有梦,庄子有梦,李白有梦,李商隐有梦,陆游有梦,辛弃疾有梦,汤显祖有梦,曹雪芹有梦……宣纸,从某种程度上说,具有"造梦"的功能,它的出现,就是为无数人的幻想圆梦的。

　　王维《山中》诗："荆溪白石出，天寒红叶稀。山路元无雨，空翠湿人衣。"诗的背后，是巨大的空蒙，极有禅意和玄机。若以画来表现，不应写实，而应画虚，需要笔墨纸联动，以造境的方式加以表现。这当中，笔墨重要，奇思妙想重要，纸张也极重要。以宣纸来表现虚空世界，更为妥帖和恰当——在宣纸上，笔墨更流畅、更润滑，速度感更强，更能呈现缥缈若云的玄妙之境。

　　宣纸与宋元之后兴起的文人画有千丝万缕的联系。从总体上来说，宣纸的特质与文人画的理念是相通的。文人画评价，总体上是佛老标准，求趣味，求意境，求禅意，文学趣味和笔墨趣味同样重要。元代名士仇远《题李公略示高郎中吴山观月图》言："纳纳乾坤双老眼，滔滔江汉一扁舟。""双老眼"是禅意，"一扁舟"是道行，有佛道思想在心，便可以洞察天地玄妙，逍遥于丘壑湖海。

　　文人画，有普遍的觉知和寻道意味，这与宣纸能表现出意蕴也是相通的。宣纸的洁净和包容，有普遍的觉悟通感。觉悟之后，一切澄明，洁净精微，平和智慧。文人画，不注重外形，不注重模仿，更注重心灵的能量，强调应将生命融入画中。如徐渭画中所题诗："半生落魄已成翁，独立书斋啸晚风。笔底明珠无处卖，闲抛闲掷野藤中。"落魄的徐渭，就是以绘画来浇自己心中的块垒，将自己的全部生命凝结在笔墨之中，画花鸟，画鱼虫，画藤蔓。他的画，不自觉蕴含一种怨怼，是伫立于萧瑟寒风中的感怀与觉醒。徐渭的画总有另外的表达，在他的画中，花非花，鸟非鸟，山非山，水非水，有超越画面的意蕴和精神。无情，即是多情，更是深情。这个时候，唯有敏感无比的宣纸懂得他，在更大的境界上与他合而为一,淋漓尽致地展示他的心中世界。

　　宣纸是有"禅意"的,更善于化繁为简,有暗合世界和生命本质的特质。儒、释、道的精髓,宣纸都可以恰到好处地表现——可以表现儒家的敦厚和清明,表现道家的洒脱和奇崛,表现佛家的空寂和禅意。宣纸之前的纸,可以视为传统的儒家,规矩、老实、克制、呆板,难有才气,没有过人之处,甚至带有某种匠气。宣纸的横空出世,将儒家儒雅节制的一面、道家灵动秀奇的一面、佛家博大无欲的一面大大地张扬开来。

　　宣纸还可以找到庄子所言"浮游"感觉。以笔墨线条当扁舟,以宣纸为湖水,一直可以追溯到宇宙洪荒之时,白云苍狗,时光浮沉,一条悠悠的线条,上达天宇,下至龙潭,探得鳞潜羽翔。这是一种难得的自由境界,不知是蝶为人,还是人为蝶。也难怪中国知识人如此心旌摇荡。

　　书法也好,文人画也好,还有诗性和音乐性。宗白华说:"中国乐教失传,诗人不能弦歌,乃将心灵的情韵表现于书法、画法。书法尤为代替音乐的抽象艺术。"宣纸之上,中国的书画就像音乐和诗歌,从书法的线条、绘画的笔墨中,完全能看到一种节奏、一种气韵,触摸到情绪的跌宕,感觉轻快和明净、谨严和庄重、雄伟和奇崛、平易和安详……诗性也好,音乐性也好,都是一种通感。在所有的艺术形式中,音乐性是最具有通感的,它不仅能将场景、情绪、感受转化为旋律,而且可以将色彩、时间、哲思转化为旋律。这种通感,属于直觉,是极高智慧的体现。

18. 清简与静谧

《道德经·第四十二章》说："道生一，一生二，二生三，三生万物。"万物当然包括艺术，包括音乐、绘画、书法等一切艺术形式。就绘画来说，能体现"道"的，不仅有绘画的相关材料、工具，还有笔墨等相关技艺。笔墨，除技巧外，更多的是一种精神状态。笔墨既能表达出平静的理性、艺术的想象，又能体现最充分自然的感性。如此有意无意，契合了世界的本质。在书画中，哲学与艺术浑然一体，"众妙之门"在笔下尽显。

中国笔墨，是艺术，也是哲学，发端于太极图一般的辩证法中。刘勰《文心雕龙》开篇就说："人文之元，肇自太极。"也就是说，文学也好，艺术也好，跟"太极"的玄道是相连的。如果把"道"理解成"规律"，且更丰富神秘的话，那么可以认定中国人的艺术即中国人的人生观、世界观和宇宙观。黄宾虹说，中国画的奥秘就在太极图中。神秘的太极图，黑中有白，白中有黑，黑白相逐，互相转化，这是世界的规律，也是艺术的规律。

六朝南齐的谢赫提出绘画的"六法论"："六法者何？一、气韵，生动是也；二、骨法，用笔是也；三、应物，象形是也；四、随类，赋彩是也；五、经营，位置是也；六、传移，模写是也。""六法"之说，由此成为中国书画品评和创作的最高准则。谢赫的"六法"，侧重于人物绘画的生动与传神，也侧重于着色绘画，因彼时绘画偏重于人物造型，也偏重于着色，这与元之后要求的气韵有很大不同。元之后文人画所要求的气韵，是一种气象,一种精神,也是一种境界。谢赫的"六法"偏重于术,文人画的气韵偏重于道。元代以后,文人画追求的笔墨,重点是造"境",多指生命的感觉和智慧,这就要求在绘画中将生命的感觉和智慧带入,文人画因此更有思想、精神和观念的意义。明代的文徵明说:"人品不高,落墨无法。"笔墨,往往表现为自由的线条,也表现为神秘的墨块,其文化内涵则非同西洋画的线条和颜色。笔墨是中国书画很重要的一环:一支柔毫,软中有硬,处处见骨,绵里藏针,用好了,力透纸背,柔中有刚、刚中有柔,有着太极拳般的玄妙。中国画笔墨的最高境界,是浑厚华滋、苍润并济:苍,是人的骨气和品格;润,是感情和生趣。

笔墨可以造神,可以造天地,也可以造人间美景。宣纸之上,浓墨处淋漓酣畅,积墨处浑厚深沉,淡墨处月明风清。笔墨和宣纸一道,能表现出造型艺术的质感、量感和空间感。有人说,中国书画艺术的本质不仅是写意,也不仅是线条,还有笔墨的功夫。笔墨之玄机,全在书法之中,如果没有书法功夫,笔墨就只能是空谈。中国画有着书写性,画不是画出来的,而是"写"出来的。以形象的比喻来说,中国画是人在一种安详散淡的状态下,摒除功利之心,提笔优雅从容地"写"出。它的标准,是笔精墨妙,以书法入画法,以篆籀之笔入画。

笔墨功夫,从技术上说,还有手腕上的功力和技巧。如何让腕力自由地运转,调动包括笔尖、笔肚、笔根等笔的每一个部位,是一件很艺术的事情。绘画艺术的完美之处,在于心、手、笔、纸完美融合,成为一个整体,暗合某种神秘的节奏。笔所到处,墨分阴阳,也分浓、淡、干、湿、焦,如光谱般组成万千种颜色。

笔墨不仅可以替代颜色,还可传达精神。中国画对线条的要求很高。魏晋以后,一直有"曹衣出水"和"吴带当风"的传统,技法上有高古游丝描、钉头鼠尾描、行云流水描等讲究。文人画兴起之后,以书入画,绘画带有深厚的书法理念。西洋画也有线条,特点是准确、流畅、到位;中国画的"线"带有主观色彩,起伏顿挫,畅缓疾徐,所谓"颜筋柳骨"的要求即是这样。以梅、兰、竹、菊的画法为例:兰,全是线条的表现;疏影横斜,是梅花的线条模式;竹子,是金错刀法的线条;至于菊花,要求以完全的书法线条,来表现"人比黄花瘦"的境界。在这方面,"金陵八家"中的龚贤可谓笔墨与线条的集大成者,其《千岩万壑图》以线条和墨色画出千岩万壑,传递出恢宏正大的森严气象,达到了中国画的最高境界。

宋之后,书与画的联系更加紧密。画家都是书法家,书法家又都是笔墨高手。米芾、苏轼、赵孟頫、倪瓒、董其昌、沈周、文徵明、徐渭、陈淳、唐寅、王铎、吴昌硕等莫不如是。近代画家中,黄宾虹的笔墨被公认为最好。黄宾虹画画,喜欢执一支破笔,一路画下来,从不间断,也从不洗笔。黄宾虹喜欢用浓墨、淡墨交替画画,在墨将干未干之时,蘸焦墨以渴笔法扫,扫到淡墨的地方,画面上就产生了破墨效果,如同湿漉漉的没干透似的,是所谓"润含春雨"。至于"干裂秋风",就是焦墨扫到浓墨的地方,产生干爆的效果。

有人以为,黄宾虹绘画的绝技在墨上。黄宾虹出身于制墨世家,不仅懂墨,会以徽州松木制作烟墨,还收藏有很多古徽墨。古徽墨极其浓烈,颜色黑得发亮,给黄宾虹绘画带来了不一样的感觉。因为懂墨,黄宾虹也极善用墨,笔墨所至,不仅黑,还发亮,如同有光照在墨色的山水中。黄宾虹有时候蘸了墨在宣纸上画,东画西画,画半天不知道画什么,

南宋·马远　寒江独钓图

直到笔干了,画不出了,也不蘸墨,只是把毛笔放到杯子里吸水,然后再画。黄宾虹画山水,画无定法,不像一般人那样从近处的树木画起,他往往一开始就直接上浓墨,就画山,先画整体,再画局部,这个习惯,让上千年的传统瞠目结舌。

笔墨功夫,不仅在于用墨,还在于能否充分利用宣纸留白,即所谓"知白守黑",亦所谓"大白如黑"。邓石如说:"字画疏处可以走马,密处不使透风,常计白以当黑,奇趣乃出。"黑,是笔墨的创造;白,是宣纸的创造。黑,是有;白,是无。黑,是实;白,是虚。黑,是创造,是技巧;白,

齐白石　墨虾图

是包容,是空灵……观齐白石的虾,能感受到水的清澈;赏马远的寒江独钓,能领略到江河的烟波浩渺。精简到不着一墨,意境全出,是一种"无胜于有"的境界。

文人画,一半是美学,另一半是哲学。体现在外在的是美学,体现在内在的是哲学。中国哲学讲"无中生有",也讲"有中生无"。中国人讲"空",并不是一无所有,而是包容一切。画跟诗一样,崇尚"空山不见人,但闻人语响",讲的是一种诗意和境界。宗白华曾说:"空白处并非真空,乃灵气往来生命流动之处。且空而后能简,简而练,则理趣横溢,而脱略形迹。"中国古代绘画,在宣纸诞生后,越来越重视留白。留白最大胆也最好的,八大山人算一个。中国近代,留白最大胆也最好的,张大千算一个,齐白石也算一个。文人画之白,是诗,是趣,是意。一般的画,是白衬着黑;好的画,是黑衬着白。八大山人是高人,他的情感不仅在有笔墨处显露,在空处白处,也寄托着思绪。

留白,是中国艺术独有的精神。与西洋画比起来,中国画手法最简洁,气韵却最丰厚。无论是古琴、书画、诗词还是文章,在中国传统艺术与文学中,留白永远处在庙堂的高处,它是意境的载体,也是韵味的源流;它是节拍与段落间的余韵,亦是山水中流淌的情思。而与留白息息相关的云烟,亦成为中国文人与画师们永恒的描绘对象。

留白,还是一种诗意。中国画擅长表现风中的竹子、水中的游鱼、高空的大雁。西洋画则喜欢画盘子里的蔬果、墙上滴血的猎物。西洋画喜欢静物,中国画喜欢活物,画有生命的东西,有生命的东西便有了生气和诗的韵味。黄山谷称李公麟"淡墨写出无声诗"。郭熙在《林泉高致》中说"诗是无形画,画是有形诗"。画画的不懂诗,何以解意趣?

留白，还是一种从容安详的心态。在波浪滔滔的大海面前，西洋画家心潮澎湃地作油画写生，可是中国画家仍以沉静的心态面对。马远的《水图十二帧》中，是一派静气，清旷而静远，隽永而自由，似有无尽的韵致。留白，是散远的视角，如从天上俯瞰大地。宋代郭熙对山水画提出"三远"——高远、深远、平远。"远"，是神秘而空灵的境界，是艺术与生活的距离感，以宣纸的白表现最佳。

宋代绘画最为高妙之处，在于雪景。雪景，是诗意的留白，是白，也是空。柳宗元"千山鸟飞绝，万径人踪灭。孤舟蓑笠翁，独钓寒江雪"是画中常有的景象。雪景之下，只剩黑白，深邃的意境已将画面浸透，观者也好，画者也好，内心纯净得就像白纸，随时等待着思想的浓墨洇染出幽美的图形。王维诗曰："空山不见人，但闻人语响。返景入深林，复照青苔上。"同样是一种生命的幽远和智慧，是诗，是画，此画面用西方油画是难以表现的，即使表现出来，也没有那种空灵的境界，难以引起共鸣。文人画是诗意的世界，更是主观创造的世界，是心灵浸淫的世界。

中国画的神秘之处，还在于评价标准的模糊。中国文化一直有一个奇怪的现象：文章判断，一直是儒家标准，寻求入世，文以载道；书画判断，却是佛老标准，寻求出世。为什么会这样？文章是功用的，是用以载道说教的。绘画是心灵的直接表现和追求，画家渴望借此打开一个窗口，逃离社会的严酷与浮躁，去寻找清凉和安静的风景。中国绘画标准的确立，宋元绘画起到了示范作用，它开了一个头，形成了一种圭臬。宋元文人画，是秋水长天、静虚澄明、涵容万物，体现的是生命的境界，是"致虚极，守静笃"的如如不动，是鹤鸣九皋、天风浩荡的气韵，是静水流深、悠然惬意的境界，是中国文化精神创造的一个小宇宙，一种充满活力的生命空间。

宣纸进入书画之后，文人画有了依托，更坚定和加固了这个评价体系。宣纸让文人画更有诗意，也让文人画更深情。它追求生命的传达，不以外在形式的空间布置为最终追求目标，看重诗情画意空间的创造。就像倪瓒在纸本《容膝斋图》中所画的：空山水影，一河两岸；山也不动，水也不动；整个画面是枯寂的，是寂寞的；画面当中的亭子，也没有人，什么都没有，就是空空如也。这种绘画语言，不是对自然环境的素描，而是一种传达。寂寞空灵中，是有无限内容的。

文人画是有"道"的，就是境界和格调。绘画要求达到什么样的境界？简单归纳，就是风格上总体趋于淡、静、慢，达到清简、清雅的空灵境界。清，是邈远空明的天地精神，也是澄明优雅的心灵境界。若以词语来表达，除了"清简"和"清雅"之外，还可以是：清正、清伦、清出、清约、清壮、清虚、清悟、清远、清真、清贞、清警、清静、清和……总体上，"清"是一种内在的、智性的品质，就是超逸高远，逃离世俗。

至于格调，一方面是对绘画的要求，另一方面是对人品的要求，这二者是联系在一起的。要求文如其人、画如其人、书如其人、印如其人。既要有儒家"修齐治平"的理想，又要有道家"独与天地精神往来"的境界，更要有佛家"空灵""寂灭"的修为。中心意思，还是远离世俗。若画中感染污浊，难弃油腻，也就难得文人画的精神实质。林散之有一首诗："辛苦寒灯数十霜，墨磨磨墨感深长。笔从曲处还求直，意入圆时更觉方……"中国人以为，境界是修为而成的，不是天生的。人达到什么样的境界，作品就是什么境界。中国人看书画，评价书画，心里一直装着作者，书也好，画也好，一直难逃这个影子。

元·倪瓚　容膝齋圖

黄宾虹在给艺评家裘柱常的信中说:"画有初视者令人惊叹,以其技能之精工,谛视而无天趣者,为下品;视而为佳,久视亦不觉可厌,是为中品;初视不甚佳,或竟不见佳,谛观而其佳处为人所不能到,用笔天趣,非深明其旨者视若无睹,久视无不尽美,此为上品。"好画不是一下就能看完的,如果说宣传画是大声喧哗的艺术,文人画则是轻声诉说,是静穆的艺术。齐白石画《寒夜客来茶当酒》《蛙声十里出山泉》,都是极有创意,以静制动。中国文章也好,中国书画也好,一直以来极讲究静中三昧。这也难怪,宣纸本身,就是另一个静穆广大的天地自然。

古来大家多有"文质彬彬,然后君子"的素质,即便癫狂状态也是清高而致。所以说,人品多高,画品便多高。画画只有天分不行,一定要以读书修为作为补充。匠气是修养问题,技巧越熟练,匠气越厉害。画也好,书法也好,都以书卷气为上。书卷气就是洋溢在书画作品里的文化气息、文人气质和精神高度。按照陆俨少的说法,四分读书,三分写字,三分画画。

宣纸,还有着自由性,特别容易出"逸品"。魏晋唐朝五代以来,因为有着一批功底扎实的大画家,能品、神品、妙品众多。宋元之后,宣纸诞生,文人画在技艺和理论上创新和探索,"逸品"层出不穷。"逸品"逃出规则,特立独行,我行我素,本身带有神秘性,也是极端自由的作品。自由,一直是艺术最核心的追求。黑格尔曾经说过:"如果要问世界的本质是什么,我的回答是'精神';如果要问精神的本质是什么,我的答案是'自由'。"宣纸,充分体现了艺术的"通感",与黑格尔所说的"精神"相通,充分释放了创造者的"自由"。在世界书画艺术之林中,将浓淡、干湿、阴阳、虚实、飞白、皴擦、点线与重彩巧妙地结合起来,只有以宣纸为载体的文人画才能做到。1956年,张大千去西班牙拜访毕加索,毕加索正在临摹齐白石的画,一边画一边赞叹:"他是中国最了不起的一位画家,他的画技真的是太神奇了。画鱼时,明明只是用水墨,连颜色都没有上,但人们却从他的画中看到了活的鱼和流动的河水。真是了不起的奇迹!有些画看上去一无所有,却包含着一切。"

毕加索如此态度,实属正常。毕加索反对一切观念艺术,反对一切既成艺术,反对美的观念,反对宫廷的观念,反对商业观念,只崇拜希腊,崇拜非洲,崇拜本能。此番对中国画笔墨的赞叹,其实是对艺术自由的赞叹。毕加索不知道的是,中国画飘曳的笔墨之外,其实潜伏着一个秘密"宝器",那就是宣纸。

19. 笔墨砚的相伴

中国人称笔、墨、纸、砚为"文房四宝",是将这四种书写工具作为一个系统来看待,互相倚重,紧密关联。一幅完美的画,是笔、墨、纸、砚共同创造的。笔、墨、纸、砚,四位一体,缺一不可。中国书画,有勾、皴、擦、染、点等技法,有破墨、宿墨、积墨、泼墨等用墨法,有中锋、侧锋、逆锋、拖锋、折钗股与屋漏痕、飞白锋等笔法。可是笔也好,墨也好,最终是落在纸上的。因此,笔、墨与纸,还有研墨的砚,是联系在一起的,是互不可分的。若以比喻来说明:笔、墨、纸、砚,绝对是中国古代最优美的文艺组合,就像是西方古典音乐中的"弦乐四重奏"。笔、墨、纸、砚天衣无缝地悄然运转,就如同日月星辰的运转一样,似乎有冥冥之中的"神意"。

"文房四宝"之中,笔的诞生是最早的。字,最先刻在甲骨之上,刻在青铜之上,随后又刻于竹简之上。一直到毛笔取代了刻刀,字才成为书写。令人称奇的是,笔的发明,有说法也跟宣城有关——据说公元前223年左右,秦国的大将蒙恬南伐楚国,经过宣州一带,看到这里兔肥毛长,便将兔毛装在竹管上,用作书写工具。自此之后,宣城,以及与此相邻的浙江湖州一带,制作毛笔的工艺远近闻名。

考古学证明,公元前2000多年前就有毛笔出现,由此证明,"蒙恬造笔"的说法是不准确的。最早的毛笔,多为齐头,像刷子一样,只粗略地展示出线条即可。蒙恬对笔的贡献,很可能是对毛笔的改良,将毛笔由齐头改为锋头,同时在工艺上完善,进入大量生产阶段。从"笔"这个字就可以看出笔的制作方法——将动物毛发固定在小圆竹管里,随后进行书写。

笔的出现,对于文字的留存来说是很大的进步。毛笔大量出现后,人们不再用刀在竹简上镌刻,而是用毛笔蘸着墨水书写。此举大大地提高了书写效能,同时带来了书写材料的变化,也促进了造纸术的发明。笔有诉说的需求,简牍满足不了它,于是纸产生了。这个逻辑联系,是内在而自然的。

毛笔定型之前,汉字尚没有形成书法规范,隶书也没有出现。汉朝之时,毛笔定型,出现了尖锋,变得敏感细腻,慢慢有了书写规范,有了出锋撇捺的笔法要求——这时候用毛笔写字,笔锋先要在竹片上停一停,墨汁在竹片上留下一个圆点,叫作"蚕头";用端正的姿态,把笔锋从左向右移动,结束之时,毛笔轻轻往上一提,用笔尖收出一个飞起的尾巴,就像鸟的尾羽一样,就是"燕尾"。于是,最早的书写规范产生,隶书由此形成。

东汉之时，人造植物纸出现。植物纸相比之前含有绢帛杂物的纸张，有本质的提高和飞跃。毛笔落在纸上，与落在竹简上的效果大不一样，变得更加敏感，更加细腻。相关书法要求自然又改变。隶书写在纸上，如水波跌宕，如檐牙高啄，如鸟翼横张。在纸上写字的速度，比在竹简上更快，笔走龙蛇，又不忘隶书的法则，如此写出来的字，就是章草。这个时候，砚台尚未产生，围绕着书写，笔、墨、纸形成了"文房三宝"。三国魏晋之时，名声最为响亮的"文房三宝"为左伯纸、张芝笔、韦诞墨。之后，由于书写工具的相对固定，中国书画，尤其是书法，慢慢形成了一整套固定的审美和评价体系。中国书法和绘画的线条美、音乐美、构图美、意境美的要求应运而生。

晋代之时，宣城所在地生产的毛笔远近闻名，称为"宣笔"。宣笔之中，有上等品牌"陈氏笔"，深受文人墨客喜爱。据说，王羲之为求陈氏笔，曾亲笔写过《求笔帖》。隋唐时期的宣笔以兔毫为主，笔头短而硬，如此选择，应跟纸的特性有关，那时候的纸相对坚硬粗粝，过于细致柔软的笔必定无用武之地。唐朝时候的笔，由于不够光滑，笔尖磨损严重，需要经常置换，因此很多毛笔是可以换头的——笔管一直有用，笔头磨损后就换一个。南唐之时，宣州笔匠诸葛氏是非常有名的制笔高手，制造的笔具有尖、齐、圆、健四大特点：锋毫尖锐，外形圆润，铺下不软，提起不散。据说，诸葛笔的笔头是用鼠须制成的。南唐后主李煜的妻子周娥皇专用诸葛笔，特命名为"点青螺"。

宋初编撰的《太平御览·地部》记载："宣州中山，又名独山，在溧水县东南一十里，不与群山连接。古老相传云：中山有白兔，世称为笔最精。"那时的溧水,属宣州郡。宋朝时,宣州诸葛高的制笔工艺异常有名,制作出来的笔,笔锋很长,也很柔软,写出来的字更具艺术表现力。北宋宣州籍诗人梅尧臣曾经将家乡出产的宣笔,作为上等礼物馈赠欧阳修。欧阳修在试过诸葛氏的宣笔之后,不由得赞叹:"宣人诸葛高,世业守不失。紧心缚长毫,三副颇精密。硬软适人手,百管不差一。"诗中还将诸葛笔与京师笔工所制笔相比较,认为京师笔"或柔多虚尖,或硬不可屈",言下之意太硬或太软,远不如宣笔顺手。黄庭坚也评说:"宣城诸葛'三副笔',笔锋虽尽,而心故圆。"

在此之后,诸葛笔又在长锋柱心笔的基础上,创制了无心散卓笔,省去加柱心的工序,直接选用一种或两种毫料,扎成较长的笔头,并将其深埋于笔腔,使得毫笔更加坚固、劲挺。这种笔,贮墨丰沛,挥洒自如,更有利于水墨画的创作。诸葛笔的毫毛主要有三种:羊毛做的叫羊毫笔,黄鼠狼尾毛做的叫狼毫笔,兔毛做出来的叫紫毫笔。苏轼曾评价说:无心散卓笔,"惟诸葛高能之,他人学者皆得其形似而无其法,反不如常笔,如人学杜甫诗,得其粗俗而已"。这已是很高的评价了。

元代之时,原本声名煊赫的宣笔,逐渐为邻近的湖笔所取代。湖笔后来居上,主要是地理原因——相对于宣城,湖州位居东南,毗邻太湖,经济更发达,更接近以南京和杭州为中心的商业和文化发达地区。江浙商铺林立,文化兴盛,自然带动湖笔的生产。湖笔种类繁多,笔锋坚韧,浑圆饱满,对锋颖尤其讲究,主要以山羊毛、兔毛和黄鼠狼尾毛为原材料,"千万毛中选一毫",经过浸、拨、并、配等七十多道工序精制而成。落笔刚柔相济,千变万化,可以充分表现书写者的个性和才华。

"文房四宝"之中,宣笔抢先起跑,领先一步。奋起直追的,是墨。墨锭分漆烟、油烟和松烟三类。墨的历史，可以追溯到汉代，甚至更早。笔发明之后，人们采集用松树、漆树等烧制的烟灰，开始制墨。后来慢慢加入胶质，用铁锤不断锻打，阴干成墨块，等到书写之时，加水研化，后来发展成以砚研墨。至于徽墨的诞生，《徽州府志》曾这样记载——徽墨创始于唐末，易州（今河北易县）著名墨工奚超因战乱携子廷珪南逃至歙州，安下家来后，看见徽州满山遍野生长的马尾松，便想着采集松烟制墨。奚超制墨，以黄山松烟为主，加入珍珠、玉屑、麝香、藤黄、樟脑、巴豆、冰片等，放在一起捣万杵而成。到了奚廷珪手上时，奚家制出"丰肌腻理，光泽如漆"的上等墨块，为时人瞩目。有一天奚廷珪制作的墨被呈送到南唐后主李煜手中。李煜用过后，欣喜若狂，立即派人到了皖南，召奚廷珪进京，赐姓李，封为"墨务官"，让他专门为宫廷生产此种"乌金"。

可以想象的是，当李廷珪墨蜚声全国之时，皖南的山坳里，松烟滚滚，无数家庭纷纷加入了制墨行业，他们搭起一个个炉子，将那些质地优良的松树砍来烧火。松烟熏黑了制墨车间，也熏黑了制墨工的眼睛。制墨工整日蓬头垢面，身上有着常年不退的烟火味，可是他们生产出来的徽墨名噪天下。一直到现在，徽墨仍在全国制墨行业中保持领先地位。

至于歙砚，诞生并享誉的过程和历史，与徽墨大同小异——砚，其实就是"研"，许慎《说文解字》解释为："研，䃺也。"也就是细磨。那时候的颜料和墨块较为原始和粗糙，写字之前，须用磨石压磨，再加入水进行调制。砚的好坏，对于颜色和墨的研磨，有很大关系。歙砚的创始人，来自易水砚的故乡山西。他们迁徙到大山深处的徽州后，发现婺源龙尾山的石头黝黑典雅、细腻柔润，便尝试着用龙尾石来雕琢砚台。当第一方龙尾砚镌刻完毕之后,人们惊喜地发现,歙砚的美观度大大超过易水砚。传说有一方金星砚台传到了南唐皇帝李璟手中,李璟一试之下,发现歙砚下墨快、发墨好、不渗水、不伤笔,顿时爱不释手。歙砚的特色,是精美、细腻、剔透、发墨。观其色,黝黑乌亮,纯净典雅;抚其身,细若孩肤,柔嫩润滑;扣其体,声似金石,铿锵如玉;握其料,其润如玉,温暖圆润;磨其堂,杀墨如风,静谧无声;用其墨,柔不滞笔,储之不涸。

从南唐一直到南宋,江南,尤其是现在皖南的这一块地方,就这样成了笔墨纸砚的集中盛产地。南唐时,"文房四宝"特指宣州诸葛笔、徽州李廷珪墨、徽州澄心堂纸、婺源(原属歙州府,现属于江西)龙尾砚。宋时,"文房四宝"特指宣笔、徽墨、宣纸、端砚或歙砚。"文房四宝"转来转去,基本上不离江南,甚至不离皖南这块物华天宝之地。笔、墨、纸、砚,像中国文化的"四大护法"一样,有时高歌,有时低吟,有时长啸,有时悲怀。

一路走来,笔发展为狼毫、羊毫、鼠毫、貂毫、发毫;纸由麻纸发展成黄纸、桑皮纸、楮皮纸、藤皮纸、竹纸,最终出现了高人一筹、以青檀皮和沙田稻草为主要原料的宣纸;墨,成分基本为松烟,徽州李廷珪墨之后,又有了睥睨天下的罗小华墨、胡开文墨,徽墨在很长时间里一骑绝尘;歙砚变得越来越精美,罗纹、眉纹、金星、金晕、鱼子等,都是傲视群雄的好砚……笔、墨、纸、砚,像一个运转的系统:笔的出现,随之带来了对纸的要求;造纸工艺的改进,又带来了对笔的要求。与此同时,笔对墨也有要求,纸对墨有要求,墨呢,对砚也有要求……就"文房四宝"而言,笔与纸更近一些,墨与砚更近一些,分别如夫妻和兄弟。中国画中,笔与纸是关键中的关键,墨次之,砚台又次之。比较起前三者,砚台更有镇室之宝的作用，也可以视为赏玩的吉祥工艺品，具有美学意义。随后，"四大护法"又慢慢扩展：笔架、笔筒、笔洗、笔屏、水注、镇纸、砚匣、印泥、印规等不断加入，"护法"的队伍变得更加齐整。这一整套系统精益求精，不断精进，不断升华，既丰富浩然，又自得其乐，转而浑然天成、天地相齐……

当人们打开"文房四宝"，准备书写或绘画之时，诗意盎然，"仙境"降临：先是将宣纸打开，铺得整整齐齐，压上镇纸，开始研墨，松烟一层层地在水中晕开，经过锻打的松烟微尘，慢慢地溶化于水中，成为最澄明的黑色。研墨，不仅仅是将墨磨细，还是情绪的沉淀，磨掉急躁，磨掉杂念和慌乱。世界自行安谧下来，人放空心思，沉着淡定，用毛笔慢慢地揉着墨，提笔沉思，随后，濡墨的毫毛触及纸，纸受到墨水的洇染，渗透于每一根微小的纤维之中。笔锋蘸着墨汁，中锋突进行走，侧锋辅佐，如八面来风，如行云流水。这个过程，不仅仅是凝神聚精，还是一种舍身忘我的精神舞蹈状态，那些或工整或游动的黑色线条，带动着神意，自由地漫步于云端之上，又仿佛穿行于山林小径；笔尖的顿挫撇捺，仿佛音乐的抑扬顿挫，变成了一种极有形式感的生命节奏……所有的一切，都被赋予了灵性，自在、自为、自由，生命的能量得到了尽情释放。

"文房四宝"的产生，还有另外一层深厚的原因，就是清虚与宁静。这是一种积贮，是一种冶铸，也是一种酝酿。文化的精髓，向来不是实打实得来的，需要时光的沉淀，也需要清虚的呵护，更需要宁静的氛围。从这一点上说，皖南之地，是深得中国文化三昧的。想想这样一个奇迹——黄山脚下这片绿色所在，这个不算太大的地方，竟然孕育了中国文化的载体"文房四宝"，如此天造地设，真让人瞠目结舌！一切都在冥冥之中，就是指的如此吧？

第六章 宣纸上的文化气象

宣纸上的元朝
宣纸上的明朝
宣纸上的清朝
宣纸上的晚清民国

20. 宣纸上的元朝

赵孟頫是文人画发展过程中，也应是宣纸发展过程中，一个极其重要的人物。在赵孟頫手上，文人画得到了发扬光大，确立了重要的历史地位；文人画的概念得以巩固，以赵佶所提的诗、书、画、印"四位一体"为圭臬，力求画面更精美、书法更雅致、印章更点睛，意在以画表达人的精神、思想、心灵和境界。赵孟頫对纸张也更为倚重，宣纸在他的驾驭下，若一片飘来飘去的云，赋予笔下一切以仙气和灵性。

作为赵宋皇室后裔，赵孟頫难逃元朝新政权的怀柔和笼络。至元二十三年（1286），忽必烈派程钜夫到江南求贤。程钜夫在湖州找到了隐居的赵孟頫，请他入仕新朝。忽必烈看到丰神俊朗、从容淡定的赵孟頫时，一时惊为天人。《元史》记载说："孟頫才气英迈，神采焕发，如神仙中人，世祖顾之喜。"于是，赵孟頫以前朝皇族身份入仕元朝，从元世祖时代的五品起步，最终在元仁宗时代官居一品。虽然跃居栋梁之臣，可是在心里，赵孟頫是苦的，属于赵宋的那一半让他更难割舍。自小接受的儒家价值观告诉他，要做一个忠诚的人，可问题是，他究竟该对谁忠诚？是对大宋江山忠诚，还是对文化道统忠诚？异常苦闷的赵孟頫，只能机械地临摹着《兰亭集序》，又不断地书写曹植的《洛神赋》、刘伶的《酒德颂》、嵇康的《与山巨源绝交书》等，以期获取更大的力量，去博得人生的平衡。

从艺术的功力、理解力和创造力来说，赵孟頫可以说是中国书画史上最深厚、最优雅、最娴熟,甚至可以说是完美的人。因为有着绝好的艺术修养和笔墨功夫,赵孟頫对于文人画的走向驾轻就熟。他就像一个高超的骑手一样,能够让自己的坐骑随之起舞。元之前,文人也会在画上题字,但宗旨是不影响画面整体效果和布局,文字都藏在不起眼的地方,甚至山峦的石头缝里。从赵孟頫起,诗文成为画作中的一部分,坦荡地出现在绘画的重要位置;至于书法,在画中的地位越来越高,越来越重要;还有印章,也开始悄悄地潜入画中。文人画,真正地成为绘画、诗文、书法和印章"四位一体"的东西:绘画,是最重要的载体;诗文,是才华的象征;书法,更被视为一种灵魂、一种归宿,是为了警示和提醒汉人,横、竖、撇、点、折是一种美,更是一种根;至于印章,是对早年金石文字的致敬和回归,是画的点睛之处。就这样,经过赵孟頫、黄公望等人的提倡,绘画、诗文、书法、印章四者已经无法分割,这也形成文人画相对固定的特点和风格。这种"兼容并蓄"的态度,使得文人画变得更丰富,更具难度,更有魅力。它不只是文人的随便涂鸦,更是呈现生命智慧之所在,承担着生命智慧的启迪意义。也难怪人们趋之若鹜,文人墨客们纷纷加入创作的行列中。

"书画同源"的提倡,不仅有深厚的表层意义,还有更为隐秘的深层内容,它其实是一种追怀,也是一种坚守。与此同时,文人画的功能,不是为现实照相,而是笔墨和线条艺术,是心灵的反射和释放,带有很强的主观性。明人王世贞以为:"文人画起自东坡,至松雪(赵孟頫号松雪道人)敞开大门。"这句话,跟赵孟頫在文人画历史中的地位是吻合的,可是他尚不明白赵孟頫提倡"书画同源"的初衷,身处元朝武力和世俗双重压力下的"魏国公",其实有更为隐秘的动机和考量。

赵孟頫对纸格外钟情。这个时候,宣纸应该诞生了。对于宣纸的习性,赵孟頫并不陌生。日常之时,赵孟頫喜欢在纸上画"枯木竹石",还曾在画上题诗:

石如飞白木如籀,写竹还于八法通。
若也有人能会此,方知书画本来同。

这首诗,道出了赵孟頫对文人画的理解:书画是同源的,画奇石,应用书法上的"飞白"皴擦;画枯木,应用古篆字的笔触;至于以撇捺之笔画墨竹,需要精通写字的"永字八法"。

赵孟頫40多岁时绘于纸上的《鹊华秋色图》与《水村图》,名气很大,是文人画早期的典范。《鹊华秋色图》描绘的是济南华不注山和鹊山一带的景色,树叶凋零,只剩下枝梢在寒风中摇曳。傍晚时分,落日斜晖,殷红凝紫一片,气象极为庄严。此画是典型的"寒林"画风,赵孟頫为什么如此画?迁灭之中有不迁之理,无常之中有恒常之道,秋来万物萧瑟,春来草自泛青,荒寒之境,也充满生机和希望。如此初衷,后来影响了一代画师。此画所有的笔法,包括山的皴法、水的波纹,不刻意求工,满纸都是自然、随意和悲怆。空白之处用来题跋,以秀润的小楷,写不能忘怀的心事,随后盖上印章。《鹊华秋色图》可以说是中国山水画史上非常重要的一件作品,也可以称为文人画的奠基之作。

另一幅纸本的《水村图》也有相同意境,画中色彩更少,几乎全是淡墨。赵孟頫以此风格画水岸边的渔村,丘陵起伏,小树苍茫,平白淡雅,岁月如素。如此感觉,与高耸入云、气势磅礴的恢宏山川完全不同。

绘画的笔墨，到了赵孟頫的时代，仿佛从崇山峻岭跌入平原，变得真实而平和，细腻而敏感，静谧之中深藏着几分无奈和忧伤。关于这一点，只要把赵孟頫的《鹊华秋色图》与范宽或者巨然的作品对照着看就可以发现。虽然范宽和巨然的崛山奇水有无上崇高，可那种崇高是不真实的，是不自然的，是不平和的，而赵孟頫的近山静水更为真实，更为平和，也更为自然。在技术处理上，赵孟頫所用的小线条异常细腻，非常敏感，画面上只是几座小山、几棵小树、一条小河，几个渔人在河里捕鱼，渺茫得几乎看不真切。赵孟頫就画这些，后来的文人画也画这些，就是看到什么样，就画什么；只见树木，不见森林；只见断章，不见整体。这种感觉，若以禅宗话语来表达，就是"见山还是山，见水还是水"，这是高于"见山不是山，见水不是水"的第三重境界。在这种境界中，是可以见到"本来"的。

若以音乐来形容，《鹊华秋色图》像是一首优美的奏鸣曲，已无雄浑的磅礴，旋律从巨然、范宽的交响曲大分贝中降下来，变成室内的弦乐四重奏。或者更像一个人于傍晚雨天的静穆中执箫吹奏，有三两个知音围坐，聆听时心生欢喜。这就是平淡人生，无所谓深刻，也无所谓勇敢；无所谓自得，也无所谓自由。就是一个人在乡野里安安静静地生活，自弹自听，自说自话，自画自赏，自得其乐，以一种平稳而安详的方式，度过自己的生命时光。

绘画看起来简单，内里却有无限内容。文人画是诗，是文学，是观念的综合艺术。文人画的精彩之处，不在笔墨上，而在于笔墨背后的东西，在于绘画背后的修养、人心和情致。赵孟頫一直提倡"师古"，这不只是缘于对南宋以来画风的不满，也不只是要求继承和发扬王羲之、顾恺之、展子虔、王维等古代画家的艺术精神,隐藏于其中的,是对中华传统文化的弘扬和继承。蒙古入主中原之后,中华传统文化锦衣夜行,占据主流的,是蒙古人世俗和实用的游牧文化。赵孟頫如此提倡,是心中有太多的幽怨和痛苦,也有太多的察觉和悟彻。他不想用那些条条框框来表态,也不想以简单的是非对错进行道德评判,他更希望将自己对生命的感悟,对生存状态的尴尬、矛盾,以一种更加复杂、更加细腻的方式来表现。就如同他的《西风瘦马图》——一个人牵着一匹马,英雄落寞,怆然悲苦,这幅画在纸上的画,就是他精神上的自观图。

赵孟頫的画,代表一种心灵与外在现实的和谐。赵孟頫的字,同样如此,唯美、平和、优雅、从容。"准确"和"隽秀"为赵孟頫赢得了书史上不朽的地位。有人评价他的书法,说是"肉不没骨,筋不外透,虽姿媚溢发,而波澜老成,譬之丰肌玉环作霓裳舞,谁不心醉"?这段话,意指赵孟頫书法是秀润之美的典范,如同王羲之书法的中和之美、颜真卿书法的气血之美。的确是这样,赵孟頫的书法有着一种无与伦比的隽永和高贵,超然于众人。可是唯美和隽秀,也有另外一方面的解读——有人以为赵孟頫的书法有"无骨"和"柔媚"之嫌。书画跟其他所有艺术一样,既不能将作品与人格联系起来,也不能将二者作完全的切割。在很多时候,书品就是人品,可在另外一些时候,人品又不是书品。

值得一提的是,绘画也好,书法也好,风格的呈现,其实受材料的制约和影响很大。宋末元初纸张在工艺上大幅进步,尤其是宣纸出现,纸张变得更柔软、更细腻、更润墨,写出来的字,当然更准确、更秀美、更精致了。

赵孟頫的书法也好,绘画也好,的确有"柔媚之气",不仅画中的

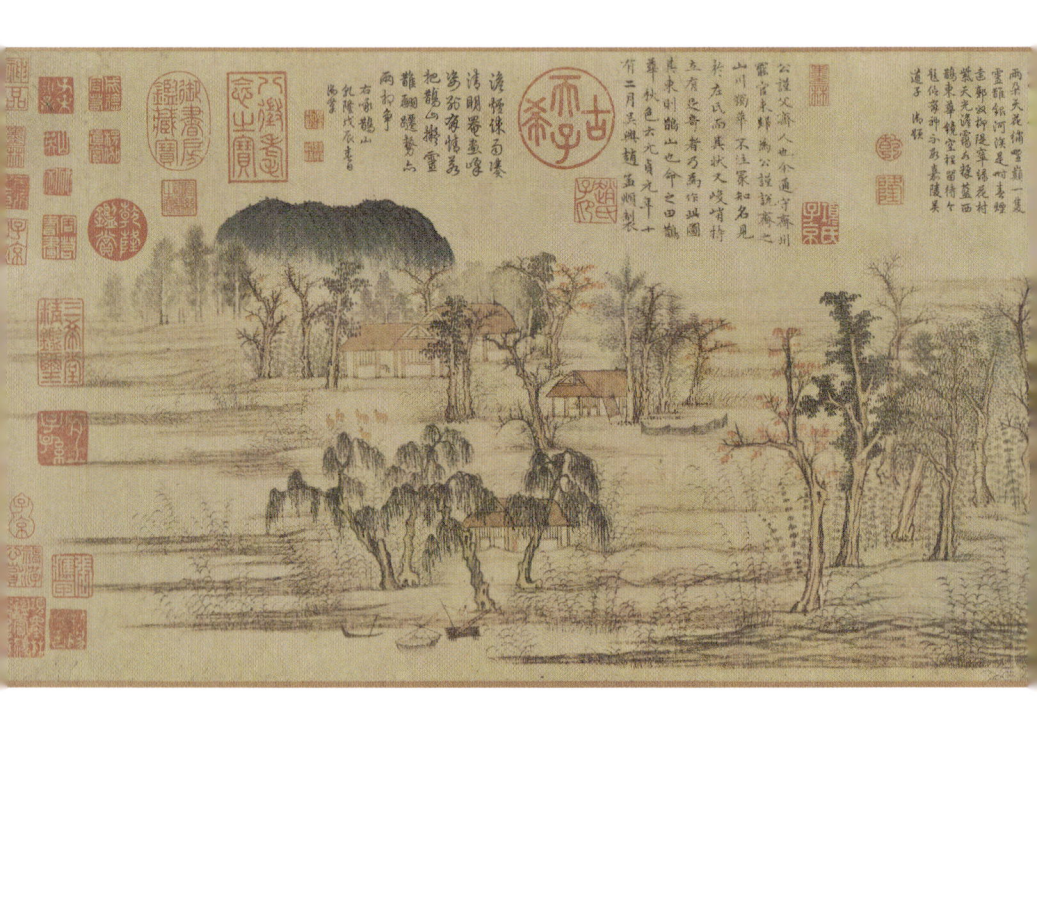

兩京大花備萬願一夔
靈顧鎬河深是卅米綠花村
欝鄣似卻陵草綠花村
鵠天光清霄八樓藍西
鵠東樓霄積憚午有
鶴伯草押永為嘉陵美
道子馮韓

公謹父辟人也介直丁海川
霍宣束鮮為公誼誠篤之
山川獨平不注冢知名見
於民為其狀大嶺情持
五有詠亭者乃為作此圖
美東則鵠山也余之四鵠
華秋色六九貝九平十
有二月吳興趙孟頫製

遠懷誅南澤
清明春畫峰
把翁岁有情
把鶴山擱重
誰翻翻憇六
兩初爭
右承鵠山
乾隆戊辰春日
馮雲

元·赵孟頫 鹊华秋色图(局部)

水、柳、人有柔媚之气,山与石也有柔媚之气。可是这种柔媚之气,散发着某种温润和暖意,携有某种清幽的高贵,将林木、朝露、烟岚的气息,混合成一种特有的静谧,形成一派清妙之境界。从赵孟頫的书画中,我们可以清晰地看出他的艺术观:不再是高蹈的,而是静谧的;不再是飘曳的,而是家常的;不再是险峻的,而是平和的;不再是奇崛的,而是雅致的……它更像是一种灵魂的冶炼和内观,是对生命悖论和自我矛盾的消解和润泽。赵孟頫的"柔媚",从某种程度上说,是自我修炼的"一团和气",也是自在自为的"一团和美"。在诗、书、画、印的创作中,赵孟頫消解了一切冲突,呈现出极度的雅致、温润和秀丽,以一种前无古人、后无来者的方式,荡漾于文化的河流之中。

艺术与人生,就是那样虚虚实实。若"如来"的本义,好像来,又好像没有来。正因为如此,赵孟頫格外地重"意"轻"形"。也许,在他看来,娑婆世界不重要,重要的是理想和观念的世界;书画不重要,传递的文人士大夫精神和情怀才格外重要。

由此,也可以猜测到赵孟頫力倡文人画的良苦用心了:一方面是"求道",求天地人生之大道,以达对士大夫精神的遵循;另外一方面是"传道",将中华文化的精髓传承下去。《唐六如画谱》记载了赵孟頫与钱选的一则谈话。赵孟頫问钱选曰:"如何是士夫画?"钱选曰:"隶家也。"赵孟頫曰:"然观之王维、李成、徐熙、李伯时,皆士夫之高尚者,所画盖与物传神,尽其妙也。近世作士夫画者,所谬甚矣。"从这段话可以看出,钱选以为,文人画其实是以书法的笔法来画画;赵孟頫不以为然,以为更应注重绘画的内在精神,注重画家内在人格的培养和表现——要画好文人画,就要有苍茫淡远的"士大夫精神"。要成为一个艺术家,先要成为一个"士",成为一个有操守、有道德要求的知识人。

有人说,正因为元朝有了赵孟頫,中原文化在被元朝统治近百年后,才没有出现严重的"断裂"痕迹,晋唐遗脉仍较为顺利地接入明清,随后分蘖出沈唐文仇"明四家"及董其昌、"四王"、"四僧"等。也有人说,比较起黄公望,赵孟頫更像是一个诗人,这是从绘画的技术角度而言的。以我之见,赵孟頫更像一位通透的"无心之人",既对身边的一切明察秋毫,又超然物外。他更愿意以"艺术之眼"观之,以"艺术之手"绘之,以艺术的方式对待之。因为悟于天道,也皈于天道,赵孟頫拥有一派天然气象,也散发着宣纸一般优雅的气质。

元朝书画界,赵孟頫一马当先,跟随其后的,有黄公望、倪瓒、王蒙、吴镇"元四家",还有钱选、高克恭、鲜于枢、柯九思、管道昇、王冕、朱德润、曹知白等等,完全称得上是中国书画的黄金时代。潘天寿在《中国绘画史》中说:"至黄公望、王蒙、倪瓒诸家出,全用干笔皴擦,浅绛烘染,特呈高古简淡之风,呈有元一代之格趣。启明、清南宗山水画之先驱,为吾国山水画上之一大变。"

元代文人画辉煌,很重要的一个原因,是纸在绘画中所起到的作用。自南宋起,造纸工艺发展很快,纸的质量有明显提高,变得更平整、更光滑、更具有表现力,诸多画家更喜欢在纸上作画。《图绘宝鉴》说王蒙"平生不用绢素,惟于纸上写之"。《沧螺集》说吴镇"虽势力不能夺,惟以佳纸笔投之,案格,需其自至,欣然就几,随所欲为,乃可得也,故仲珪于绢素画绝少"。黄公望的《富春山居图》《溪山雨意图》、李衎的《墨竹图》《四清图》、赵孟頫的《秀石疏林图》《鹊华秋色图》《水村图》《红衣罗汉图》《人骑图》《松水鸥盟图》《三马图》、王蒙的《青卞隐居图》、任仁发的《出圉图》、柯九思的《墨竹图》、钱选的《桃枝松鼠图》《浮玉山居图》、赵雍的《松溪钓艇图卷》、曹知白的《群山雪霁图》、郑思肖的《墨兰图》、高克恭的《墨竹坡石图》等等，都是纸本的力作。

现在有机构鉴定：黄公望的《溪山雨意图》用的是桑皮纸，李衎的《墨竹图》、赵孟頫的《人骑图》用的是楮皮纸……由于鉴定数量有限，虽然目前没有确认元代存世的绘画中有以青檀皮为原料的宣纸，不过可以肯定的是，宣纸的出现，对文人画的发展有很大促进作用。元朝，是纸本绘画的大繁荣期，绘于纸上的画作，已全面超过绢帛画，成为主流。

龚开的《中山出游图》就是绘于纸上的杰作，画面上是钟馗及小妹乘舆出游的情景：钟馗环目虬须，回首视妹，目光中流露出无限爱怜。小妹端坐舆中，与使女皆以墨代脂粉涂于脸颊，奇趣横生，令人哑然失笑。在他们的后面，是一群形态各异的仆人和小鬼，鬼分男女，牛头马面，狰狞丑陋，肩挑包裹和酒坛等，蓬头垢面，欢呼雀跃。这幅画，只用黑白，以白衬黑，以黑衬白，黑白联动，人物险中见奇，奇中见奇，将半人半鬼的世界表现得妙趣横生。

最著名的纸本绘画，是黄公望的《富春山居图》。画这幅作品之时，黄公望已81岁，对笔墨的理解和掌握臻炉火纯青地步，绘画的笔触极恭敬、极细致、极高远、极静谧。画家对于山水的虔诚，犹如欧洲中世纪绘画对于基督教的虔诚。黄公望少年时极为聪慧，成年后一直碌碌无为，先是当了一个小官，还被卷入一场贿赂的案件。之后，黄公望寓居在富春江畔，一个偶然的机会，结识了赵孟頫，开始跟赵孟頫学画。晚年，黄公望皈依了全真道,以摆摊卜卦算命度日,识人无数,洞察世态炎凉,对于人生有着超乎寻常的感悟,对于山水和天命,也有着自己独特的认知。黄公望以清简静远的长卷方式来描绘富春山水,是经过深思熟虑的——长卷徐徐地展开,如同长焦镜头推移平拉:远山渺渺,近树苍苍,丘陵起伏,河流婉转,云烟掩映村舍,渔舟沉浮水波……景随人移,就像乘坐在小船上一样,两岸风景不断从眼前掠过。起伏连绵中,有一种音乐般的韵律——天上的浮云、河边的垂柳、树上的鸟鸣、水中的扁舟,全都在笔墨的缝隙中悠悠散发着空灵之感,洋溢着一派幽深、简远、旷达、超脱的境界。

风景到了极致之处,此岸即是彼岸,彼岸即是此岸;有限即是无限,无限即是有限。也难怪这幅画有着独特的时空意义。清代画家邹之麟称此作为"右军之兰亭也,圣而神矣"。

黄公望此时的笔墨已呈化境:用笔干净利落,无丝毫轻浮之气;用墨富于变化,没有丝毫杂乱。山峦用干笔皴擦,平林用横卧点子叶,峻崖低壑则采用纵线的披麻皴。在色彩渲染上,黄公望喜用淡赭色来表达秋意,若明若暗,笼罩于秋水之上,形成明媚色调。

黄公望的《富春山居图》,用的是宋朝遗留下来的珍稀纸,这是黄公望的朋友无用师特地为他准备的。无用师约黄公望画《富春山居图》,为防止有人巧取豪夺,要求黄公望先在画上署上"无用师"本号,强调画的归属。黄公望画《富春山居图》,"十日画一水,五日画一石",如他在《写山水诀》中自述:"皮袋中置描笔在内,或于好景处,见树有怪异,便当模写记之,分外有发生之意。"李日华在《六研斋笔记》中记录:"黄子久终日只在荒山乱石、丛木深筱中坐,意态忽忽,人莫测其所为。又久居泖中通海处,看激流轰浪,风雨骤至,虽水怪悲诧,亦不顾。"在这个过程当中,黄公望也穿插着进行其他创作——为倪瓒画了《江山胜览图》,也画了《九峰雪霁图》《剡溪访戴图》《天池石壁图》《洞庭奇峰图》等。

四年后,85岁的黄公望仙逝。后来,曾有无数人去过富春江,按图索骥,寻访黄公望笔下的山水。共同的感叹是,黄公望画中的富春江,比真实世界更有意境。

"元四家"之中,绘画技法和境界最高的,要数倪瓒。倪瓒画画,很少用绢帛,更喜欢在纸上作画,对宣纸尤为熟稔。倪瓒的《安处斋图》《渔庄秋霁图》《梧竹秀石图》《春山图》《竹石乔柯图》《幽涧寒松图》等等,都是纸本。倪瓒的画,笔墨素净得几乎透明,寥寥数棵树,落落几块石,寂寂一榭亭,悠悠一河流。一切都是笔简意远,山不崇高,水不涓媚,若繁华落尽,只留一身寂寥。如果用四季来比喻的话,倪瓒的画,没有春的妍然,没有夏的繁荣,只有秋的萧瑟,以及冬的幽寂。

倪瓒一生都在太湖一带度过,与秀丽清远的湖水浅山朝夕相伴。太湖离宣城不远,倪瓒想必来过宣城,甚至可能考察过宣纸的生产。一个毕生钟情于宣纸的画师,怎么会对宣纸不感兴趣呢?太湖一带,跟宣城差不多,都是些低矮平缓的丘陵,既缺乏北方山峦的雄阔气势,也没有黄山的奇谲和惊险。吴山点点愁,在烟波浩渺的太湖中,显得格外平淡温润。远眺冈峦逶迤平坡一抹,茅屋凉亭点缀其间,别有一番清幽旷远的情趣。山水景致对倪瓒的影响是潜移默化的,慢慢渗透于倪瓒的内心之中,与他悲凉的心境、澄明的心性相融合,出人意料地产生了一种荒寒古寂、平淡自然的艺术境界。唐代画家张璪所谓"外师造化,中得心源",应该就是如此吧?倪瓒看起来风流倜傥,实际上心里满是悲苦和忧郁。40岁后,他画山水,很少见人物,大多是空山空水,萧瑟旷寥,一片死寂。有时候画亭,亭中仍空空,无一人栖憩。有人问倪瓒为什么不画人,回答是:"世上安得有人也?"这个直愣愣的反问,孤愤沉郁,尽显对人世的不满。

中国山水画,隋唐以来一直是"丈山尺树,寸马豆人",人在山水中显得无足轻重。宋朝山水画更是人影缥缈,隐藏在万山丛中,这缘于人对自然以及自然之"理"的敬畏和谦卑。从倪瓒起,这种做法变得更极端,画中难见人影,即使在山峦深处偶尔有一个人影,也是小如虫豸,淡若水波,虚缈得仿佛不存在似的。其中原因,还是以为人渺小,对人世失望,认为人不值得画,不配落在纯净的山水中。倪瓒有一首散曲《折桂令》:"……天地间不见一个英雄,不见一个豪杰!"既然世间无英雄和豪杰,又何必在画中去描绘呢?

目中无人,自然心中无人;心中无人,自然画中无人。若是画面上出现一两个俗人,无疑会毁掉一个清凌凌的世界。

倪瓒的画,乍一看不是最抢眼的,有时候还略显平淡、逸笔草草、漫不经心,可是若仔细凝望,会发现画面极幽远,给人超然寂然之感,静穆得仿佛连一片叶子落地的声音都听得见,带有一种"亘古的洁净"。

以《容膝斋图》为例:这幅画阐述的是陶渊明的《归去来兮辞》,诗中,有"倚南窗以寄傲,审容膝之易安"的句子,意为屋子很小,只能容下一个膝盖,可是心很平静,有广远的想象。倪瓒以画表现隐逸的真谛,呈现一种复杂的生命思考,完美地呈现了文人画的倡导。文人画,向来是画什么不重要,如何画不重要,最重要的,是表现出绘画所蕴含的诗意和情怀。

倪瓒诗云:"白鸥飞处碧山明,思入云松第几层?能画大痴黄老子,与人无爱亦无憎。"倪瓒的诗也好,画也好,已有着很强的形而上哲思。空谷幽兰,自是不爱不憎之大境界。

《庄子》里说尧治理好天下之民,安定了海内之政,便去了姑射之山、汾水之阳拜见四位得道之士,窅然丧其天下焉。倪瓒笔下的山水,就是姑射的山水:山是残山,水是剩水,孤寂清冷如广寒的世界。

"元四家"中,王蒙的《青卞隐居图》《林泉清集图》《葛稚川移居图》《春山读书图》《丹山瀛海图》等,都是纸本。只有吴镇,有一定数量的绢帛作品。在纸上,书画更讲究笔墨技术,也在慢慢形成一整套新的规范。因为绘于纸上,"元四家"的笔墨相较前人更加丰富、细腻、灵动、随意。"元四家"中,倪瓒寂寞悲凉,黄公望淡雅沉静,王蒙郁然深秀,吴镇气象苍茫,都与隐逸在野的郁闷和哀怨有关。他们为什么都不喜用颜色?一方面,是纸的表现力更强,黑白世界,无比绚烂;另一方面,心中已枯干,黑白更成冷月枯寒。

主观和客观双方面的助力,使得中国绘画由青绿时代进入了水墨时代,文人画的特色变得更加鲜明。

元时的钱选,也是值得一提的人物。钱选是一个很特殊的画家,他的花鸟画与南宋院体画区别不大,可他的山水画则相反,极力排除南宋院体画繁杂浮华的技巧,努力恢复唐代的绘画风格,偏重于典雅和华丽,偏重于着色。钱选在纸上所绘的《羲之观鹅图》和《贵妃上马图》,从题材到细节,充满着复古意味。整个绘画色彩艳丽斑斓,画中树石的搭配、装饰性的色彩,明显借鉴了唐代的青绿风格,细腻与精微的画法,加上纸质材料特有的质感,看起来有无限的意味。有机构认定钱选《秋江待渡图》绘画材料为宣纸,这幅画延续了唐代盛行的青绿山水画法,画出了人生的漂泊感觉——秋水长天,那水,那山,那林,那远方的寺院,一切都缥缈如仙境。一叶小舟在江面上游弋,人在此岸的树下引颈独立眺望。船行徐徐,人焦急地等待着,流水和时光融在一起。

秋江待渡,一直是文人画永恒的主题,寒林野渡,霜冷沙洲,溪山阔远,江水渺茫。如此荒寒萧疏的意境,是有着大寓意的——在这个世界上,人人都是等待摆渡到彼岸的人,此岸悲苦,彼岸邈远,不如静心等待船的到来。文人画也好,艺术也好,都有一叶扁舟的意义。

元朝的画家,人格境界都很高,表现在绘画上,有浓郁的士大夫气,也有浓郁的生命觉醒意识。除了赵孟頫和"元四家"外,元朝突出的画家作品还有张渥的《九歌图》、朱德润的《林下鸣琴图》等。王冕画梅,也是如此。宋人画梅,以画出疏影横斜、暗香浮动的意蕴为佳,往往以简洁的枝条和疏落的花朵,表达出孤冷清傲的君子气质。王冕却超越定式,别出心裁地以虬枝缀以万花,不加颜色,孤傲奇崛,苍凉至简,以黑白对比画出了梅花的灵魂。清初"扬州八怪"中的金农更进一步,以为梅花的绽放是找到了最好的自己,有觉悟的芬芳,故称梅花为"明月前身"。月光转世投胎,变成香气不绝的蜡梅,这个意象通透而有禅意,有大觉悟情怀。中国君子文化对梅花的移情,有了更为丰沛的表现。可以说,这个时代绘画的满纸之上,都是高蹈士大夫精神的芳香。

元朝,是中国文人画化蛹为蝶的时代。在这个过程中,以宣纸为代表的书画纸张的出现,起到了重要的助力作用。虽然历史过于空蒙,诸多事情记载不详,一些画作的纸张来源也难以鉴定,但可以肯定的是,文人画的风格，以及文人画倡导的观念和意蕴，与宣纸的特质是高度吻合的。文人画的特质，就是宣纸的特质；宣纸的特质，又是文人画的特质。文人画与宣纸的关系，是性格的相投，更是灵魂的契合。正是宣纸，助力了文人画的浪漫特质，也助力了文人画飞翔，像一片云一样，出现在传统士大夫的精神世界里。宣纸的鬼斧神工，让文人士大夫心中的块垒得到了笔走龙蛇、墨惊雷电的释放，由此生发出明快的构图、洒脱的笔墨、金石的韵味、深沉而悠远的情感、奔放恣意的个性，将写意中国画推向了最高境界，获取了诗的内涵、哲学的思辨以及宗教的意蕴。

21. 宣纸上的明朝

绘画"纸的时代"，终于在明朝真正到来，大多书画作品已由绢帛迁于纸上。和绘画材料一同改变的，还有明朝的绘画风格。明初之时，受出身和审美限制，皇帝、大臣和达官贵人们，对于元代书画高蹈、内敛、含蓄、冷峻，带有明显个人哀愁情绪的风格很不以为然，更喜欢气势磅礴、元气饱满的作品，也喜欢作品中蕴含的生活气息。以戴进为代表的浙派绘画乘势而起，更重视日常景象，更注重对具体传说故事的演绎。这种相对"接地气"的绘画，一度占据了画坛的主流。可是随着时光的推移，浙派画风过于刻露张扬的风格，与江南文化气息不尽符合，也有悖儒家崇尚淡泊理性的中庸之道。以"吴门画派"为代表的文人画卷土重来，重新占据社会主流。这也难怪，当时社会的审美终由知识人的兴趣爱好左右，精英不能创造历史，却可以在一定程度上左右社会的审美价值取向。

明代文化艺术繁荣,主要是在中期之后。王阳明"心学"的崛起和传播,让社会思潮变得相对松弛;东南经济的发展,让社会环境变得宽松,也为书画艺术提供了繁荣的市场环境。诸多知识人寻觅到另类生活法则,从传统"学而优则仕"中退出,不仅热衷于吃、喝、玩、乐、琴、棋、书、画,还热衷于钟鼎、古玩、园林、花木、茶酒等。与魏晋时候的"竹林七贤"相比,晚明人全身心地投入世俗生活和艺术创作当中,少了压抑、狂狷和悲怆,多的是自在、自由和自得。很多明朝知识人生活得有滋有味,吃得好,喝得好,诗歌游记写得好,山水画也画得好。

跟"元四家"一脉相承的是"明四家"。"明四家"又称"吴门四家",指的是四位著名的明代画家:沈周、文徵明、唐寅和仇英。沈周年纪较长,上追北宋的董源、巨然,下追元朝的黄公望、王蒙,功力极强,在人物、山水、花鸟上均有建树,论画的才气、贵气、逸气和大气,后来者很难比肩。四人之中,江湖名气最大、最受时人追捧的,是才子唐寅。唐寅诗文书画俱佳,最喜欢在宣纸上画花鸟,画山水,也画仕女。唐寅以书法入画,以写代描,笔墨疏简,行走洒脱,具有秀逸爽放、天然无饰的特点。其风格既有精致典雅、古雅浑厚、安静闲适的一面,也有率性洒脱、狂放不羁、刻峭壮拔的一面。如此风格,跟个性有关,也跟唐寅的生活状态有关——既然是卖画,客户喜欢什么,唐寅就画什么。在繁复多变的创造中,更显深厚的功力和才气。唐寅的画作,无论是仕女图《王蜀宫妓图》《秋风纨扇图》《陶谷赠词图》,还是山水图《山路松声图》,抑或是花鸟画《枯槎鸲鹆图》,等等,都有着天朗气清、惠风和畅的风格。

唐寅最擅长,也是名气最大的,乃是仕女画。唐寅甚至堪称中国历史上仕女画画得最好的人。唐寅仕女画,以细劲清浅的线条勾勒人物妖娆的姿态,用鲜亮的色彩来表现女人迷人的面容和肤色。他笔下的女子,束发高髻,楚楚动人,清丽婉转,顾盼生辉,有风尘气,也有狐媚之气。美人在骨不在皮,唐寅的笔触纤细而性感,能画出骨髓里的灵魂。唐寅是性情中人,在很多时候,他就像大观园中的贾宝玉一样,爱女人、懂女人、钟情女人、怜惜女人;在另一些时候,他又像《聊斋志异》里的倜傥书生一样,豢养一群狐妖,也欣赏着她们的妖魅。

唐寅绝大部分作品绘于纸上,以纸作画,唐寅的笔意更趋空灵,将笔墨与宣纸的和谐发挥到了极致。唐寅为什么喜欢纸?可能还是喜欢纸上的那一抹自由和天然。唐寅是懂纸的,懂得各种纸的特性,也懂得宣纸。纸上数行字,空中几朵云;笔墨是扁舟,宣纸为汪洋。有这叶轻舟在脚下,可以滑进更广阔的婆娑世界,也可以滑入更幽远的极乐世界。

与唐寅的聪明早慧不一样,同龄的另一个才子书画家文徵明,属于大器晚成。文徵明诗文书画的成就不在唐寅之下。他能青绿亦能水墨,能工笔亦能写意,山水、人物、花卉等无一不工。文徵明几乎所有的作品,都是画于纸上的,尺幅都很大,每一幅都画得极其用心。他的作品风格各异。《湘君湘夫人图》至简,画中人物轻盈脱俗,飘飘欲仙,衣纹作高古游丝描,细致而流畅。画中三分之一的地方抄录屈原的《九歌》,堪称书画一体的典范。《兰亭修禊图》是文徵明青绿设色画的代表作,以兼工带写的手法,勾勒了兰亭曲水蜿蜒、茂林修竹的场景,在金笺纸底子的衬托下,呈现一种高贵典雅的布局。

另一幅绘于纸上的《中庭步月图》,非常具有代表性:以画带书,以书带画,以性灵感觉入笔墨,集中体现了明朝文人画的精髓。下方

明·唐寅　王蜀宫妓图

明·文徵明　兰亭修禊图(局部)

为图,生动地描绘出月华下的景致,几个人把酒赏月话旧,言谈相欢。月华如水,流影泻地,一切变得熟悉又陌生。上方为自题的诗文,叙述这么多年来,自己沉湎于虚与委蛇的应景,忙碌的生活剥蚀了生命的灵觉,如今,在这个静谧的夜晚,在明澈的月光下,在微醺之后的心灵敏感中,在老友相会的激动中,在往事依稀的回忆中,终于唤醒了自己,忽然觉得往日的忙碌和追求原不过是一场戏,那种喧闹的人生原不过是虚幻的影子……这幅《中庭步月图》,就像是一幅书画版的《兰亭集序》,萧疏清雅,旷达静远。整幅作品,画好,书好,文好,境界高,堪称文人画的典范作品。

至于《寒林钟馗图》,是文徵明难得的粗笔画,画家以质朴的笔触,描绘了一片枯梢老槎,自如有致,苍劲高古。在虚与实的处理上,以笔墨

的浓淡去表现纵深的山景、朦胧的云雾、荒寒的山林,的确有着过人之处。文徵明深谙纸张和笔墨的妙处,能将书画纸的功效发挥到极致。

文徵明画画用的是什么纸,尚未有明确鉴定结论,不过诸多作品用宣纸的可能性极大。那个时候,皖南一带制造的"宣纸"已大批销售到东南各地,被东南文人争相追捧。明人沈德符《飞凫语略》中记曰:"泾县纸,粘之斋壁,阅岁亦堪入用。以灰气且尽,不复沁墨。往时吴中文、沈诸公又喜用……"文中透露的是文徵明、沈周等吴门画家,都喜欢用泾县纸,也就是宣纸作画。明人袁宏道追慕白居易、苏轼二公之风,在《袁宏道集笺校》中写道:"每下直,辄焚香静坐,命小奴伸纸,书二公闲适诗,或小文,或诗余一二幅。"这里的纸,应是宣纸。

文徵明之后,让文人画风格得到极大拓展的,应是徐渭。徐渭一生,可以用"一生坎坷,二兄早亡,三次结婚,四处帮闲,五车学富,六亲皆散,七年冤狱,八试不第,九番自杀,十(实)堪嗟叹"来归纳。徐渭是一个"全能型"的才子,不仅在诗文书画上,在戏剧上也有不凡成就。他的画,满纸都是奇气、豪气、逸气,笔简意赅,纵横奔放,不拘小节;多用泼墨,很少着色,虚实相生,酣畅淋漓。徐渭喜欢用笔将墨汁泼洒在纸上,再用毛笔涂抹,以墨色相互渗化的方式,创造泼墨花鸟画的大写意技法。在很多时候,徐渭置笔墨的和谐于不顾,追求笔法强烈的速度感和撕裂感。他的画,可以看出暴、怒、枯、倔的情绪,可以看出反叛的决绝,更可以看出生机盎然。以徐渭的泼墨作品与南宋梁楷的《泼墨仙人图》相比便可以看出,徐渭的笔法更大胆,也更自由——梁楷画中,有"禅";徐渭画中,尽是"狂禅"。

公安派的代表人物袁宏道曾对徐渭有评价,极精彩,极妥帖,可以形容他的诗和画:

> 文长既已不得志于有司,遂乃放浪曲糵,恣情山水……其所见山奔海立……如寡妇之夜哭,羁人之寒起。……喜作书,笔意奔放如其诗,苍劲中姿媚跃出……间以其余,旁溢为花鸟,皆超逸有致。

徐渭的"狂禅",是反叛,也是悲伤,为生命、爱和美的消逝而啜泣,酣畅淋漓地宣泄内心的悲伤和痛苦。同时,还有"寻道"成分,以"墨戏"不带功利地表达内心的纯粹和本真。在书画中,尽得生命之三昧。中国书画,乃至中国艺术,具有强大撕裂感的很少,徐渭就是其中的一个。因为有着极强的撕裂情绪,以及一意孤行的叛逆,徐渭被后来人称为"中国的凡·高"。徐渭的画,对于温文尔雅的文人画风格,是有力的拓展。

明中期之后,由于东南一带变得富庶和自由,整体社会风气趋于雅致、清丽、简洁和优游,画风和文风也随之而起。这当中的集大成者,当属董其昌。董其昌在书画上的成就和地位,有些等同于元时的赵孟頫,不仅书画创作突出,对于相关理论,也有系统性的思考和倡导,对于之前宋朝的文人画,也不放在眼中,以为苏轼用墨过于浓丽,就像"墨猪"一样难看。董其昌的绘画追求平淡天真,讲究笔致墨韵,要求层次分明、拙中带秀、清隽雅逸。有人以为,清初的"四王"也好,"四僧"也好,都出自董其昌,或者得其"法",或者得其"道",这应该看作是对董其昌的最高评价。

董其昌最重要的作品,是八景山水纸册页,为仿倪瓒之作,以诗配画,尤为和谐雅致。后人将其与杜甫的《秋兴八首》相类比,以示这一组作品之出类拔萃。在这一组画中,董其昌尤其讲究纸与墨的和谐,浓淡相宜,干湿合拍,创造了一个意境深邃、韵味无穷的江南秋景。整幅画不炫异矜奇,不过分矫揉,却见一派真气横溢流淌,蔓延纸上。

董其昌的代表作,还有晚年所作的《高逸图》。这幅画被后世公认为"养心之作",可以一窥董其昌历经劫乱后的苍凉心绪。作品仍是仿倪氏笔墨技法:湖滨两岸的浅坡及山丘皆以干笔淡墨施以折带皴,行笔以侧锋为主,笔墨苍逸,满纸之上,一片萧散简远;又非简单地仿古,近岸数株盘曲虬结的古木,不仅是连接两岸的桥梁,也填补了湖面的大片空白,更在画面中起到了点睛作用,以欹侧的走势以及相互之间纠结牵引的姿态,让冷寂空阔的景色有了一点暖意。如此用心别致,也是一种心境吧，一种晚年的心境，苍凉中带有某种坚韧和固守。

董其昌的画师承黄公望，有一种空明感、莽远感、幽深感，山水优游于紧松、聚散之间，看起来弱，其实有内在的骨力；看起来散，其实有内在的牵连；看起来缠绵，却有着潇洒和沉着；看起来浅淡，其实有无限意蕴。《画史绘要》评价道："董其昌山水树石，烟云流润，神气俱足，而出于儒雅之笔，风流蕴藉，为本朝第一。"

董其昌高超的绘画技巧，跟深厚的功力有关，跟绘画主张有关，也跟选择的纸张有关。董其昌喜欢画疏淡浑化、朦胧秀润的江南风景，就纸张表现来说，细腻、淡雅、洁白的宣纸无疑是最好的选择。董其昌画画，喜欢在纸上加一些矾，随后提笔滑行，线条淡远、浮飘又雅致。如果没有宣纸，董其昌会很难展示他的良苦用心。宣纸巨大的包容性，以及它蕴含的多变特质，似乎恰到好处地对应了那个时代，也对应了那个时代文人的普遍情怀和审美。

明末首屈一指的大画家要数陈洪绶，也称陈老莲。清人打到杭州之时，陈洪绶选择了出家，以参禅作画的方式，打发寂寥的时光，安抚落寞的心灵。在很多时候，陈洪绶的生命时光变得无生无死，活着就是死亡，活着就是绘画。明白了陈洪绶的生存状态和绘画动机，便可以理解陈洪绶绘画的寂寥和孤独，也能明白绘画背后那种超脱一切生命和现实的单纯与空明。这个人显然已达到以艺术为手段，触摸到生命真谛的大境界。

陈洪绶跟徐渭一样，拓展了文人画的边界。他虽然跟徐渭相差近八十载，可同样堪称"神鬼之才"。陈洪绶的风格与徐渭看起来截然不同，呈现出一阴一阳、一静一动、一弛一张的区别，可他们在灵魂上，以不拘一格的创造,呈现出某种相似、和谐和默契。陈洪绶擅长人物、花鸟、山水,尤以人物画声名最盛。陈洪绶的花鸟画,注重造型,运笔圆润,着色古雅,尽显花鸟虫草之生趣。追其脉络,似乎有两个来源:一是来自宋代画院的工笔重彩,勾勒精细;二是受徐渭大写意花鸟画的影响,渗以水墨,用笔洒脱灵动,兼工带写。他的山水画,笔法苍老润洁:树干殊形异状,倚斜交错;山石多用水墨皴染,层次分明;又以细线勾画浮云、流水,在画面效果上极富装饰性,更为人们所接受。

明代中后期的人物画多效法吴门,绮丽细腻,柔靡清浅。画中女子多为细眉小眼、弱不禁风、千人一面,难有生气。陈洪绶的画,不趋时流,独辟蹊径,色彩幽深,构图简省,有高古之气息。看他的画,就像置身于遥远的时代,佛魔不分,神鬼不分,满眼都是莽古的怪石、苍老的枯藤、鬼魅的人物,恍惚之中,不知是人世,还是地狱。陈洪绶画人物,喜欢用长长的毛笔勾勒清长婉转的线条,其笔下人物像从魔界中走出,奇古、诡异、别致、幽默,有魑魅之气,有梦幻之韵,如庄子所描述的"畸人"。至于他笔下的女子,更是一个个如成了人形的妖精,水蛇细腰,骨相变形,虽不标致和性感,却有着无限魅力。陈洪绶为什么这样画?是太了解传统女性了——中国传统女性,一直被魔境般的道德环境压迫、摧残,比较起男人,更为坚韧,更有慧根,也更为神秘。陈洪绶笔下的女子,似是有着金庸笔下天山童姥的气质和容貌。

晚明诸多画家,如唐寅、祝枝山、文徵明、董其昌、陈洪绶等,都热衷于画仕女,为什么?是对道德压制的不满,更是对自由的追寻。晚明出现大量仕女图,甚至出现大量"春宫画",有刻意叛逆的情绪,有追求性灵的自由,甚至有文艺复兴的曙光意味。

都说陈洪绶最突出的风格是高古,如司空图《二十四诗品》所云:"畸人乘真,手把芙蓉。泛彼浩劫,窅然空踪。月出东斗,好风相从。太华夜碧,人闻清钟。"这段话说的是,一个身历人间浩劫之人,在风清月明之夜,居于太华之巅,聆听远处传来的山寺钟声。一切都静穆无声,沧海茫茫,山峦嵯峨,时间永恒,世界不老。陈洪绶的画,极得高古之精髓,一切是那样迷离,冬去春来,花开花落,月亮升起又落下。

陈洪绶的高古,不是高出世表,不及人事,也不是以古来排斥今世,不近人情。他是努力超越时间和观念,以一种地老天荒的方式,无欲无求,聆听和感知世界的永恒和渊静。

陈洪绶的画,还往往有着点睛之笔:万物寂寥的空间之中,有一两点清凌凌的颜色一跃而起,比如案台上一朵鲜艳的梅,款款走来的佳人胸前的一柄蓝色的绢扇,江湖好汉耳鬓的一朵野花……这不经意的小美,像岑寂幽静的深潭突然落入一颗石子,给人以石破天惊之感;也如满山冈的绿树藤蔓之中突然有一株映山红开放,砰的一声,炸醒了整个世界。

如此反差,就是陈洪绶的"老莲",也是他的禅心和禅意。古井幽栏,突然映入月光,顿觉生机盎然,到处是一片碎碎念想。这个意象,就是画面之"莲"花盛开,也是"道"之绽放,是万年不破的"理",更是觉悟之后的"不了情"。陈洪绶所有的高古,都是为了映现这一个"老莲"的鲜活——在永恒寂寞的世界里,一切都不以物喜,一切都不以己悲。可是有人会拈花微笑,撞破沉寂的时空——这个晚年"趋事惟花事,留心只佛心"的人,就是这样一个拈花而笑的觉者。

清人张庚评价陈洪绶云:"力量气局,超拔磊落,在仇(英)、唐

(寅)之上,盖三百年无此笔墨也。"陈洪绶的人物画,以人物来表现深沉的生命思考,有理性,有感性,有生命,内蕴极深厚,为人物画洞开了一条隧道。

宣纸如水,好的画家都是以笔为苇,想着渡过彼岸的人。人以艺术为追求,其实是渴望连接虚空背后的幽深和旷渺。艺术就是一叶扁舟,不仅仅具有安抚人心的作用,还可以借助它,洗心成镜,捻思成线,感受彼岸的星光映射。陈洪绶显然做到了,在苍茫的水面之上,他一直是一个摆渡人。

晚明,是一个华美、自由、动荡、悲壮的时代。除了诸多才华横溢的书画家横空出世外,还有一长串的名字振聋发聩:张苍水、刘宗周、黄宗羲、顾炎武、王夫之、方以智、钱谦益、文震亨、汤显祖、张岱、郑若庸、梁辰鱼、张凤翼、王世贞、陆采、汪廷讷、冒襄、戴名世、李渔、尤侗、吴梅村……文化人遇见晚明,如孙猴子去了花果山,开始了一段花团锦簇的生活,佛心自生,妖孽自成,随后,是更加地动山摇的巨变。那是一个大起大伏的时代,先是轻风细雨,又是暴风骤雨,在经历了山呼海啸般的变化之后,诸多知识人通体透亮,至情至性地散发着夺目的光泽,在风云变幻中演绎一出色彩斑斓的生命传奇。

可以肯定的是,每一个光辉的名字,都跟宣纸有紧密的缘分,他们都用生命的至情至性,努力在宣纸上全力舞蹈。对于那一代知识人来说,宣纸是最为美好的东西,不仅可以留下人生的足迹,还可以吸纳慰藉灵魂的气韵。这是宣纸的幸运,也是一个时代的幸运。

22. 宣纸上的清朝

清朝初年,政治和社会生态严酷,文化也一片喧嚣,散发着呛人的硝烟。在绘画上,有庙堂的"四王",也有民间的"四僧"。"四王",指王时敏、王鉴、王翚、王原祁,都是来自南方的宫廷画师,笔墨功夫和艺术修养圆熟老辣:王时敏苍古劲拔,王鉴沉雄古逸,王翚秀润沉着,王原祁淳朴古拙。至于"四僧",指明末清初四个出家为僧的画家,分别是:原济(石涛)、朱耷(八大山人)、髡残(石溪)和渐江(弘仁)。四人之中,石涛奇肆超逸,八大简略精练,石溪苍古淳雅,渐江高简幽疏。

"四王"和"四僧",不仅是两种风格,更是两个阵营:"四王"在朝,"四僧"在野;"四王"是正统,"四僧"非主流;"四王"延续传统,"四僧"别出心裁……"四王"在技法上无可挑剔,可"四僧"的画更有张力,也更有创新,一方面彰显中国传统士大夫风骨,另一方面更注重个性和性灵的抒发。两者相比,"四僧"更像冷寂沉闷空间里闪烁的光亮,如晴空之霹雳,如严寒之蜡梅,具有非同凡响的历史意义和美学意义。

"四僧"的活动足迹基本都在江南,与黄山脚下的这片土地,有着密切的联系。"四僧"的绘画,更像是灵秀的江南文化,以清澈如水的力量和智慧,以生活本身的随意和自然,消解和抵抗来自北方的粗鲁、呆板、严酷的力量。从纸张的角度来说,在"四僧"绘画艺术行进的过程中,宣纸起到了很大作用,将本身具有的诗意和魅力渗入其中,助力绘画探索和飞翔。

"四僧"之中,具有华美光泽的,要数八大山人。八大山人的诸多画作,看起来很简单,只有一荷一鱼一鸟一树,姿态奇怪,笔触苍凉。那些频繁兀立于宣纸之上的孤鸟、孤鸡、孤树,以及孤独的菡萏、小舟等,都无所依赖,茕茕孑立,形影相吊。如此方式,看起来怪异,其实不难理解——鸟的状态,就是人的状态;树的状态,也是人的状态。在八大山人笔下,荷、鱼、鸟、树都不是安谧的,也不是恬淡的。它们的目光也好,身体也好,满是愤怒和漠然,也是鄙视和孤绝。愤怒,是失去江山的抵牾;漠然,是心灰意冷的麻木;鄙视,是对众人低劣的态度;孤绝,是失去了所有的希望,跌入"千山鸟飞绝,万径人踪灭"之灰凉心境。

八大山人为什么会这样?此中无他,多为家恨国仇;另一方面,有关人生的根本问题也苦苦缠绕着他,让他难以解脱。八大山人似乎很喜欢画鱼,在那幅《鱼石图》中,石头是呆板的,几近于死石;鱼是翻白眼的,几近于死鱼;墨色是混浊的,几近于死墨。鱼以宣纸为背景,在虚无中游弋,无所谓生,也无所谓死。仔细看鱼的眼睛,白中有黑,透出坚定,透出凶狠,冷峻而愤怒地看着世界。鱼者,"余"也,鱼其实就是"我"。如此画面,正代表了八大山人的内心世界。在八大山人笔下,鱼也好,鸭也好,鸟也好,经常都有人的表情,孤独愤怒,白眼向天,倔强执拗。老子就是要唯我独尊,反其道而行之,弃所有的笔法于不顾,就将拙劣的死墨堆积在纸上。或者,用猫睡图来象征。八大山人晚年画过很多猫石图,猫都做睡状,眯着眼,甚至在高高的山上,猫也是睡着的——管他风云变幻,一切跟我无关,老子就是要睡觉!

八大山人还喜欢画石。石头,是"无明"和"混沌"的典型状态。八

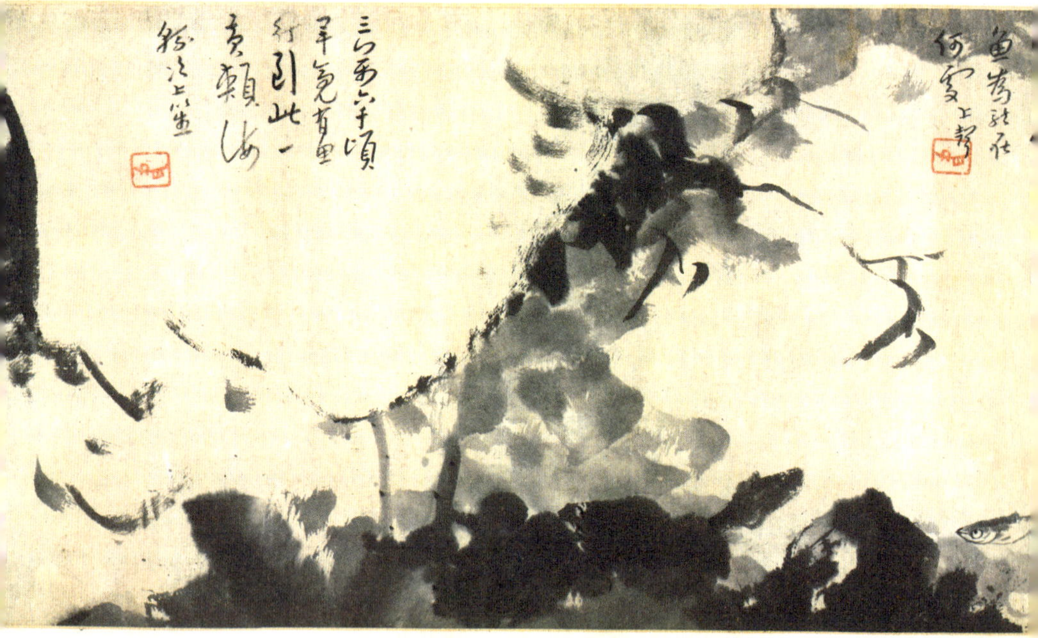

清·八大山人　鱼石图

大山人喜欢石，是因为向往和痴迷石头的状态。他是想麻痹自己，蒙蔽自己，让自己变成石头。可是人怎么能变成石头呢？越是这样，反而变得越清醒……如此状态，只好"哭之""笑之"。他有时候哭，有时候笑，哭着哭着就笑了，笑着笑着又哭了。八大山人后来终于明白了，其实哭与笑，从本质上是难以分开的，在深层次里，哭与笑如出一辙，都是人的本心在作祟。也因此，八大山人将他的题款"八大"二字，写得既像哭，又像笑，既是"哭之"，也是"笑之"。八大山人心中早已无欲无明，一片"混沌"。如此极端和和谐的并生，在中国之前的绘画艺术中是很稀缺的，是很难看到的。它甚至前无古人，也后无来者。

八大山人的好，在于笔墨，也在于留白。笔墨，是"有"；留白，是"无"。八大山人的画，是真正的"无中生有"，它是大片大片的留白，一幅画只有一朵花、一枝荷、一羽鸟、一棵树点缀其上。"空白"中，能看到无限可能。

八大山人的画，就是他的内心。以画来表达，世界如此苍茫，一切色空渺茫，一切幽绝冷逸。他的画，有孤独也有抗争，有平稳也有险峻，有具象也有抽象，有苦闷也有超越，有噪声也有空灵……八大山人的画，有美和自由的一面，也有神秘古怪的一面，有时候甚至呈现出荒诞不经，表现得肃然惊悚，这也是一种"狂禅"吧，跟徐渭不一样的"狂禅"：徐渭的一切，是本性的，是不自觉的；八大山人呢，却是逐步地修炼，是自觉的……以中国文化的脉络来观之，八大山人之人格，其实是儒、释、道的融通。在他的精神世界里，既有儒家"富贵不能淫，贫贱不能移，威武不能屈"的"大丈夫"思想，也有道家逍遥离遁的追求，更有佛家"空"与"无"的境界。《古诗十九首》有云："人生天地间，忽如远行客。"从时空的意义来说,人若微尘,与一鸟一荷一鱼一树无异。既然一切孤独而无助,为什么不可以有尊严地活着?八大山人是一个有大智慧的人,他觉悟后的画,就像《金刚经》一样,荡尽人间的风烟,剥落世界的浮华,直接切入生命的本质。在人生的道路中,八大山人最终以墨砚纸笔造就了自渡的小舢,完成了对彼岸的皈依,将世界的诸多相悖之处和谐地融合在一起。生命的体验和感觉,已达风来竹面、雁过长空的境界,"众鸟高飞尽,孤云独去闲",起落之间,不染一点尘埃,不沾一片烟萝。他的绘画,晚年更趋于至高无上,如飞絮飘旋,如落花缤纷,如随波逐流。一切超越规则,去留无痕,没有一个定在和姿态,只有云起云收中,一瞥吉光片羽、雪泥鸿爪。这些,是从佛学的角度来说的。从道家角度来说,这个逸品的境界,已达寒塘雁迹、太虚片云的空灵和缥缈。

八大山人的深邃和神秘,人很难理解,只有宣纸,深知其心。《河上花图卷》,就是一幅精彩的宣纸作品,笔触奔放,墨色苍莽,画面气势磅礴,跌宕起伏。远观之时,整幅作品像是画在瓷器上似的,有一种通亮、润泽的感觉。宣纸良好的润墨性,同画家的艺术表现力结合得非常完美,将墨色的虚、实、浓、淡处理得恰到好处。近看之时,点、染、皴、擦的技术手法运用得娴熟灵活,墨色透出微妙的变化,又不让人觉得画面简单。无比单纯的宣纸,与无比丰富的笔墨,相拥着一起舞蹈,如痴如醉、天衣无缝、合而为一。他的画,是人与宣纸共同的创造,人是笔墨,宣纸是空白,在黑与白、小与大、有与无的对比中,尽显人生的幽微和孤独。

至于八大山人的书法,跟他的绘画完全是一个整体,"写字如画画,画画如写字",其中没有隔膜。八大山人有一幅《秋山图》,画的是山水,完全以笔墨取胜。八大山人的书法,壮年时精微,晚年已超越精微,到达了大自在的境界。字如行云流水，也如落花流水，是生命的花开花落。

与八大山人思想相近，也有相同遭遇的，是渐江。八大山人苦，渐江也苦。八大山人的苦，是逃离不了的身世；渐江的苦，是逃离不了的境况。八大山人的苦，是为解脱；渐江的苦，是为摆脱。渐江出生在黄山脚下的徽州，年轻时血气方刚揭竿而起反清复明，最终却回归黄山脚下，参禅向佛，在江南的宣纸之上，找到了自己的终老之地。

渐江最为崇尚的画家，是元代的倪瓒、黄公望。那种自由淡远的风格，是渐江最为羡慕的。可人与人是不一样的，倪瓒的幽深、幽寂、幽远、幽秀，是渐江所缺乏的。渐江知道，笔墨只是紧贴山水实景的描绘，要表达山水的韵律，必须回归内心，深研古代大师的表达方式。与石溪的苍古深密、八大山人的高古奇崛、石涛的激情奔放形成鲜明对比的是，渐江自始至终保持自己孤迥、冷逸、瘦硬的画风，不为所动，不改初衷。渐江很少用粗笔浓墨，多是枯笔细墨，于空灵中显充实，于静谧中寓深秀，结构出一派纯净、幽旷而又俊逸的意境。渐江的画，没有大片水墨，没有流动的线条，没有反复的皴染，在折铁弯金似的勾勒中，蕴含着无限的蓬松虚灵。渐江笔下所有的山石都是高耸的，呈几何体形状，执拗、瘦硬，石多树少，偶尔在山头上画一棵倒悬的孤松，突兀、奇崛，仿佛悬崖积雪，也如寒鸦哀鸣。在《始信峰图》中，所有的景致都很怪异：前景左侧，有一块巨石横亘于前；右侧有一条隐秘的小径，来历不明；山体中间偏上的位置，有一座空空的凉亭……渐江笔下的山水，就是这样跟现实世界迥异，寂寞寒冷，甚至滴水成冰。如此意象，其实是渐江心中的世界。

渐江一生，既不像八大山人那样苦心经营寺院，专心向禅，也不像石涛那样自称"臣僧",渴望功名。他专注于闲云野鹤、挂瓢曳杖、芒鞋羁旅,或静坐空潭,或孤啸危岫⋯⋯在生命的最后几年,渐江又回到歙县,住进了县城边上的太平兴国寺,一直到最后圆寂。这期间,好友程邃曾劝他还俗,被他坚决地拒绝了。圆寂之前,渐江立下遗嘱,让老友在其灵塔前多种梅花,曰:"清香万斛,濯魄冰壶,何必返魂香也。他生异世,庶不蒸芝涌醴以媚人谄口,其此哉!"看得出来,渐江一直向往梅花的高洁,希望自己的灵魂像梅花一样香气迷漫。

从风格上来说,渐江的绘画,旷迥、清雅、枯淡、瘦峭、深邃、冷僻,不是中庸的,也不是温润的,甚至不是寂寞的,它极端刚烈,有少见的瘦硬之美。渐江将自己所有的生命,都投射到自己的画中。从境界上说,渐江的画,不是禅宗所说"见山还是山,见水还是水"的第三重境界,在很多时候,仍固执地坚守第二重境界不肯改变。比较起倪瓒,渐江的画更孤高、更冷寂,却无倪瓒的幽深、幽寂、幽远和幽秀。此中无他,还是因为渐江对国恨家仇耿耿于怀,难以消解自己的悲伤、怨恨和愤懑。

渐江的画,几乎都画于宣纸之上。纸上世界,就是他的心灵世界。他的愤懑和坚硬,与柔和淡雅的宣纸相比,无疑是一阴一阳。作为载体的宣纸,默默地承受着这一切,与笔墨一道,圆满地完成了表达。

跟宣纸有着密切交接的,还有石涛。从题材的多样性、名气和综合成就来说,石涛应是"四僧"之中最为显赫的。石涛的本名叫朱若极,是明太祖朱元璋的后代。传说崇祯死后,石涛的父亲死于南明的内斗之中,襁褓中的石涛被太监救出来,藏在寺庙中。10岁时,石涛来到武昌,寄居于一座寺庙,开始读书绘画;23岁,由武昌东下,上庐山,游江浙。康熙五年(1666),25岁的石涛来到宣城,先后驻锡敬亭山的广教寺、金露寺、闲云庵等，与当地大画家梅清交往笃深，亦师亦友。石涛在宣城待了十五年，不仅以天地为师，以黄山为师，还经常去徽州和宣城各地，赏玩诸多大户的藏品。皖南是徽商和宣商故里，很多大户收藏有珍稀书画。由于广览诸多藏于民间的宝物，石涛的心性有了显著提高。

来宣城的第二年，石涛去了黄山，这也是石涛与黄山首次结缘。石涛在宣纸上画了一幅《黄山图》，在题跋中尽情抒怀："黄山是我师，我是黄山友。心期万类中，黄峰无不友……"此后，石涛又连续三次攀登黄山。梅清受到感染，也两次漫游黄山，画了《黄山十九景图册》等画作。康熙十七年（1678）夏，也就是37岁那一年，石涛应钟山西天道院之邀去了南京。这时候的石涛在绘画艺术上已臻成熟，他一出手，整个江南绘画界为之侧目。

与其他三僧不一样的是，石涛虽是一个出家人，可佛教只是他的一个背景。他的行为和思想，更接近于"天行健，君子以自强不息"的儒者，充满生命热情，充满蓬勃旺盛的创造精神，甚至充满着"狂禅之风"。虽然石涛的画，各时期有不同的风格，不过在整体上看不出自"元四家"一脉相承的优雅、渊深、宁静和细致，在很多时候显得粗犷和躁动，经常有"万点恶墨"的恣肆飞舞和苍莽狂乱。这些并不是功力修为，而是石涛有意为之。如果说历史的本质是不断轮回的话，那么，艺术也好，绘画也好，也是如此动静转化——静的时间长了，动的力量呈现了；动的时间长了，静的主张又进行颠覆；雅致到极致了，粗鲁而蓬勃的力量必定出现……随后，又归于新一轮的恬静和安宁。这一点，就像早先的唐画和宋画——因为唐画绚烂、热烈、张扬，宋画才转而走向素简、幽秘、内省。这些，也算是物极必反吧？也可以视为转化，与"螺旋式上升"

的哲学原理相吻合。石涛的画就是这样,相对于"古风",更有"革命"性的创造意义——不追求宋元以来山水画高远苍莽、万古如斯的崇高感,而是尽情展示和抒发自己的生命能量。从技法上说,石涛的画,不及宋元以来细致,也不及宋元以来安谧,线条是粗的,墨痕是大的,画面也有些乱,可是从他的画中,可以看到充沛的情感,看到奔放的情绪,看到人心的真挚,看到狂放的力量。石涛画黄山,画莲花峰,一改往日画家们的雄奇或静谧,只是画一座山如莲花在茫茫云海中浮荡。这个形象,是他意念中的莲花峰,也是他心目中的莲花峰。以石涛浪漫的情怀,天地中绝无静止之处,处处都是云卷云舒,处处都是地动山摇。

石涛的艺术风格跟他的个性有关,跟他的少年成名有关,更与他的不甘寂寞有关。清"四僧"中,石涛的年纪最小,元气最为丰沛。文人画自元代起,倪瓒、黄公望渊静幽远的山水一直是后世楷模,影响巨大。之后,吴门后学一味追求静气,致使绘画有软媚无骨之嫌,又有呆滞无力之感。在少年成名的石涛看来,文人画太老,太静,太虚,元气饱满的石涛想另辟蹊径、独树一帜,蹚出一条新的路子来。石涛给人的感觉是,既有蓬勃的野心,也有无限充沛的能量,仿佛皖南风起时咆哮的松涛,也仿佛黄山雨前滚滚的云海。

混沌初开时,经常有大喜大惊、且喜且惊,过了知天命之后,有了觉悟心,有了无力感,就会慢慢变得少惊少喜了。艺术的特质一直是广博而包容的,它就像大海一样,育养着各种各样的鱼类——年轻的艺术,有年轻的从者;觉悟的艺术,有觉悟的从者;有神的艺术,有觉神的从者;无神的艺术,有无神的从者……各种类别孰高孰下,实在是很难分辨——大千世界,林林总总,重要的艺术与人的对应,若是能激起人的欢喜心和觉悟心，都可以说是好艺术吧？

倒是安静雅致的宣纸极为宽容。对于石涛狂涛怒卷般的躁动，有大胆的支持和呈现。宣纸和石涛配合默契，最大限度地激发了笔墨的活力和诗意。在宣纸之上，你明显能看出石涛的想法，看到他契合宣纸特性的表达，看到他千方百计调动宣纸的诗意。这也难怪，石涛在宣城生活了那么久，深谙笔墨之道，对于宣纸、宣笔、徽墨、歙砚的特性有着很高的认知和理解。当然，出于经济的考虑，石涛并不是所有的作品都用宣纸，很多时候，也用一些价格相对便宜的普通书画纸。不过宣纸上的作品，跟他画在普通纸上的作品，还是有很大区别。画于宣纸上的，普遍有一种氤氲之气，山林溪水都有着生命的灵性。他的好朋友、宣城籍的画家梅清写诗形容石涛的画：

> 天都之奇奇莫纪，我公收拾奚囊里。
> 掷将幻笔落人间，遂使轩辕曾不死。
> 我写泰山云，云向石涛飞。
> 公写黄山云，云染瞿硎衣。
> 白云满眼无时尽，云根冉冉归灵境。

等到石涛到了扬州、苏州一带后，更像是一尾大鱼游进了大海。

宣纸就是这样，如儒如道如佛，仿佛大地，仿佛天空，仿佛宇宙。它是年轻的纸，也是苍老的纸；是世故的纸，也是超脱的纸；是简单的纸，也是复杂的纸。它可以跟倪瓒一样沉静，也可以跟石涛一样青春，跟赵孟頫一样老于世故，跟徐渭一样不谙世事。

"四僧"之中,石涛与石溪并称"二石"。与其他三僧相比,石溪最为温暖,也最为纯粹。他的作品,更有一种粗服乱头的本真,自然、随意、有意蕴。

石溪的画,最大的特点,在于苍厚古朴、幽野旷疏。石溪的笔墨细密,构图较满,用线清晰豪壮,画面密密麻麻,很少留空白,墨与色浑然一体,总体上更接近元朝王蒙的风格,也是"四僧"之中最擅长用颜色、偏爱重彩画的。他的画,在平淡中求奇险,重山复水,开合有序,繁密而不迫塞,稳妥又富于变化,能生动地传达江南山川空旷茂密、浑厚华滋的情调。

石溪出家,不带有政治和生活因素,完全是对生命真谛的自觉追寻。石溪俗姓刘,出生时其母梦僧人入室。石溪年岁稍长时得知此事,就常思出家,随后如愿以偿。也因此,与其他三僧相比,石溪的书画也好,诗文也好,更具有"求道"的意味,如佛教修行的坐禅,也如自己打坐的蒲团。在石溪看来,绘画和诗歌,只是小道也,不是"月亮",只是"手指"。"手指"是用来指月的,却不是"月亮"本身。石溪的画,乍看之下,如粗服乱头、残山剩水,仔细体会,似乎有孤高奇逸、高古笨拙的感觉。石溪有一幅《秋山晴岚图》,为山水立轴,纸本,水墨浅绛,画高山流水之景,构图上以高远、深远取势。近景为水边斜坡亭台,枯柳杂树;中景溪壑婉转、夹岸高树,崖畔平地有茅屋数椽,一高士隐于丹枫黄叶清泉白石之间;远景一主峰郁拔而起,上有危塔矗出,溪云上而锁其腰,飞瀑下而带其麓。这幅画,是石溪花了四年工夫完成的,从总体上看,溪壑深美,秋意浓烈,配以书法题款,用笔圆浑流美,墨色浓淡有致,淋漓尽致地展示了功力和风格。

石溪诗书画俱佳,相对来说,诗却比较难懂。其中原因,是其诗意超越了语言和文字的界线,滑向哲思幽微的渊潭。石溪一直试图追求艺术之外的灵光,想呈现那种难以表达的东西。让他惊喜的是,宣纸的特性,很多时候更胜于他的直觉,经常给予他意想不到的惊喜。凡他落笔之处,宣纸总会以浓淡相映的墨色渲染,以变幻莫测的画面呈现,绽放出一朵朵匪夷所思的"花"来。

书画艺术本身就带有云腾雾绕的特性。宣纸也是这样,如云一样美丽,也如云一样扑朔迷离。

清"四僧"之后,南方影响力最大的画家,是"扬州八怪"。"扬州八怪"的说法有几种,较为公认的是:金农、郑燮、黄慎、李鳝、李方膺、汪士慎、罗聘、高翔。也有人插入其他画家,比如阮元、华喦、闵贞、高凤翰等。"八怪"中,郑板桥于后世中名气最大,因为其作品更接地气,更通俗易懂,更为市井百姓所接受。作为一个传统读书人,郑板桥前半生战战兢兢执着于功名,有一天,官至七品的郑板桥抬起头,看到头顶上飘过的浮云时,一刹那突然开悟,觉得应该换一种活法了。在"明镜高悬"的大堂之中,郑板桥感慨地在宣纸上写下"难得糊涂"四个大字,随后挂印出走。回到扬州之后,郑板桥以卖画为生,受南宋画家郑思肖影响,题材上多以梅、兰、竹、菊、松、石为主,尤以兰、竹为最,体现了传统士大夫对君子人格的追求。郑板桥说:"四时不谢之兰,百节长青之竹,万古不移之石,千秋不变之人,写三物与大君子为四美也。"郑板桥的书法与绘画一样,别具狂草意趣,糅合真、草、隶、篆等书体,渗入梅、兰、竹、菊笔意,自由挥毫,章法别致,人称"板桥体"。

以追求君子节操的目的绘画,哪一种载体能比得上洁白干净的宣纸呢？郑板桥绘于宣纸之上的《兰竹图》，无疑是一幅华彩之作：画的半边，是一巨大的倾斜峭壁，有拔地顶天、横空出世之势。峭壁上有数丛幽兰和几株箭竹，并蒂同根，相参而生，在碧空中迎风摇曳。《兰竹图》的布局严谨巧妙，兰、竹、石安排和谐，以石为龙脉，把一丛丛分散的兰、竹有机地统贯在一起，不分主次，浑然天成。浓墨劈兰撇竹，兰叶、竹叶偃仰多姿，穿插呼应，气韵俨然，疏枝劲叶，极为醒目。最值得一提的是，郑板桥将书笔和画笔糅合在一起，以草书中竖长撇法运笔，秀劲绝伦，使得绘画显示出形神兼备、清秀异常的整体风貌。

郑板桥爱竹，是因为竹子虚心、雅致、安静、空寂，有清正之风。在他的笔下，春竹深、夏竹浓、秋竹淡、冬竹浅，在这个污浊的世界里，竹子最像一个君子，也最值得交往。郑板桥没事时就喜欢来到竹园，听风、听雨、听雪，呼吸着竹子的清香，如李白诗云："瑶台雪花数千点，片片吹落春风香。"他曾题画云："茅屋一间，新篁数竿，雪白纸窗，微浸绿色。此时独坐其中，一盏雨前茶，一方端砚石，一张宣州纸，几笔折枝花。朋友来至，风声竹响，愈喧愈静；家僮扫地，侍女焚香，往来竹荫中，清风映于画，绝可怜爱。"他画竹子，无师承，只是于纸窗粉壁下，于日光月影中悟得。在一首诗中，他写道：

二十年前载酒瓶，春风倚醉竹西亭。

而今再种扬州竹，依旧淮南一片青。

"扬州八怪"中，风格最鲜明、成就最大的，当为金农。金农的画，最有味道，有智慧，有禅意，有觉悟之道。从技法上来说，金农的山水不敌石涛,人物难比老莲,梅花也在好友汪士慎之下。可是他别出心裁,用书法的方式来画画,不仅散发着浓郁的金石古味,还活泼天真,活泼有趣,喜乐安详,带有民间年画或版画的味道。金农还喜欢把民间流行曲的内容写在画上,当作题画诗,真是别出心裁。

康熙、乾隆时期的书法界,以"帖学"一统天下。金农和郑燮等人的书法不与世人同,有叛逆精神,有卓尔不群的个性追求。金农的书法,从总体上来说,无俗笔,绝摹似,以厚重生拙见长,自始至终表现出对"帖学"的反叛、对汉魏的执着追求。他的字,有浓浓的金石味,就像是用刀子镌刻出来似的,尤其是50岁后,"怪相"尽显,独创了"漆书",融汉隶和魏楷于一体,破圆为方,曳笔似简。从书法的沿脉来看,金农的字是隶书中兼有楷书的体势,墨浓似漆,雅拙为趣,笔画一收一放极富力道,字形长扁适度,一派天真烂漫。

72岁时,金农用宣纸绘就《自画像》:布衣持杖,侧身而立,姿态笃定,神情超然。头部画法较为写实,浓密的长髯,细细的发辫,矍铄的双目,将自己奇崛傲世的特征表现得淋漓尽致。

《自画像》还是诗、书、画、印"四位一体",对文人画的意趣和魅力有拓展。这时候的文人画,更注重内在精神,也注重画面的趣味。这种趣味,从佛学的角度说,其实是一种具有觉悟意味的欢喜心。觉悟是一种质变,有欢喜心在胸,画出来的画,既布满温润的光泽,又充满生气和玄机。也因此,有人称金农一直是在"画佛"——笔下的物件也好,花草也好,人事也好,历史也好,都是意念中的世界,都是观照的结果。这意味着文人画的诗性追求已达到一个新的境界:大方无隅、大象无形、大道至简、大音希声、大巧若拙。金农的画,切实地表明文人画绝不是笔墨、线条、色彩的汇集，而是生命智慧之呈现。呈现在纸上的画，很多时候不过是个表象，最重要的是诗性的传感、智慧的表达、人心的愉悦。

金农有一幅画，绝对堪称"逸品"：莲叶满池，中有一茅草亭，亭中有一榻，一人高卧其上，酣然大睡。题曰"风来四面卧当中"。题词摘自金农的《岁暮复寓吴兴姚大莲花庄》一诗："鸥波亭外水蒙蒙，记得今秋携钓筒。消受白莲花世界，风来四面卧当中。"此画之中，有满满的欢喜心。悲悯心是佛，欢喜心也是佛。欢喜心和悲悯心，其实是同一个东西，是"佛心"的Ａ面和Ｂ面。

因为胸中有如此欢喜心，也难怪"扬州八怪"手中的笔墨如此洒脱纵横了。世上之物，经"佛心"观之，皆可入画。于是"扬州八怪"一帮人，既画梅、兰、竹、菊，也画篱笆、蔬菜、瓜果，还画一些很怪很有意思的东西。比如罗聘就画过一幅《蜂窝图》：树枝上倒悬一笼马蜂之窠巢，上有马蜂飞舞。马蜂窝在现实中让人生厌，此时突兀现画中，却显得异常有趣。在"扬州八怪"眼中，绘画不是该画些什么，而是如何看待它们——以充满生趣的眼光去看世界，满眼之间，皆是生趣。"扬州八怪"的画就是这样玄妙有趣、通俗易懂，很快赢得了新兴盐商们的欢迎，也赢得平民大众的喜爱，还不为官僚阶层所排斥。如此兼容并蓄，在中国书画史上可谓是一个创举。

相比于"扬州八怪"，同时代的"金陵八家"似乎一直坚守着"古典主义"。"金陵八家"中，龚贤最为突出，从某种程度上说，龚贤就是清初的倪瓒。只是相比倪瓒，龚贤的形而上意味更强，哲思与玄想成分更多。文学让人浪漫，艺术让人卓越，哲学让人智慧，宗教让人强大。龚贤就是一个内心强大，也相当自负的人。龚贤大部分时间独自一人生活，住在金陵城外一间茅舍里,种植他的"半亩园"。龚贤自号半千,曾引来诸多争议。有人以为,龚贤以"半千"为字号,是自以为五百年中,没有画家可以比得上他。龚贤的画的确境界广远、气韵充沛,既有上下五千年、纵横一万里的外在气势,也有着不以物悲、不以物喜、不与物竞、不随时趋的内在精神。看他的画,仿佛置身于天地之间浩渺的原野,濯足八荒,无古无今,放达旷远,极目所见,尽是无人野水荒湾,尽是一抹寒烟浮动。

龚贤早期山水画,是枯笔简淡的风格,被称为"白龚",与元朝的倪瓒、明朝的董其昌一脉相承,是典型的江南风格,意在创造一种"觉性的山水",即禅宗之境的第三层次——"见山还是山,见水还是水",以生命的内在本真,达到个人觉悟的圆满。表现在画中,不是现实之具体山水,而是带有浓郁的荒寒冷寂风格,以一种大觉悟的清净本然,象征中华道统和文人士大夫的"失乐园"。

中年之后,龚贤认为绘画创作的真正源泉在于自然,提倡到自然中去理解前人的画理,古人和传统只应作为"取证"。龚贤开始了大胆创新,学习董源、米芾、吴镇等,形成了浑朴中见秀逸的积墨法,笔下的山石树木经过多次的皴擦渲染,墨色极其浓重,却隐含着丰富细微的明暗变化,通过层层积墨的对比关系来传达山水的浑厚与苍秀,被称为"黑龚"。

中国山水画历史上黑白反差最大的,算是龚贤了。龚贤自以为前无古人后无来者,"非墨无以显其白,非白无以判其黑"。他喜欢在宣纸上留下一丝丝空白,不着一笔,却能使人感觉到空蒙弥漫的雾气,或是清澈透明的汪洋湖泊与河流。浓重的烟岚随山形飘流,不见村落,空无人影,苍郁而孤寂,远离宋代画家所谓的"山可行可居"的意境。给予他极大支持的，其实是宣纸，是宣纸让黑更黑，白更白。黑白的反差中，一切是无，一切也是有；是有中生无，也是无中生有。

龚贤曾自画小像，穿僧服，手持扫帚，做扫叶状，悬于楼堂，后人因此将他位居南京城西清凉山的旧居称为"扫叶楼"。在这里，龚贤从"白龚"走向"黑龚"，在宣纸水汽淋漓的助力下，找到了内心的清凉世界。

乾隆之后，宣纸产量越来越大，覆盖面也越来越广，宫廷也好，权贵也好，民间也好，凡有名气之画师，大多使用宣纸。宫廷诸多画作，也用宣纸代替绢帛。最著名的，就是郎世宁等洋人画师绘就的《平定准部回部得胜图》。这组大型战图，描写的是乾隆平定新疆叛乱的系列战斗场景，规模之大，堪称宣纸史上的惊天之作。作为最早来中国的意大利画师，郎世宁将西洋油画中的很多技术，以宣纸加以表现，带来了出人意料的效果。郎世宁绘画的西洋技术，以及在宣纸上的探索，影响了后来的任伯年等人。也因此，有人将晚清民国初年海上画派的带路人，归于这位意大利籍的宫廷画师。

好的宣纸，跟上等的文人画师一样，都是自带创造力，也是自带仙气的。宣纸使文人意气风发、有骨有神、飘飘欲仙。因为有了宣纸，清朝相对沉寂的艺术，看起来仍有精进的势头。从皇宫到民间，人们都喜欢在宣纸上面挥毫泼墨。自乾隆年间开始，宣纸在全国书画界开始有了"一统江山"的趋势。

23. 宣纸上的晚清民国

一个时代有一个时代的气象,艺术,就是时代上空的霞光:魏晋南北朝的艺术,基调是神秘、华丽、幽暗;唐朝的艺术,基调是大气磅礴、热烈奔放、青春飞扬;宋代艺术,犹如人到中年,深沉内敛、静谧沉寂、理性精致;到了元朝,由于社会管理的粗放松散,画家们相对自由,画风也相对自由,多元化的色彩尤其浓郁;明清两朝,从总体上说,"家天下"严酷禁锢,知识人士大夫风骨不再,文学艺术受到明显伤害。与魏晋、唐、宋、五代、元朝相比,明清绘画明显退步,清朝又不如明朝,审美趣味下行,世风保守庸俗,有愈演愈烈之势。

清朝的统治者难得有高蹈精神,不含蓄,更不幽远,只会欣赏"天苍苍,野茫茫,风吹草低见牛羊",不懂得"月明星稀,乌鹊南飞"。清朝僵化呆板,创造力严重减弱,艺术之境况,可想而知。除了绘画上的"四王",书法上的邓石如、刘墉等一些人之外,书画总体上平庸凡俗、千篇一律、装模作样,审美低劣而媚俗。清代画坛大量堆积牡丹、梅花之类俗艳题材,盛行兰草之类装腔作势的"小品"。慈禧所作的《玉堂金粉满天香》也不离窠臼。最高统治者是这样的品位,社会审美可想而知。北方人家大量张贴的,是大胖小子抱着金鱼的"杨柳青";南方人家悬挂的,是一片温暖如春的"桃花坞"。

直到晚清之时,遭遇西方冲击,社会令人窒息的高压有了缝隙,世俗和商业之气氤氲而起。沿海城市率先开放,商业繁荣,市民阶层形成。如此状态下,继扬州画派之后,又一个依托市场的海上画派诞生。之后,齐白石、张大千、林风眠、黄宾虹等画家,以清新脱俗的市民视角和精神,走入寻常百姓家,给沉寂、腐朽、僵化的传统绘画带来了一股清新之风。

海上画派,诞生于19世纪末,强盛于20世纪初,跟上海经济的发展息息相关。上海快速发展,新贵崛起,艺术市场相对形成,令诸多画家趋之若鹜,争先恐后来此淘金。19世纪末,赵之谦、张子祥、任熊、任薰、任伯年、胡公寿、吴昌硕、虚谷、蒲华等一批画家来到上海,以画为商品,以卖画为职业,活得异常滋润,也出了不少好作品。到了20世纪,海派画家蓬勃发展,又涌现出了钱慧安、黄山寿、黄宾虹、吴湖帆、张大千、林风眠、刘海粟、丰子恺、陆俨少、赵子云、朱屺瞻、谢稚柳等一批画家。海上画派跟清初"扬州八怪"的相似之处在于,观念较为开放,更接地气,更"媚俗",不由自主地贴近市场需求,也即新兴资本和权贵的审美喜好,相较之前的高蹈和雅致而言,更注重情趣和生机。

晚清海上画派中最具代表性的人物,无疑为赵之谦、吴昌硕和任伯年。赵之谦的好,在于开时代风气之先,绘画、诗文、书法、印章并驾齐驱,堪称"四绝",尤其是书法承袭"北碑",演绎出独特的金石风格。吴昌硕受欢迎,是因为他的画葳蕤恣肆,气势雄强,极具生机和野趣。潘天寿评价吴昌硕,"大刀阔斧地用大红大绿而能得到古人用色未有的复杂变化,可说是大写意花卉最善于用色的能手"。文人画自宋代始,一直以简雅古拙、玉骨冰心为基调,慢慢走向静穆深远。当文人画越走越玄远,风格越来越幽谧之时,就需要世俗五彩缤纷、大红大绿的欢喜心来滋养。吴昌硕笔下的世界,就是这样嘈杂繁复,充满着蓬勃生机,对应着晚清之后兴旺发达的民间力量。吴昌硕拓展了绘画题材,除了画梅兰竹菊桃李瓜杏之外,还画水仙、罂粟、芦花、紫藤、菖蒲、栀子花、雁来红等。吴昌硕尤其喜欢画藤蔓、菖蒲、葫芦等带有野逸气息的东西,把它们画得茂盛葳蕤,像长疯了似的。这是在比喻民间的力量吗?吴昌硕本身,就是一枝野地里长出来的奇葩。

藤蔓,生机勃勃也;菖蒲,昌也,旺盛的意思;葫芦,谐音"糊涂",意为糊涂难得也。有这么多的"梗"藏于画中,也难怪他在民间大受欢迎了。

在色彩上,吴昌硕少受传统书画的节制,喜欢别出心裁地用一些红色,也用其他各种各样的颜色,去表现花鸟世界的姹紫嫣红。据潘天寿说,吴昌硕是第一个使用西洋红的画家。西洋红的娇艳与明亮,强化了吴昌硕花鸟画的世俗性,让他的画更受欢迎。这一点,给稍晚一点的齐白石等很大影响和启迪。有学者评价说:"吴昌硕经常使用复色画法,大红大绿,重赭重青,通过微妙的色彩变化,显得既鲜艳厚重又得斑驳苍浑的古趣。他晚年尤其喜用西洋红,这种红色是近代才从西洋传入的,其特点是浓郁浑厚,弥补了胭脂淡薄的缺点,正好与他古厚朴茂的绘画风格相匹配,艳丽强烈的色彩,给吴昌硕朴厚古拙的画面平添了无限生机。"

吴昌硕的写意花卉画,既体现了书法和篆刻的行笔、运刀等成分,有着金石气息,还有着直抒胸襟、酣畅淋漓的泼墨大写意表现;总体布局新颖,构图也近书印的章法布白,喜取"之"字和"女"字的格局,或作对角斜势,虚实相生,主体突出。他常用的构图形式是以右高左低的对角形式排列,左上角和右下角分别配以题识和印章。吴昌硕画兰,喜欢或浓或淡的墨色和篆书笔法,刚柔相济,飘曳有力;画竹,以淡墨轻抹、浓墨点出,疏密相间,变化无穷;画牡丹,以鲜艳的胭脂红为主打,水汽氤氲,枝繁叶茂,透露出一种蓬勃的野性;画菊花,伴以岩石和古瓶,或作黄色,或作墨色,甚至红菊,泼墨、焦墨杂糅,干墨、湿墨混同,浓淡相宜,雅俗相间。

吴昌硕一生爱梅,至死不渝。至于画梅,"以作篆之法写之,师造化也",画梅花枝干用墨浓重,运笔迅疾,时有飞白,谓之"扫梅"。78岁时所作《寒梅吐艳图》显得更加大胆,不只画墨梅,也画红梅、绿梅,将红黄蓝绿一股脑地"混搭","蛮不讲理"中反而成就了一种和谐,难怪有人评价他"把中国画推进到一个新的境界"。

吴昌硕擅长篆刻,是西泠印社首任社长。他的篆刻,从浙派入手,专攻汉印,受邓石如、吴让之、赵之谦等人影响,善于留白,或对角欹斜,气象峥嵘,构图块面体积感极强。刀融于笔,篆刻雄而媚、拙而朴、丑而美、古而今、变而正,将诸多手法打通,造就了无法企及的难度和风格。

如果说吴昌硕工于花鸟,以书法的笔墨拓展了文人画绘画空间的话,那么同时代的任伯年更像是一个全才,在花鸟、走兽、人物、山水等方面都有很高的造诣和创新。任伯年早年以工笔见长,仿北宋人法,近于陈洪绶;后取徐渭、八大山人的写意,笔墨趋于简逸放纵,设色明净淡雅,形成兼工带写、明快温馨的格调。任伯年的特色,在于线条明快洒脱,寥寥数笔便能勾勒出人物的神态和性格,着墨不多而意境深远。任伯年爱画钟馗,笔下的钟馗一派磊落、不羁、落拓的形象,不怕鬼,不信邪,整个一"混不吝"的形象。他的花鸟画充满诗情画意,总是把花与鸟连在一起,以花为背景,突出禽鸟,画面动感十足。

任伯年还是一个难得的通才,既精通传统中国画,又懂得西洋画,对油画、素描、速写也有相当的了解。他在画画中,有时候自觉不自觉地将西洋画的一些手法,运用到自己的创作中去。任伯年既明白传统士大夫的喜好,也懂得平民和商人的兴趣。当时上海市民已不再钟情于传统山水画,似乎对传奇、故事和人物画更感兴趣。任伯年就尽力在大众和士大夫的审美中间,努力保持平衡,既保持着人物画的高古传统,又将人物画得妙趣横生、幽默生动,有浓郁的市井意味。古代文人画,题材上画桃花的很少,因为桃花明艳,缺少梅兰竹菊的高蹈,难以把握,一不小心就会滑到俗艳。可是任伯年不管,市井之人喜欢,他就画。他在宣纸上画的《桃花飞燕图》也好,《桃花双鸡图》也好,元气饱满,如凡夫俗子一样热闹开心,更如乡野女人一样纯朴、吉祥、澄明、清丽,充满蓬勃的亲和力和感染力。

从总体上说,任伯年的画一直在努力追求一种融通——在典雅与世俗上谋求融通,在商业和艺术上谋求融通,在传统与现代之间谋求融通。他画神仙、道士、和尚,经典与传说中的人物,也画马夫、樵夫、渔翁、孩童等市井平民,还画蔬菜、瓜果、鲳鱼等等。任伯年一改传统文人画黑白过多的倾向,侧重丹青,喜用彩色,尤其是粉色。在他的笔下,凡尘世界一片色彩斑斓,其乐融融,从农妇孩童、瓜棚豆架下的纳凉老头,到欢天喜地的羊狗鸡鸭,无不流露出浓浓的生活情趣。如此具有亲和力的绘画,自然受到新兴的商人和市民阶层的追捧。

吴昌硕和任伯年都深谙笔墨之道,也深谙宣纸之道,能将自己的笔墨功夫与宣纸的特质达到完美的吻合。他们的画,是自己的创造,也是宣纸孕育出的生命,是宣纸上长出的树,是宣纸上开出的花,是宣纸上流动的水,也是宣纸上燃烧的火。

　　与任伯年的经历和艺术主张相似,笔墨同样达到登峰造极境界的,是齐白石。齐白石没有像吴昌硕、任伯年那样去上海,而是选择了京城。在此之前,齐白石是湖南乡下的一个木匠,没有入仕愿望,也懒于应酬,不管闲事,与世无争,始终以一颗纯真的童心,沉浸于对美的追寻和笔墨的创作之中。清朝之后,绘画跟诸多文化艺术形式一样,因为缺乏创新,大多携有陈腐气,嚼的是古人剩下的馍,喝的是古人留下的残羹剩汁。齐白石独树一帜,以单纯而本真的天性画画。在他的眼中,万物没有俗雅的区别,也没有贵贱的区别,只有有无"天然之趣"的差别——好的画,一派天然之趣;不好的画,散发着僵死的气息。齐白石主张"作画妙在似与不似之间",一生崇敬徐渭、八大山人以及吴昌硕,后来有诗云:"青藤(徐渭)雪个(八大山人)远凡胎,缶老(吴昌硕)衰年别有才。我欲九原为走狗,三家门下转轮来。"齐白石画最明显的特点,是拓宽了绘画题材,画以前画家从不画,或者不屑画的东西,将蝗虫、老鼠、螃蟹、蝌蚪、白菜、玉米、高粱、稻麦、喇叭花、瓜果、蜡烛、扫把、粪耙等等,一股脑地带到自己的画中,将中国传统绘画高高在上的"士大夫气",一下子拉到人间。中国文人画也因此变得烟火兴盛、生机盎然。比较起吴昌硕,齐白石的画一点也不阴郁,也不野气荡漾,更多的是天真和纯净,有一种与生俱来的澄明和天真。他的画,就是"真僧只说家常话",就是天真无邪看世界,笔意所到之处,既有灵气、奇气、和气、雅气、神气、仙气,也有逸气、生气、意气和俗气。齐白石的画,就像掷鱼虾于水中,纸上一下子就活了;也像炊烟袅袅处,迷漫着一片晚饭花的香气。

　　以齐白石画虾为例:笔下的虾深浅相间,既白中有黑、黑中有白,也虚中带实、实中带虚。如此画法，充分运用了宣纸和笔墨的特性，笔墨功夫了得，境界也了得。齐白石笔下的虾，只有五节，似乎与现实中的虾不一样。可是齐白石固执地以为，从美学的角度来看，五节虾远比六节虾更美观、更有活力。齐白石画画还有一个癖好，就是只认宣纸，且是棉料（沙田稻草较多的一种），这不仅仅是因为棉料相对便宜，还因为他觉得这种纸更适合写意花鸟，让画中的草木鸟虫更显天生率性。齐白石的画，满满的都是生命的喜悦。这种由绘画表现出的生命喜悦，一直是传统艺术所追求的"禅境"。

若以佛学修炼的过程来形容，齐白石的画，像一个香客历经九九八十一劫难，千辛万苦地来到高山之巅的小庙。小庙破败，佛像坍塌，只是案台上烛火明明灭灭。在跪拜下去的那一刹那，虔诚的人突然开悟，内心一下子有了满满的光亮。

晚年的齐白石，像一棵采尽了中国文化底气的老树，笔力更臻化境，画中的线条如春风杨柳，婀娜起舞。齐白石的画，可谓中国文人画一直以来苦苦追求的至高境界，一树一石、一花一叶、一枝一丫、一物一器，都洋溢着生命的气息，映射着上天的光泽，以自身的欢喜心尽情开放。如果说晋唐之绘画激情澎湃，是充满活力和热情的青春期，宋元之绘画静谧平稳，像是人的成熟期的话，那么，明清以后的中国绘画，则像是步入回忆和缅怀的老年期。至于齐白石，是枯木逢春，从腐朽的老树根上生出灿烂的新绿来，有一种返老还童凤凰涅槃的意义。

值得一提的还有苏曼殊。苏曼殊曾在宣纸上写下："来醉金茎露，胭脂画牡丹。落花深一尺，不用带蒲团。"由这首诗，可以看出其人的至高境界。苏曼殊无论是画画，还是出家当和尚，都可以做得活色生香。苏曼殊是以艺术来拥抱生命,也是用生命来拥抱艺术。

近代史上,跟宣纸有缘的还有鲁迅。相比传统文人,鲁迅更具有现代知识分子的批判性,也更有现代意识和独立精神。鲁迅习惯于手执一种叫"金不换"的毛笔,蘸着墨汁在纸上写作。他视宣纸为名贵物件,只有在书赠尊贵的友人时,才用宣纸写字。鲁迅赠郁达夫、赠瞿秋白、赠高良等人的书法作品,都是用的宣纸。1933年杨杏佛遭暗杀后,鲁迅奋笔疾书,写下《悼杨铨》赠予许广平。全诗为:

岂有豪情似旧时,花开花落两由之。
何期泪洒江南雨,又为斯民哭健儿。

许寿裳《亡友鲁迅印象记》:"是日大雨,鲁迅送殓回去,成诗一首:(略)。这首诗才气纵横,富于新意,无异于龚自珍。"这幅字,许广平一直珍藏着,直到1956年时将其捐赠给国家。经检测,这是一幅四尺净皮单宣纸。

鲁迅对宣纸有非常专业的见解。在写给郑振铎的信中,他写道:"……用纸,我认为不如用宣纸……而较耐久,性亦柔软,适于订成较厚之书。"鲁迅先生还曾馈赠宣纸给一位苏联木刻家,他认为:"印版画,中国宣纸第一,世界无比,它湿润、柔和、敦厚、吃墨、光而不滑、实而不死,手拓木刻,它是最理想的纸。"

近代书画家中,论对"文房四宝"笔墨纸砚的熟稔程度,祖籍歙县的黄宾虹无疑是最好的。黄宾虹少年时随父亲从浙江金华回到老家歙县。父亲曾有一段时间在家办徽墨厂,探索研究李廷珪墨的制法。耳濡目染之下，黄宾虹对墨的特性异常熟稔。墨在黄宾虹的笔下，不仅是五色，简直是"七"彩缤纷。在歙县，黄宾虹曾跟当地诸多名师学习，对徽州山水草木很熟悉。这些，为黄宾虹后来的笔墨突破，奠定了坚实的基础。黄宾虹的山水画，沉稳有力、大气磅礴、无欲则刚，既无轻浮的激荡，也看不到萧瑟冷逸之风，没有斧劈刀砍，只是浓淡相宜，以短短的披麻皴勾勒，就像它们本来的样子。只有安静的人，才是智慧的；只有宁静的心灵，才是湿润的；只有智慧而宁静的人，才能听得见山水的吟唱，才能让画通体透亮，才能与天地合而为一。

一个人，若胸中有无形丘壑，笔下自然有绵绵浩荡的厚重之气，不动声色中，已然千山万水。

有人曾经这样评价黄宾虹的画，说黄宾虹的画虽然用墨浓重，却能在画中见到无形的亮光，如石涛《画语录》所言"混沌里放出光明"。如此光亮，既是黄宾虹的笔墨功夫，也是将内心的光调度出来，化为笔墨，点亮了宣纸上的世界。黄宾虹有"七墨"论，以为墨不止五色，可为七色：浓墨、淡墨、破墨、积墨、泼墨、焦墨、宿墨。只有七色尽显，才能更好地表现墨色变化的各种层次。黄宾虹晚年绘画越发大胆，往往在大尺幅的宣纸上，用十几层墨，层层积染，杂而不乱，层次分明，透气透亮。乍一看，似乎是黑黢黢的一片，可仔细一看，山水都是通体透亮的，有着璀璨的层次感。

李可染有一次请教黄宾虹。其时李可染正画积墨山水，墨不断地堆积于宣纸之上，一派漆黑，画面全"闷"掉了，不透气。李可染问黄宾虹怎么办。黄宾虹说："你看我的眼睛。"李可染一下子明白了。积墨之所以能看见，是因为里面藏有光。后来李可染的画面里，虽然画得很黑很黑,却总有一束无形的光暗藏其中,让整个画面活起来。李可染的画,借鉴了西画中光影的处理法,而在黄宾虹的画面中,却以传统的气韵来表现。有人以放大镜来研究黄宾虹的画,发现黄宾虹的"点"之中永远露着白,点与点之间不连接。这样的"透气术",是黄宾虹画"墨中带亮"的秘密。

有人以为黄宾虹的笔墨为近代天下第一,是以书法的笔法来画画。这里的"笔墨",指的是技法。其中原因,一方面是黄宾虹功力强大,另一方面是黄宾虹对"文房四宝"熟悉,不熟悉"文房四宝",又如何谈笔墨呢?就如同打仗,不知彼不知己,如何用兵如神呢?因为尽知笔墨与纸,黄宾虹的绘画臻于化境,山水之间,有起伏的呼吸,也有韵律和心跳,这是他人所没有的。黄宾虹此举,实际上是打通了笔墨纸砚的经脉,让绘画在浑然一体中拥有了生命的力量。

齐白石、黄宾虹、张大千与林风眠,都是中国现代绘画史上的扛鼎之人。与黄宾虹相似的是,张大千和皖南也曾有一段渊源。抗战期间,张大千曾来宣城,在距泾县不远的郎溪县乡下生活过一段时间。相比齐白石和黄宾虹,张大千聪明外显,心高气傲,更具书生意气。张大千就功力而言,比不上黄宾虹;就技巧而言,比不上齐白石。可是张大千的摹古,他的鉴赏和博雅,在中国现代绘画史上无人出其右。张大千对于笔墨纸砚颜料等极讲究,擅长各种绘画笔法,重视利用纸张的特性,实验墨色晕散变化的效果。他的泼彩笔法可谓一绝——用笔拖带墨色及颜料轻掠宣纸表面,让淡墨和色彩慢慢晕化扩散,自然随意中,达到烟云缥缈的效果,仿佛一下子跃入鸿蒙之境界。这种方式十分高妙,也十分大胆。张大千的朋友刘凌沧评价说:"从用墨法来说,墨色是借着胶汁的浮力,在宣纸上向前渗化，胶小则墨色干枯而晦涩，胶大了则墨色失去了气韵。画生宣纸胶水与墨汁是互相交融,起着关键的作用。"张大千对此解释：纸与墨对于画,太重要了,如果所用的墨不好,所用的纸不知其性格,纵有天大的本事,也不能得心应手。石涛就曾说过：纸生墨漏,亦画家之一厄也。以石涛这样天马行空的天才,还有这种叹息,可见纸墨关系太大了。张大千恰到好处的笔墨运用,让宣纸生出了飞翔的翅膀。

对中国画、对宣纸进行大胆探索的,还有林风眠。林风眠早年留学国外,归国后,给中国绘画带来了西方现代抽象画的风格。这位喜欢马蒂斯、毕加索的中国画家,在那个时代是一个另类。在谈及自己的画线条流畅挺拔是否受马蒂斯的影响时,林风眠说："我是比较喜欢画中国的线条,后来我总是想法子把毛笔画得像铅笔一样的线条,用铅笔画线条画得很细,用毛笔来画就不一样了,所以这东西要练得久,这种线条有点像唐代的铁线描、游丝描,一条线下来,比较流利地,有点像西洋画稿子、速写,而我是用毛笔来画的。"林风眠一直试图在东西方的观念和技法中找到一个平衡点。他将写意看作中国绘画与现代西方绘画之间可能的连接,而不是全盘否定它。早在20世纪30年代,林风眠就开始探索调和中西画风,他画的是彩墨画,不是油画。他也尝试各类题材、构图和材料,包括用中国的毛笔和宣纸绘制非中国风格的作品,展示"块面与线弦的二重唱"；引进西方的色彩配置来丰富传统中国画的母题；以中国画意境重新诠释印象派和野兽派的画家,特别是塞尚和马蒂斯。

林风眠早期的彩墨画,有着灵动飘逸的特色,可是到了后来,渐渐转向沉静与孤寂,即使热烈浓艳的秋色或和煦明媚的春光,也让人明显感到沉郁、忧伤和孤独。他笔下的女子,虽有很多是裸女,却毫无色情之意,无论容貌还是气质,完全不同于中国古代仕女画或近代"月份牌",显得简雅、清淡、安详,仿佛退去了欲望,只带有淡淡的、隐约的忧郁,外部世界的噪声不能穿透她,爱情也难以消减她的哀怨。如此画风,自省性很强,明显带有淡淡的宗教情怀,也带有很浓郁的神秘氛围,将画置于谜中,不急于给出答案,而是借线条、色彩、构图来揣摩画外的意蕴。林风眠认为,艺术之于人生的力量不在于提供一清二楚的答案,而在于提出帮助解答的多重线索。林风眠像一只伶俜的子规,孤独飞翔,啼血哀鸣,痛苦已让他发不出声来,他只能沉默着独自忧伤。由于内心的极度悲凉,晚年的林风眠一直想与世界做个了结——无情至极,便是多情;多情至极,又是无情。

从技法上说,林风眠坐拥东西方的神力,仿佛不是在纸上画,而是在纸上安静地舞蹈和飞翔。他的风景画,堂庑开阔,气象万千,手法中西融合,就像大小提琴、钢琴和锣、鼓、铙、钹同台演奏,虽特色不一,却和谐一致。如此感觉,可以参照现在谭盾带有试验意义的交响曲。以传统绘画的纹理,你根本找不到林风眠绘画的来路,可是仔细品味他的作品,你会发现他对艺术怀有极致的虔诚,希望以艺术重建中国人的心灵,陶冶和培育中国人细腻而幽微的情感。林风眠的外部,披了一件西方文化的锦袍,在骨子里,他仍旧是传统文人,是中国传统文化浸淫出来的朴素而真挚的灵魂,有着一颗高洁的"君子之心"。

林风眠画画,也喜欢用宣纸。他曾说:"我是中国人,有中国的底子、血统,自然喜欢表达自己的东西。以前我画油画,在抗战期间显得很不方便,于是用宣纸作画。宣纸一画又有味道了,油画就搁置了……"

好的艺术家,都具有孩童的意义。齐白石也好,黄宾虹也好,林风眠也好,都有赤子之心,如孩童一样单纯透明。一个艺术家,若是心灵深处没有生发出本真的欢喜心,是很难成大器的。

从西洋画进入中国画,在宣纸上进行探索的,还有徐悲鸿。与林风眠不一样,徐悲鸿在很长时间里,一直孜孜不倦于西方绘画的现实主义,以为有了"写实",就可以通透万物,洞察真理。一直到后来,徐悲鸿才觉出东方绘画写意的玄妙,也以"文房四宝"尝试文人画。他曾在宣纸上绘就《泰戈尔像》以及《九方皋》。在后一幅画中,九方皋聚精会神地察看面前的马,目光炯炯。从视角来看,他并不着眼于马的皮毛蹄腿,而是静心揣度马的精神气质。那匹黑色的公马,像是见到了知音,兴奋地嘶鸣,扬起蹄子跃跃欲试。徐悲鸿笔下的马,是有灵性、通人性的,是自由之马、不羁之马,唯有《九方皋》中的黑色雄马,例外地戴上了缰辔。徐悲鸿的解读是:"马也如人,愿为知己者所用,不愿为昏庸者所制。"徐悲鸿还有一幅画在宣纸上的《晨曲图》,极得中国画的神韵。一群麻雀在春天的枝头栖息,就像是五线谱上的音符一般,叽叽喳喳地叫作一团。构图似乎很杂,旁逸斜出,可是乱中有序,每一只麻雀的神态都不同,动作也不同,画面一派生机盎然。

徐悲鸿还喜欢在宣纸上画竹,不依传统画法用毛笔一节节地画,而是将纸铺展在画案上,用大板刷两侧蘸墨,一气挥就。竹竿在水墨自然干湿、浓淡的状态中,充分展示圆润坚硬的质感,这也算是徐悲鸿对中国传统文化的创新和探索。徐悲鸿的传统文化童子功其实是不够的,可他能在很短的时间里,快速衔接上文人画的骨骼。一个黑眼睛黄皮肤的人,在血液里,是有着中国文化的基因和密码的。

尾声 永远的宣纸

2008年北京奥运会，一张随琴韵徐徐展开的"纸"，成为开幕式中最具匠心的构思，舞者的身体如笔墨，灵动地渲染出一幅写意山水。画卷中，有山的影子、水的影子、人的影子，有漫山晾晒的燎皮、燎草的影像，以蒙太奇手法穿插着宣纸故事和传奇。在这里，宣纸是中国文化的一个重要符号，如此匠心独运，意在将中国源远流长的历史浓缩在纸上，呈现在世人面前。

纸不仅仅是纸，还是记忆。文化离不开纸，中国文化更离不开宣纸。郭沫若以为："中国书法与绘画，离开了宣纸便无从表达艺术的妙味。"其实何止书法和绘画呢，如果中国文化和历史离开了宣纸，就像黄昏的天边失去了晚霞，也如山峦之上没有了白云。

近代之后，跟齐白石、张大千、黄宾虹一路走来的，还有汪采白、潘天寿、李可染、傅抱石、刘海粟、吴冠中、赖少其等等，他们是一列长长的队伍，像山脉一样绵延不绝。这些人的艺术风格不尽相同，可是有一个共同点，就是对"文房四宝"，尤其是对宣纸的依赖。在很多时候，他们以宣纸为友，以宣纸为师，以宣纸为亲人，以宣纸为梦想，与之拥抱，与之融合，直至完成自己的生命华章。

1988年7月，92岁的刘海粟第十次登上黄山。在黄山的那几天，老画家每天都铺开大幅宣纸，凝神屏息，在纸上作画。这个过程，是采集黄山之灵，与天地静穆对话的过程。刘海粟喜欢在宣纸上泼墨，也喜欢在宣纸上泼彩，这些是受清初大画家石涛的启发。刘海粟绘画的主张也好，绘画的实践也好，都想模仿大涤子（石涛别号大涤子），以黄山为师，与黄山为友。谈及十上黄山作画的体会，刘海粟说："在宾馆作画，水墨和重彩均有。但为借黄山气势，直抒老夫胸臆，墨是泼墨，彩是泼彩，笔是意笔。我十上黄山最得意的佳趣是：黄山之奇，奇在云崖里；黄山之险，险在松壑间；黄山之妙，妙在有无间；黄山之趣，趣在微雨里；黄山之瀑，瀑在飞溅处。"这段话，一管可窥刘海粟对黄山之奇、险、妙、趣的领悟。刘海粟晚年绘画，尤其注重精神与气韵的表达，笔墨上常借宣纸之力，以"骨法用笔"的中锋线条构建骨骼，用墨或彩泼洒晕染以助韵，信笔点染，妙趣天成，气韵悠长。

刘海粟最喜欢宣纸，也曾试用过清代生产的白鹿宣纸，一试之下，亲笔题书曰"白如云，柔如锦"，爱不释手。

相比刘海粟的沉稳和大气，潘天寿绘画的风格是剑出偏锋，另辟蹊径。他独取"霸悍"两字，作为一生艺术创作的风格。吴昌硕曾赞叹潘天寿的画"天惊地怪见落笔"。的确是这样，潘天寿的画极有气势，霸气外露，有八大山人的气韵。潘天寿曾以宣纸画过一只枝头翠鸟，桀骜不驯站立于枝条之上，怒目圆睁。这一幅画，笔墨苍凉，明显有自画像的成分。潘天寿对宣纸的感情很深，以为："平生作画，无一宣纸矾纸者，一时机到神来，欲作一二画，案头适无他张，而兴不可遏，遂权用矾纸成之，而气韵亦宛如生纸之作。"并指出："纸绢方面与笔画同，熟纸熟绢及生宣皮纸无不可应用，然以生宣皮纸为主，然不论熟纸熟绢生宣皮纸，以陈为佳。"潘天寿认为："生宣纸，纸身松，沁透水墨的力量大。尤其是新宣纸,浆性未脱,纸性不软熟,指头着纸,落水落墨,骤而且重,比较难以掌握。"对如何采用生宣纸书写作画,潘天寿有自己的心得:"生宣纸虽沁透力强,将大焦墨法、大枯墨法、大泼墨法相互应用,特有变化,可以得水墨淋漓、生气蓬勃、气象万千之妙。"

潘天寿喜欢在宣纸上用手指作画,"以生纸作大幅指画,每须泼墨汁,用食指、中指、无名指、小指四指并下,随墨汁迅速涂抹"。以手指代毛笔来运用,特点是气韵更足,线条多变,看起来强硬彪悍,力能扛鼎。

潘天寿对于宣纸相当内行,他认为:"熟纸是用生宣纸加矾制作,故名矾纸。一般的特点是不会沁透水分,易流于平板光滑。我们可尽量利用大焦墨,或淡枯墨,使指意化刻露为松动,化平板为灵活,化光滑为凝沉,这样也可以得到它独特的气韵神情的。"他还发现了宣纸加矾的比例对笔墨的影响,以为:"以普通生单宣加重矾制成的,是为普通矾纸,质地较毛,殊合指头画应用。普通生单宣加以较轻的矾水制成的,是半熟普通矾纸。这种矾纸质地仍能沁水,墨色能变化,不过沁化的程度比较弱些,用它作指画是比较好的。"并认为:"用煮锤笺加重矾制成的,名雪月笺和冰雪笺,以较薄的元吉纸加重矾制成的叫蝉衣笺,都全不沁水,比较光滑,不及普通生单宣制成的矾纸,质地较毛,易于使用。"

都说傅抱石画人物画喜欢用宣纸,画山水画喜欢用皮纸。可1938年以前,傅抱石无论是画人物画还是山水画都用宣纸。1938年至1946年,傅抱石逃难到四川,很难买到宣纸,只能买贵州皮纸。这种纸质地粗糙,色赭黄,对墨色反应迟钝。不过用得久了,傅抱石也找出相关规律,变得适应了。傅抱石这一时期常用这种纸画老人和山水,只是画仕女时,为了求得线条和着色的优美,傅抱石不得不取出珍藏的宣纸。傅抱石对于宣纸的运用，有自己一套独特的方式。有人曾好奇地进入傅抱石的画室，发现在他的画室中，不仅有"文房四宝"，还有电吹风、电熨斗、丝袜筋、破抹布……乱七八糟，像杂货店一样。这些都是他作画的工具，真是为了画面效果"不择手段"。傅抱石一直以为，唯有在宣纸之上，才能将笔墨的空蒙苍润、流畅自由发挥到极致。

傅抱石妻子罗时慧回忆丈夫作画的情景时说："他习惯于将纸摊开，用手摩挲纸面，摸着，抽着烟，眼睛看着画纸，好像纸面上有什么东西被他发现出来似的，摩挲了半天，烟一根接一根地抽，忽然把大半截烟头丢去，拿起笔来往砚台里浓浓地蘸着墨就往纸上扫刷。"

傅抱石曾画有一幅《唐人诗意图》，题材出自贾岛诗《寻隐者不遇》："松下问童子，言师采药去。只在此山中，云深不知处。"这一幅画，以淡墨表现山中之云雾，占据了画面的绝大部分空间，松枝茂密，云烟弥漫，长幼问答，俯仰有致，诗情画意密合无间又相得益彰，以宣纸的特性，将绘画的诗性淋漓尽致地展现出来。

李可染对纸的要求也很高。20世纪80年代初，为求优质宣纸，李可染曾数次写信给泾县宣纸厂的有关人士，恳切之心，溢于言表："我年逾七十，长年为不得应手佳纸所苦。为此，浪费了许多精力。求得特制应手佳纸，为我今后创作第一大事，也是国画提高的第一大事。"同时对特制千张优质宣纸的生产提出六点具体要求："一、使用最佳原料，皮料保证不少于百分之八十，不用化学漂白；二、生熟适当，湿笔不臃肿泡松，干笔不生硬板刻，笔墨微妙变化，能含蓄保留；三、纸质云纹充足密满、细白、绵软、不脆、摇摆不响；四、能层层加墨，画过一遍两遍，仍能见笔，能用积墨法；五、画后纸不收缩，保持平整；六、厚薄适中，六尺纸可略厚些。"还要求在其特制宣纸上加注"师牛堂"水印字样。有一年,李可染来到宣纸生产车间,一进来便向制纸工人深深鞠躬,以示谢意。李可染以为:"国画五宝,纸笔墨砚色,纸居第一,前代画家多有论述。吾认为纸是国画的生命线,无好纸决无好画。画要浑厚含蓄,苍劲圆润,干而不枯,湿而不滑,层层加墨而层次分明,笔墨不死不滞,墨分五彩,能显出墨色微妙的变化等。这固然要靠画家的功力,但若无好纸为映,决难达到此妙境。一张好纸,一落笔能使作者精神骤增,不仅能随心所欲,甚至能别出神韵;相反,劣纸落笔,笔笔不能如意,以致兴味索然,半途而废。"

李可染对宣纸的期待,是基于对宣纸特性的了解。他的《牧牛图》即充分展示了宣纸润墨的特点:两个牧童骑在两头水牛上,一个牧童托着一个鸟笼,画的上方有稀疏的柳枝迎风飘曳。牛身由淡雅的墨块写成,苍老劲健,再用浓墨线条勾勒牛背、牛角、牛嘴、牛眼及牧童衣纹,笔法古拙。整幅作品以浓、淡、焦、湿、干、染的笔法一气呵成,人与牛轻松随意,鲜活欲出。李可染的绘画,总让人感到氤氲的水汽,仿佛雨后天晴,连空气都是湿漉漉的。如此效果,一是出于画家炉火纯青的笔法,二是来自宣纸的自然洇染。水墨若在宣纸上运用得好,浓淡干湿总相宜,仿佛活物一般。

吴作人的《熊猫图》《金鱼图》、黄胄的《毛驴图》也是如此,能明显感觉到画家对笔墨和宣纸的熟稔,笔墨在境象之外,气韵在笔墨之外,画意又在境象、笔墨之外。这也难怪,吴作人就是泾县人,对于家乡的纸张,就如山水田园一样成竹在胸。

一代山水画巨匠陆俨少,一生只认宣纸,非宣纸不作画。陆俨少说,自己的狼毫只与宣纸长相厮守,结下生死之交。这也难怪,在别的纸上,很难表现陆俨少欹斜恣肆、飞动郁勃的笔情墨趣。

画家吴冠中也有宣纸上的探索。创作的后期,吴冠中一直探索着水墨和油画结合的道路。20世纪80年代,水墨成为其创作的主流,油画变成辅助。90年代,吴冠中油画和水墨齐头并进,既画油画,也画水墨。吴冠中的绘画,有着强烈的装饰和表现意味,不仅仅是明丽清亮,还洋溢着一种极度的灵性。他的画,有着音乐般的节奏,如小步舞曲,也如月光下的舞蹈,无论在手法还是意趣上,都是对传统文人画的突破。吴冠中曾经用散文的笔法描述宣纸的生产过程:"捞出的纸被积压成一筐筐白色的糕,也像一箱箱的大块豆腐,被挤尽水分,就更像豆腐了。从豆腐上灵巧地揭出一片片极薄的半透明湿纸,贴到烘干墙面上,在挥发着热蒸气的云雾中显现出洁白平坦的真容。宣纸诞生了,这滋润、宽畅的处女地真诱人,诱惑画家和书法家们将大量乌黑的浓墨泼上去,挥毫、奔驰,出神入化于浓淡沉浮的宇宙中!黑白之相搏,相咬;浓淡之相竞,相渗;偶然性与必然性在棉质的差异中变幻……都是绘画,都是宣纸这一特殊材料所引发的绘画特色。中国画家溺爱宣纸,控制宣纸性能的技巧便也成了中国绘画之特色。……我恋恋于宣纸,但又常思考宣纸所能开发的深度,在宣纸上能驰骋多远,从体面塑造及色彩效果等方面着眼,颇羡慕孙悟空寻找到能大能小的理想武器——定海神针。"

画家韩美林也是懂宣纸的。早年,韩美林作画,习惯用道林纸——先是将道林纸涂得透湿,待纸半干,开始作画,笔墨晕染,笔下的小动物单纯透明,有浑然天成之感。晚年之时,韩美林开始尝试以宣纸写意女性,以线条恣意勾勒人体,笔尖如小鸟从容地从宣纸上掠过。那种有意无意的自由和放松,意味着一个画家已腾空而起,达到难以企及的艺术高度。

中国文人画,自宋元之际正式诞生以后,一直有宣纸如影相随。可以说,宣纸是文人画最好的载体,也是文人画最好的伴侣。从文人画这一脉走来的画家,无不对宣纸钟情异常。从某种程度上说,以宣纸作画,可以认为是画家与自然的共同创造——宣纸的灵性和玄妙,早就渗透进纸的特性之中,笔墨落于其上,更有一种鬼斧神工的意味。

中国画是鬼斧神工的,宣纸,也是鬼斧神工的。宣纸最大的贡献在于承载,不仅承载了中国人的美好追求,承载了诸多历史影像,还承载了中国人的想象力、创新力、鉴赏力以及隐秘的心灵史。它不仅有记载的意义、抒情的意义,还具有启迪的意义,让中国人的心灵得到了观照,进而进入一种灵智般的境界。中国知识人很长时间里一直在绵软的宣纸上呼吸和生长,留下智慧和创造,也汲取了温润、宁静、乐观、儒雅的气息。此中一切,都是美好,都是希望。每一张宣纸都渴望一个美好的瞬间,渴望笔墨的浸润,复活前世的青春和华美。随后,所有的一切都发出雍容的光芒,于无形的霞光之中,体味灵魂古老的深意。

后记
宣纸是一片云

　　小时候我生活在黄山脚下的旌德县，偶尔乘车出山，去芜湖、合肥、南京、上海方向，须经过邻近的泾县。那时候我实在是一个很不中用的山里孩子，每次乘车出行，只要过了本县三溪或泾县榔桥，必定会在一个名叫乌溪的深山坳里吐得一塌糊涂。乌溪处于崇山峻岭之中，四面山峦高耸，中间有一条清澈的小河。从模糊不清的车窗向外看去，马路边上立着几排低矮的房子、几根黑黝黝的电线杆，像幽灵一样神出鬼没。往山的边上看，还可以看到厂房，有高高耸立的大烟囱在冒烟。我一直觉得那个地方很奇怪，云雾缭绕的山坡上，总有大片白色堆积，阳光一照，白得刺眼，就像一朵朵白云似的。客车每每在崎岖弯曲的山路上扭来扭去，几个弯道一折腾，我就晕得一塌糊涂，痛苦地把头伸出车窗呕吐。这个时候，司机一般会停下车来，轰我下车去吐。我忙不迭地跑下车，也不顾颜面，蹲在路边翻江倒海。等到我头晕目眩地站起身来，四周的山峦像白云一样旋转。我一边跟跟跄跄地向客车走去，一边情不自禁地感叹：这个白云缠绕的地方，真是我的"伤心地"啊！

　　有一次家人告诉我，我经常晕车呕吐的地方，是全国闻名的宣纸生产基地，那个高入云端的大烟囱，就是宣纸工厂所在地，那一片片挂在山峦之上的"白云"，就是翻晒的宣纸……我父亲在文化馆工作，小时候一直对画画有浓厚兴趣的我,当然知道宣纸是用来写字画画的,可我没有想到宣纸是晒出来的!在我心目中,宣纸是那样美,也是那样大,更是那样白,就像一片片云彩一样挂在蓝天之上!难怪我会在这里晕头转向,这分明是在云端之上行驶啊!

很多年后,我大学毕业,在宣城工作了十多年,对于宣纸,慢慢消除了陌生,也慢慢消除了神秘。我知道乌溪半山腰晒的不是纸,而是造纸用的青檀皮和沙田稻草。我曾多次到泾县的宣纸厂采访,可是除了一些工作性的报道之外,我并未写过关于宣纸的文章。这当中的原因,还是蜻蜓点水,缺乏深入吧,宣纸博大精深,就像皖南早上氤氲而起的空蒙景象,让人看不透也不敢涉足。年轻的我,唯恐以心思惊扰旧时的光阴,生怕那些神秘的蝙蝠扑棱棱地向我扑来。

再后来,我写了很多关于徽州文化的文章,也写了一些关于淮河文化的文章,却几乎没写跟宣城有关的文章,更没有写过宣纸。诸多宣城人曾经好奇地问我:"你怎么不写写宣城?"或者说:"你怎么不写写宣纸?"我只好抱歉地笑笑。我也不知道是什么原因,应该是机缘未到吧。机缘未到之时,是不可强求的。

一直到我过了知天命的年纪,机缘到了:安徽文艺出版社约我写一本书,说宣纸名气那么大,历史那么长,可一直没有一本好书来写它。我犹豫了很长时间,最终还是答应了。皖南毕竟是我的故乡,若是能以笔墨尽一点绵薄之力,也是我的荣幸。我不能为家乡做什么大事,只能做一点小事。更何况,有关宣纸的内容,也是我较为熟悉和有兴趣的。我唯一担心的是,能否将这件事做好。于是我中断了之前的写作计划,开始全身心投入这本书的写作中来。

出乎我意料的是，有关宣纸的内容是如此寡薄：不仅宣纸的定义不明确，历史的蛛丝马迹难以厘清，而且相关科学、技术、学术、说法上的诸多事宜，都要我这个门外汉去探索。为了追溯空蒙的时光，我一头钻进了宣纸的历史岩洞，在里面苦苦寻觅和对标。宣纸如谜，它跟诸多历史事件和人物一样，虽然名气很大，可是空蒙匮乏，断片很多。与宣纸沿脉一样具有难度的，还有历史上的那些书画，哪些是绘于宣纸上的，哪些不是绘于宣纸上的？诸如此类的鉴别，也失于明确。要鉴别一张流传下来有岁月的纸是不是宣纸，是非常困难的一件事，而这些显然是写作者无法做到的。面对苍茫的宣纸史，我突有一种无助感，也许宣纸真的是飘浮在时空之上的一片云，缥缈无形，让人难以捕捉。

直到有一天，我突然醒悟：关于宣纸的写作，不应过分纠缠于技术和原料，而是应该对标中国书画艺术，将之跟中国历史、文化和哲学糅合在一起，也将之放在中国书画的历史长卷之中观察，如此方能找到一种深入的路径。一如在茫茫大漠之中，你不可能从地上找到一条道路，你只有注意观察前方北极星的光亮，判断习习凉风吹来的方向，才不至于迷失自己。在找到正确的路径之后，我算是粗略地厘清了宣纸写作的逻辑关系：一、宣纸的属性是江南的。它不仅属于宣州或宣城，而且属于以黄山为标志的皖南，它是江南之灵秀的集中代表。二、宣纸是中国文化和哲学的集中体现。没有中国文化这一个"理"，就不会诞生宣纸这个东西。三、宣纸是与笔、墨、砚相伴生的。"文房四宝"是一个系统，没有笔、墨、砚的相伴，宣纸不可能出现，也不可能发达。四、宣纸最后形成一枝独秀的局面，与文人画的发展，也就是南画的发展有很大关系。没有宋朝之后文人画的兴起和进步，就不可能有宣纸的今天……总而言之，宣纸不仅是自然的产物，也是文化的产物，是无数机缘的集中组合。宣纸不仅集中体现了地方的灵性，承载了中国人的审美情趣，也承载了中国文化的特质和精神。

宣纸还是象征。它不仅是中国书画的象征，还是美轮美奂的中国，是儒雅安静的中国人，是缤纷厚重的中国文化的象征。在它身上充分体现了中国文化注重天道自然的哲学观、中国人对美好生活的愿景、中国人高蹈的审美趣味、中国社会对"君子之道"的追求，以及中国文化"极高明而道中庸"的智慧。宣纸，是中国人的桃花流水梅兰竹菊，也是中国人的万水千山万紫千红，还是中国人优美的诗篇以及曼妙的哲学，是丰富而厚重的精神史和心灵史。在这个历史悠久的国度里，一些异常坚硬、牢固、锋利的东西，比如城墙、石碑、砖瓦、刀刃，都曾在历史的震荡中无可奈何地老去，反而是安静的、柔软的、纤弱的宣纸，以及留存在宣纸上的绘画和书法，仍焕发着勃勃生机，长久地存在着。

以这样的初衷和理解，我开始了以宣纸为对象的写作。我轻轻地触碰着宣纸的灵魂，惊奇于宣纸的幻变，迷恋于宣纸的纹理，执着于宣纸的历史……虽然彼处一片云烟细沙、星空寥落，但我还是力求轻微、舒缓、安谧地进入，尽可能地以准确易懂的方式进行表达。在这个过程中，我努力不把定义压实，不把概念说死，而是让它表现出一定的弹性，努力争取自圆其说；力求以优美而纤细的笔触，写出袅娜于云端之上的丝丝缕缕，努力调动富有诗意的想象来填补空白……在空蒙的历史面前，若是用情真意切，也可以弥补一些无可奈何吧？就像历史，在无法用指尖触摸的情况下，却可以用敏感的毫尖加以表现。很多时候，与其说我在写作，不如说我在敏感地触碰未知，在感觉、探求、积聚着某种玄妙的关联——这股气息无处不在，它游弋于历史、文化和物件之中，也穿行于山水、田野、植物、花鸟之中，我必须努力感知它、接近它、揣摩它、捕捉它、吸取它、释放它。在做所有这一切时，我已能充分地感受宣纸的奥妙，以及鬼斧神工的魅力。

在皖南探访宣纸的那些日子里，有一天晚上，我们在青阳县青阳腔博物馆中看当地人的青阳腔表演。这是我第一次听到这种古老的唱腔，据说它一直可以追溯到有"戏曲活化石"之称的贵池傩。我在黑暗中聆听着青阳腔悠扬婉转的旋律，感觉云端之上有云雀飞翔，又似雨前云雾缥缈萦绕。烟雨空蒙之中，仿佛接通天地，竟有不知今夕是何年的苍茫和迷失。我突然想，古老的宣纸也如这青阳腔一般，都是从空蒙的时光里飘来的一片云。生命的本质，就是如云似雾，不知所来，又不知所去。生活于其中，若是以想象和感觉超越现实，打通当下和未来，也算是一种丰富、自由和幸福吧？

感谢安徽文艺出版社，感谢中国宣纸股份有限公司宣纸研究所的黄飞松先生，感谢相关朋友，也感谢一切助缘之力。有一段时间，我经常在凌晨莫名其妙地醒来，感觉头脑似一口老泉咕嘟咕嘟地冒着热气；或者如豆芽孵化，不时袅娜抽出一些词语和句子。我不得不披衣起床，在电脑上倾泻我的思绪，将它们排列成行。仿佛一种神秘的力量被激活，有意无意地助我完成此项带有使命的写作。就这样，在2020年春天我完成了这本书的框架，整个心情变得清朗明亮起来。

在写作宣纸的时间里，我经常回忆起小时候的场景：那时候的天空特别高，也特别蓝，我特别喜欢在青草萋萋的沙洲上玩耍，有时候捉鱼，有时候一个人躺在草地上，仰面凝视头顶上的白云——它如棉花一样洁白和柔软，也如棉花糖一样充满诱惑。它就像无数交集的灵魂，悬浮、移动、触碰、纠缠，周而复始，永不止息……宣纸，就像一片云，也是缥缈于时间河流之上的白云苍狗谣。

是为后记。

参考书目

1.［唐］张彦远著《历代名画记》，杭州：浙江人民美术出版社2011年版。

2.［宋］苏易简著、石祥编著《文房四谱》，北京：中华书局2011年版。

3.［宋］苏轼著《东坡志林》，北京：中国书店2018年版。

4.［宋］赵希鹄等著《洞天清录（外二种）》，杭州：浙江人民美术出版社2016年版。

5.［宋］陈思编《书小史》，北京：中国书店2018年版。

6.［明］宋应星著、钟广言注释《天工开物》，广州：广东人民出版社1976年版。

7.胡朴安编著《朴学斋丛书》，安徽：安吴胡氏刊本1943年版。

8.佚名著《墨缘汇观录·书画说铃》，上海：商务印书馆1937年版。

9.祝嘉著《书学史》，长沙：岳麓书社2011年版。

10.傅抱石著《中国绘画变迁史纲》，南京：江苏文艺出版社2007年版。

11.《辞海·艺术分册》，上海：上海辞书出版社1980年版。

12.徐邦达著《古书画鉴定概论》，北京：文物出版社1981年版。

13.钟明善著《中国书法简史》，石家庄：河北美术出版社1983年版。

14.中国大百科全书总编辑委员会《纺织》编辑委员会、中国大百科全书出版社编辑部编《中国大百科全书·纺织》，北京：中国大百科全书出版社1984年版。

15.蒋玄怡著《中国绘画材料史》，上海：上海书画出版社1986年版。

16.刘仁庆主编《宣纸与书画》，北京：轻工业出版社1989年版。

17.张安治著《中国画发展史纲要》，北京：外文出版社1992年版。

18.曹天生著《中国宣纸》，北京：中国轻工业出版社1993年版。

19.卢嘉锡总主编、潘吉星著《中国科学技术史·造纸与印刷卷》，北京：科学出版社1998年版。

20.陈绶祥著《魏晋南北朝绘画史》，北京：人民美术出版社2000年版。

21.李松著《远古至先秦绘画史》，北京：人民美术出版社2000年版。

22.林木著《20世纪中国画研究》，南宁：广西美术出版社2000年版。

23.杨仁恺《中国书画鉴定学稿》，沈阳：辽海出版社2000年版。

24.李铸晋、万青力著《中国现代绘画史·民国之部》，上海：文汇出版社2003年版。

25.路甬祥总主编，张秉伦、方晓阳、樊嘉禄著《中国传统工艺全集·造纸与印刷》，郑州：大象出版社2005年版。

26.赵权利著《中国古代绘画技法·材料·工具史纲》，南宁：广西美术出版社2006年版。

27.谢稚柳主编、周克文执笔《中国书画鉴定》，上海：东方出版中心2007年版。

28.朱良志著《南画十六观》，北京：北京大学出版社2013年版。

29.余秋雨著《极端之美》，合肥：安徽文艺出版社2014年版。

30.丁建顺著《中华人文艺术史·古代卷》，上海：上海人民出版社2014年版。

31.蒋勋著《写给大家的中国美术史》，北京：生活·读书·新知三联书店2015年版。

32.朱新建著《打回原形》，桂林：广西师范大学出版社2015年版。

33.郑重著《画未了：林风眠传》，北京：中华书局2016年版。

34.蒋勋著《南朝岁月》，北京：九州出版社2017年版。

35.李霖灿著《李霖灿读画四十年》，北京：中信出版社2018年版。

36.华觉明、冯立昇主编《中国三十大发明》，郑州：大象出版社2018年版。

37.顾随著《传学》，北京：北京大学出版社2019年版。

38.黄飞松著《宣纸》，合肥：安徽科学技术出版社2020年版。

39.[美]马克·科尔兰斯基著，吴奕俊、何梓健、朱顺辉译《一阅千年：纸的历史》，北京：中信出版社2019年版。